아드리엔
폰 슈파이어와의
첫 만남

Erster Blick auf Adrienne von Speyr (1968, ⁴1989)
© Johannes Verlag Einsiedeln, Freiburg
Korean translation copyright © 2024 Catholic Publishing House

아드리엔 폰 슈파이어와의 첫 만남

2023년 6월 8일 교회 인가
2024년 10월 18일 초판 1쇄 펴냄

지은이 · 한스 우르스 폰 발타사르
옮긴이 · 윤주현
펴낸이 · 정순택
펴낸곳 · 가톨릭출판사
편집 겸 인쇄인 · 김대영
편집 · 김소정, 박다솜, 강서윤, 김지영
디자인 · 이경숙, 강해인, 송헌철, 정호진
마케팅 · 안효진, 황희진

본사 · 서울특별시 중구 중림로 27
등록 · 1958. 1. 16. 제2-314호
전자우편 · edit@catholicbook.kr
전화 · 1544-1886(대표 번호)
지로번호 · 3000997

ISBN 978-89-321-1916-8 04230
ISBN 978-89-321-1869-7 (세트)

값 30,000원

성경·전례문 ⓒ 한국천주교중앙협의회, 2024.

이 책의 한국어 출판권은 (재)천주교서울대교구 가톨릭출판사에 있습니다.
저작권법에 의해 보호를 받는 저작물이므로 무단 전재와 무단 복제를 금합니다.

가톨릭의 모든 도서와 성물을 '가톨릭출판사 인터넷쇼핑몰'에서 만나 보실 수 있습니다.
http://www.catholicbook.kr | (02)6365-1888(구입 문의)

HANS URS VON BALTHASAR

한스 우르스 폰 발타사르 지음

윤주현 옮김

아드리엔 폰 슈파이어와의 첫 만남

ERSTER BLICK AUF
ADRIENNE VON SPEYR

가톨릭출판사

머리말

,

《아드리엔 폰 슈파이어와의 첫 만남》은 제가 아드리엔 폰 슈파이어를 소개하는 책입니다. 저는 아드리엔과 27년간 긴밀하게 협력해 왔으며, 그중 15년 이상은 같은 공동체에서 함께 지내기도 했습니다.

사실 이 책은 아직 출간되지 않은 방대한 양의 기록을 바탕으로 아드리엔과의 '만남'을 요약한 것입니다. 저는 이 책을 통해 무언가를 널리 알리려는 것이 아니라, 사람들이 알아야 할 내용을 객관적으로 제시하고자 합니다. 물론, 아드리엔에 대해 한 제 진술이 진실인지에 대해 누군가 의문을 품더라도 그것을 막을 수는 없습니다. 제 진술이 진실하지 않다고 주장하는 사람들은 대부분 "존재해서는 안 되는 것은 존재할 수 없다"는 신념을 가지고 있습니다. 또한, 심층 심리학을 통해 전체 문제를 '조명'하고 이해하려는 사람들도 있을 것입니다. 반면, 완전히 '시대에 뒤떨어진' 것으로 간주하며 흥미도 없고 신뢰할 수 없다고 일축하는 이들도 있을 것입니다. 마지막으로, 오늘날 그리스도교의 전통적인 경향과 맞지 않는 은사(그 은사가 참된 것으로 드러난다고 해도)에 대해 화를 내는 사람들도 있을 것입니다.

먼저 이 모든 사람에게 제가 이야기하고자 하는 것은 그들의 상반된 판단에 동요하지 않겠다는 것입니다. 저는 바오로 사도가 코린토 신자들에게 보낸 첫째 서간 4장 1절의 의미처럼, 단지 '해야 할 일을 하고 있습니다.' 저는 이미 알려진 사실을 제시하고 있고, 앞으로도 그렇게 할 것입니다. 무엇보다도, 교회의 검토와 판단에 따르기 위해 이 사실을 전달하고자 하며, 이를 위해 할 수 있는 일을 계속할 것입니다.

아드리엔이 선종할 당시, 이미 그의 작품 37권이 출간되었고 그 중 34권이 서점에서 유통되고 있었음에도 불구하고, 그 누구도 그의 작품을 진지하게 다루지 않았습니다. 스위스 루체른에서 발행되는 신문 〈조국Vaterland〉을 제외한 다른 신문들은 아드리엔에게 짧은 애도조차 보내지 않았습니다. 아드리엔의 출간된 작품에 대한 몇 안 되는 서평들은 대부분 매우 단조로웠습니다. 살아 생전이나 선종한 이후에도, 사람들은 아드리엔과 관련된 일에 말려들고 싶어 하지 않았습니다.

아드리엔은 교회 안에서 수행해야 할 사명을 항상 인식하고 있었기에 이러한 무관심을 접할 때마다 다소 놀라는 듯한 모습을 보였습니다. 하지만 점차 그는 때때로 허공에 대고 말해야 하고 뚜렷한 효과 없이 일하는 것이 자신의 몫임을 깨닫게 되었습니다. 아드리엔에 대한 전반적인 무관심으로 인해 오늘날 그를 알 법한 사람들조차 그를 전혀 알지 못하는 상황이 발생했습니다. 이에 따라, 그들에게 아드리엔의 사명을 구성하는 기본 개념을 처음부터 소개해야 할 필요성이 생겼습니다. 반면, 아드리엔을 알고 높이 평가하며 존경하는 사람들도 많아, 오늘날에도 그의 삶과 성격, 영향력을 알 수 있는 기회는 여전히 있습니다.

저와 아드리엔의 관계에 대해 한마디 하고자 합니다. 1940년에 제가 아드리엔에게 가톨릭 신앙에 대해 가르친 적이 있습니다. 아드리엔은 제가 말하는 것을 명확하게 이해하지는 못했지만 진실로 그것이 유일하고 유효하다는 것을 알아보았습니다. 아드리엔은 38년간 온 힘을 다해 진리를 찾기 위해 어두움 속에서 헤매며 끊임없이 기도했습니다. 그리하여 가톨릭적인 진리의 윤곽이 음화陰畫에 새겨지듯이 아드리엔 안에 각인되었고, 제가 제시하는 작은 지침만으로도 충분히 상황을 이해하고 마음으로 받아들일 수 있었습니다. 이런 경험은 그때뿐만 아니라 이후에도 아드리엔의 영적 태도에 어느 정도 영향을 미쳤을 것 같습니다.

사실 아드리엔은 개종 이전에는 물론이고 개종 이후에도 우리의 거룩한 스승님Sanctus Pater Noster이신 로욜라의 이냐시오 성인과 특별한 관계를 맺고 있었습니다. 아드리엔은 저보다도 이냐시오 성인에게서 많은 것을 배웠습니다. 저는 아드리엔이 개종한 이후 책을 비롯한 다양한 저작물을 집필하는 과정에서 그에게서 얻은 통찰을 주저하지 않고 활용했습니다. 수난과 죽음에 관한 아드리엔의 체험은 《세계의 심장》, 《그리스도인과 불안Der Christ und die Angst》(1951년)과 《현대인에게 있어서 하느님에 대한 문제Die Gottesfrage des heutigen Menschen》(1956년)에도 반영되어 있습니다. 비록 아드리엔이 강론과 강의 등 여러 분야에서 제게 조언을 해 주곤 했지만, 시력을 점차 잃어 가면서 제 책을 읽는 횟수는 점점 줄어들었습니다.

정확한 비율을 계산할 수는 없지만, 아드리엔이 제게서 받은 것보다 제가 아드리엔에게서 훨씬 더 많은 신학적인 가르침을 받았다고 말할 수 있습니다. 저는 27년 동안 고해 사제이자 영적 지도자로서 아드리엔의 내적인 삶을 세밀하게 관찰했지만, 아드리엔의 소명이 참되다는 것과 그가 자신의 소명을 실천하며 보여 준 겸손함과 순수함을 조금도 의심하지 않았습니다. 그래서 아드리엔의 조언에 따라 예수회 퇴회라는 제 인생에서 가장 어려운 결정을 내렸을 뿐만 아니라, 그리스도교적인 계시를 바라보는 저의 방식을 아드리엔의 방식과 조화하기 위해 노력했습니다. 그렇게 하지 않았다면 《신학 소품집 Skizzen der Theologie》에 담긴 논문들, 무엇보다도 《영광 Herrlichkeit》의 근본적인 관점이 절대 탄생하지 못했을 것입니다. 참고로 후자의 작업에 아드리엔은 전혀 참여하지 않았습니다.

아드리엔이 선종한 이후인 오늘날, 제가 보기에 아드리엔의 작품은 제 작품보다 훨씬 더 중요합니다. 따라서 그의 미출간 작품을 출간하는 것이 저의 모든 작품보다 우선시되어야 합니다. 이 작품들이 공개되면 관련 분야에 있는 사람들이 그 가치에 대해 저와 동의할 것이며, 우리 시대의 교회에 이러한 은총을 베풀어 주신 하느님께 감사를 드릴 것이라고 확신합니다.

《아드리엔 폰 슈파이어와의 첫 만남》은 크게 세 부분으로 구성되어 있습니다. 제1부는 세 장으로 이루어져 있습니다. 제1장에는 아드리엔의 생애에 대한 간략한 개요를 담았고 제2장에는 아드리엔의 중요한 신학적 과제와 은사, 제3장에는 아드리엔의 모든 작품에 대한 개요를 담았습니다.

제2부는 아드리엔이 자신에 대해 남긴 진술들을 모았습니다. 이 진술들은 다양한 각도에서 아드리엔의 외적 삶과 숨겨진 내적 삶을 조명하고 생생하게 보여 줄 것입니다. 또한 아드리엔이 자신의 어떤 면을 강조했으며 어떻게 이해받기를 원했는지 명확하게 전달할 것입니다.

제3부는 아드리엔이 썼거나 제3자가 받아 적은 기도문들을 모았습니다. 이 기도문들이야말로 아드리엔의 정신을 가장 잘 드러낸다고 할 수 있습니다.

마지막으로, 이 책의 출간을 기꺼이 허락해 주신 주교님께 특별히 감사드립니다.

한스 우르스 폰 발타사르

역자의 말

,

주지하다시피, 한스 우르스 폰 발타사르는 20세기 가톨릭 교회의 신학에 큰 획을 그은 대학자입니다. 예수회원으로서 "하느님의 더 큰 영광을 위하여"라는 예수회의 모토에서 '영광 Herrlichkeit'이란 개념을 자신의 신학에 있어 핵심으로 삼았던 발타사르는 인류를 향한 하느님의 구원 역사를 하느님의 영광이 점진적으로 계시되는 역사로 해석했습니다. 특히 하느님 영광의 계시는 인류를 향한 하느님 사랑의 계시와 맞물려 있으며, 이것이 정점에 이르는 사건이 십자가에서 이루어진 그리스도의 죽음이라고 보았습니다. 그런데 그는 이러한 하느님의 영광은 인간 편에서 '아름다움'으로 체험된다고 하면서 구원 역사 전체를 이 '아름다움'의 관점에서 재해석해서 소개했습니다. 이것이 그의 신학을 특징짓는, 이른

바 '미학적 신학Theologia aesthetica'입니다. 발타사르의 이러한 신학적 전망이 담긴 작품이 바로 1961년 이후에 본격적으로 집필된 《영광 Herrlichkeit》, 《하느님 드라마Theodramatik》, 《하느님 논리Theologik》입니다. 발타사르의 독특한 신학은 사실 이전에 그가 걸어 온 삶의 여정과 맞물려 있으며, 특히 당대의 신학자, 영성가, 문학가들과의 만남이 그의 사상에 결정적으로 영향을 미쳤습니다.

그런데 발타사르의 삶의 이력에서 독특한 사건이 벌어집니다. 전도유망한 당대 최고의 신학자인 발타사르가 돌연 예수회를 떠나게 된 것입니다. 여기에는 그의 삶에서 가장 결정적인 영향을 미친 여인과의 만남이 배경에 자리합니다. 그 여인이 바로 이 책에서 발타사르가 소개하는 '아드리엔 폰 슈파이어'입니다.

발타사르는 스위스 바젤에 있던 시절에 지인의 소개로 영적인 도움을 주기 위해 슈파이어를 만났습니다. 발타사르는 개신교 신자였던 슈파이어를 가톨릭 교회로 인도했습니다. 그리고 영적 지도자로 동반하며 그가 가톨릭 신앙 안에서 영적으로 올바로 성장하도록 많은 도움을 주었습니다. 슈파이어는 예수님의 수난 고통을 비롯하여 많은 신비 현상을 체험했을 뿐만 아니라 여러 면에서 깊은 영성을 지니고 살았습니다. 그리고 이 시대의 대표적인 영성가로 주옥같은 영성 서적을 통해 동시대와 현대까지 깊은 울림을 주는 메시지를 남겼습니다.

발타사르도 슈파이어에게 큰 도움을 받았습니다. 발타사르는 슈파이어의 삶에 동반하면서 새로운 신학적 전망을 갖게 되었습니다. 1940년대 이후부터 슈파이어의 영적인 전망에서 자양분을 받아 그의 신학은 일취월장했으며 마침내 앞서 소개한 3부작으로 완성되었습니다. 발타사르는 텔레비전 방송 등을 비롯한 다양한 기회를 통해 슈파이어에게서 영향을 받은 신학적, 영성적 전망을 언급한 바 있습니다. 심지어 자신의 신학 작품들이 슈파이어의 영성적 전망에 대한 해설에 불과하다고 하며, 그 신학적 원천이 슈파이어의 영성에 있다고 고백하기까지 했습니다.

발타사르에게 미친 슈파이어의 영향은 신학적인 면에만 국한되지 않고 그의 삶의 틀을 바꿔 놓았습니다. 그는 슈파이어에게서 현대인, 특히 젊은이들에게 좀 더 효과적으로 복음을 전하고 그들과 함께 공동체를 만들어 적극 투신하기 위한 재속 수도회 창립에 대한 제안을 받게 됩니다. 바젤 대학교의 학생들을 지도하며 현대인들에게 복음의 본질을 효과적으로 구현할 필요성을 절감했던 발타사르는 슈파이어의 제안을 진지하게 고민했습니다. 그리하여 그는 예수회를 탈회해서 슈파이어를 비롯해 여러 젊은이와 함께 '요한 재속 수도회'를 창립했습니다. 그리고 이 재속 수도회의 창립 멤버로서 기틀을 잡는 가운데 동료들과 함께 자신의 성소를 충실히 살아가기 위해 온갖 노력을 다했습니다.

제가 발타사르의 가르침을 연구하며 느낀 점 가운데 하나는 발타사르의 신학에는 교회의 정통 가르침과 현대적인 감각이 더할 나위 없이 조화를 이루고 있다는 점입니다. 무엇보다 제가 감명을 받은 것은 발타사르의 '신학하는 자세'였습니다. 발타사르는 늘 무릎을 꿇고 기도하는 마음으로 신학에 임했다고 합니다. 또한 발타사르의 사상에는 '영성적인 전망'이 담겨 있습니다. 발타사르는 단순히 사변적인 신학을 하지 않고 그것이 우리의 구체적인 삶 속에서 구현되어야 한다는 신념을 갖고 있었습니다. 이러한 발타사르의 영성적인 전망의 이면에는 아드리엔 폰 슈파이어라는 거룩하고 겸손한 여인이 자리하고 있습니다.

무게 있는 전통 신학 서적들이 교회 내에서 구원 역사를 체계적으로 성찰하고 학문적 보화를 축적하게 함으로써 교회의 내실을 다지는 데 기여한다면, 영성 서적들은 많은 신자들에게 두툼한 신학 서적에 담긴 정수精髓를 삶 속에서 쉽게 살아 내도록 다양한 오솔길을 보여 줍니다. 발타사르와 슈파이어의 작품들은 신학적 내용이 확실히 보장된 동시에 깊은 영성적 전망이 스며 있는 더할 나위 없는 보화로서, 21세기를 살아가는 우리나라 신자들에게 훌륭한 영적 안내서가 되어 주리라 생각합니다.

마지막으로 삼위일체 하느님과 성모님께, 한스 우르스 폰 발타사르와 아드리엔 폰 슈파이어에게 이 책을 드립니다. 또한 가르멜 수도회 수사님, 수녀님, 재속회원들과 주님을 향해 함께 걸어가는 지인, 가족 그리고 대전가톨릭대학교와 수원가톨릭대학교 동료 교수 신부님과 신학생들, 가톨릭 교리신학원 교수 신부님과 학생들에게 이 책을 드립니다. 발타사르가 남긴 말처럼, 철부지 어린이와 같은 인류가 미소를 지으며 사랑으로 응답할 수 있도록 먼저 우리에게 사랑의 미소를 건네신 하느님께 감사드리며…….

2024년 8월 15일
성모 승천 대축일에
인천 가르멜 수도원에서
윤주현 베네딕토 신부, O.C.D.

차례

머리말 5

역자의 말 11

제1부 아드리엔 폰 슈파이어의 생애, 과제, 작품

제1장 생애 25

1. 원천 28

2. 유년기 30

3. 라쇼드퐁의 김나지움 36

4. 3년간의 병고 38

5. 바젤의 김나지움 42

6. 의학 공부 43

7. 결혼 46

8. 개종 49

9. 새로운 은총 53

10. 마지막 시기	58
11. 임종	69
12. 성격	74
제2장 신학적 과제	79
1. 근본적인 태도	83
2. 신학적 위치	92
3. 은사의 확장	108
제3장 작품	147
1. 작품의 형성	150
2. 현존하는 자필 원고	157
3. 구술한 작품	159
4. 기사 또는 논문	167
5. 선집	168

제2부 아드리엔 폰 슈파이어의 진술

1. 하느님의 어머니에 대한 현시　　　　176
2. 이냐시오 성인과의 만남　　　　　　179
3. 회심의 저녁에　　　　　　　　　　182
4. 자신에 관한 진술　　　　　　　　　185
5. 아드리엔이 죽음과 맺은 관계　　　　187
6. 어린 시절 아드리엔의 기도　　　　　195
7. 어린 시절 이웃 사랑의 변화에 대하여　196
8. 어린 시절 하느님 사랑과
　　이웃 사랑의 발전에 대하여　　　　205
9. 아드리엔과 성경　　　　　　　　　218
10. 예비된 것　　　　　　　　　　　226
11. 열다섯 살 소녀와의 대화　　　　　229
12. 확신　　　　　　　　　　　　　232
13. 아드리엔이 받은 세 가지 커다란 은총　236
14. 개종하기 이전에 기도에 대해
　　아드리엔이 지녔던 태도　　　　　240
15. 사람들의 부족함에 대해
　　아드리엔이 지녔던 태도　　　　　251
16. 아드리엔과 고해성사　　　　　　　256

17. 고해성사에 대해 아드리엔이 지녔던 태도   260

18. 아드리엔과 성인   270

19. 아드리엔, 성인 그리고 사명   281

20. 아드리엔의 내적 태도   284

제3부 아드리엔 폰 슈파이어의 기도문

제1장 지상의 기도   294

1. 아침에 드리는 기도   296

2. 미사를 시작할 때 드리는 기도   297

3. 강론을 듣기 전에 드리는 기도   299

4. 영성체 후에 드리는 기도   301

5. 밤에 드리는 기도   303

6. 감실 앞에서 드리는 기도   305

7. 부활하신 주님께 드리는 기도   307

8. 성령 쇄신을 위한 기도   308

9. 초연함을 위한 기도   310

10. 한 해의 마지막에 고해성사를
    드린 후 바치는 감사 기도   312

11. 현세에서 드리는 기도   314

12. 성모님을 통해서 그리스도께로   315

13. 질병으로 고통받을 때 드리는 기도	318
14. 피로할 때 드리는 기도	320
15. 어느 노수녀의 기도	320
16. 임종이 가까운 때에 드리는 기도	322
17. 이냐시오 성인의 '받으소서'	323
18. 이냐시오 성인이 아드리엔에게 가르친 기도	327
19. 공평의 선물을 청하는 기도	329
20. 주님을 멀리하는 사람들을 위한 기도	330
21. 자신에게서 해방되기 위한 기도	331
22. 유용한 사람이 되기 위한 기도	332
23. 주님의 수난을 묵상하며 드리는 기도	333
24. 소유하지 않은 것에 집착하지 않기를 청하는 기도	334

제2장 천상의 기도   336

1. "하느님의 영광이 도성을 비추고
   그분의 빛은 어린양입니다."   338
2. "도성의 성벽에는 열두 개의 초석이
   있습니다. 그리고 그 위에는 어린양의
   열두 사도의 이름이 하나씩 적혀 있습니다."   340
3. 어린양의 생명의 책   350

4. 요한 묵시록으로 인한 은총　　　　　　**351**

  5. 하느님과 어린양의 옥좌 앞에서
　　시종들이 드리는 흠숭 기도　　　　　**353**

  6. "주님이신 하느님은 그 빛입니다."　　**355**

  7. 주님의 기도　　　　　　　　　　　　**357**

  8. "나는 처음이자 마지막이다."　　　　**363**

  9. "들을 수 있는 사람은 '오소서!'
　　하고 말하여라."　　　　　　　　　　**364**

부록　**마지막으로 고려해야 할 사항**

  1. 교회의 현시점에서 바라본
　　아드리엔 폰 슈파이어　　　　　　　　**370**

  2. 아드리엔 폰 슈파이어의 작품을
　　어떻게 읽을 것인가?　　　　　　　　**374**

제1부

아드리엔 폰 슈파이어의 생애, 과제, 작품

이 장에서 발타사르는 아드리엔 폰 슈파이어의 생애를 소개한다. 슈파이어는 1902년 9월 20일 스위스의 '라쇼드퐁'에서 테오도르 폰 슈파이어와 로르 지라르의 둘째 딸로 태어났다. 어린 시절부터 그는 또래 친구들과 깊은 우정을 맺으며 자랐고, 특히 친구들을 위해 자신의 것을 아낌없이 나누며 어려움에 처한 친구들을 기꺼이 도와주었다. 이러한 슈파이어의 인성에는 의사였던 아버지와 삼촌의 이타적이고 진실한 태도가 큰 영향을 미쳤다. 한편, 슈파이어는 하느님에 대한 깊은 신심을 지녔지만 개신교에는 거부감을 느꼈다.

청소년 시절, 슈파이어는 '의사'로서 자신의 소명을 찾는 과정에서 방황하게 되었는데, 이는 여성이 의사가 되는 것에 대해 보수적인 견해를 지닌 어머니의 심한 반대 때문이었다. 아버지는 그런 딸이 좋은 의사가 될 수 있도록 힘이 되어 주었지만, 아버지의 갑작스러운 죽음으로 가세가 기울어졌고, 슈파이어는 가사를 도우며 힘겹게 공부해야 했다. 이 과정에서 심한 결핵에 시달리며 죽음에 가까운 고통을 겪었지만, 그럼에도 하느님께 나아가고자 했다. 결국, 슈파이어는 발다우 병원에서 반년 동안 치료를 받고 기적적으로 회복하게 된다.

이후 슈파이어는 의대에 진학하여 의사로서 많은 사람을 위해 봉사하며 살았다. 1927년에는 두 자녀를 둔 에밀 뒤르 교수와 결혼했다. 하지만 1934년 사랑하는 남편의 죽음으로 인생의 큰 위기를 맞았고, 메르케 교수의 도움을 받아 그 어려움을 극복했다. 1936년에는 베르너 케기 교수와 재혼하게 되었다. 이러한 과정 속에서 하느님을 향한 슈파이어의 열망은 점점 더 강해졌다. 어느 순간부터 그는 신비 체험을 하기 시작했고, 가톨릭으로 개종하기 위한 여러 번의 시도 끝에 1940년 발타사르의 도움을 받아 가톨릭 신자가 되었으며, 본격적인 영적 성장의 길로 들어섰다.

가톨릭으로 개종한 후, 슈파이어에게는 많은 은총이 주어졌다. 그는 기도에 온전히 전념할 수 있었고, 다양한 신비 현상을 체험했다. 특히 1941년부터는 주님의 수난에 대한 체험을 주기적으로 하게 되었고, 이 과정에서 하느님을 향한 영적 여정도 진보해 갔다. 슈파이어는 자신의 체험을 10년 이상 구술했으며, 하느님의 나라가 이 세상에 임하도록 기도하고 이웃 사랑을 통해 주님의 뜻에 협력하는 데 최선을 다했다. 또한 세상에 복음을 효과적으로 전하기 위한 재속 수도회 창립에 대한 영감을 받아 마침내 발타사르와 함께 '요한 재속 수도회'를 세우게 되었다. 슈파이어는 젊은 회원들에게 영적인 전망을 제시하고, 그들이 세상의 빛과 소금이 되도록 이끌고자 했다.

하지만 슈파이어는 생애 말년에 여러 질병으로 큰 고통을 겪었고, 일종의 대리적인 죽음도 체험했다. 이 와중에도 발타사르의 도움을 받아 성경 주해를 비롯해 다양한 영적 주제를 담은 글을 남겼다. 결국, 1967년 9월 17일 65세의 나이로 슈파이어는 주님의 품에 안겼다. 그에게 죽음은 자신이 오랫동안 고대해 온 하느님을 만나는 기쁨 가득한 순간이었다.

제1장

생애

1. 원천

아드리엔 폰 슈파이어의 생애에 관한 정보를 전하는 자료에는 다음과 같은 것들이 있습니다.

첫째, 저의 요청에 따라 아드리엔 폰 슈파이어가 수기로 작성한 284쪽 분량의 '자서전'이 있습니다. 안타깝게도 이 자서전은 아드리엔의 생애 중 초기 24년만을 다룹니다. 아드리엔은 50~60세의 나이에 이른 여성의 관점에서 자신의 영적 성장에 대해 놀라운 기억력으로 생생하고 정확하게 젊은 시절의 이야기를 풀어냈습니다. 이 자서전은 1968년에 《내 생애에 대하여 *Aus meinem Leben*》라는 제목으로 출간되었습니다.

둘째, 《젊은 시절의 신비Geheimnis der Jugend》라는 제목의 자서전이 있습니다. 이 작품은 순수하게 은사적인 특징을 지니고 있으며, 앞서 소개한 자서전과 완전히 구별됩니다. 이 원고는 제가 아드리엔에게 어린 시절과 청소년 시절의 의식 수준으로 돌아가도록 요청한 데 대해 그가 순명하며 집필한 것입니다. 아드리엔은 같은 사건을 어린아이와 소녀의 관점에서 풀어낼 뿐만 아니라, 완전히 기억에서 사라졌다고 생각했던 것들도 되살려 서술했습니다. 무엇보다 하느님을 찾는 모습이 이 작품에서 아주 명확하게 묘사되어 있으며, 이러한 설명은 아드리엔이 개종한 1940년까지 이어집니다.[1]

셋째, 1940년 이후부터(약 10년간) 제가 쓴 일기가 있습니다.

넷째, 아드리엔의 생애 전체와 그 의미를 살펴볼 수 있는 구체적인 진술들이 있습니다. 이 가운데 일부를 선별하여 이 책의 제2부에서 제시하고자 합니다.

다섯째, 아드리엔의 친구, 친척, 지인과 그가 진료해 준 옛 환자

---

1   두 자서전 사이의 연대와 관련해서는 서로 맞출 수 없는 사소한 차이점이 있다. 이는 아마도 나이 든 여성의 기억 속에서 몇 가지 사건의 순서가 바뀌었고, 두 번째 자서전에서 소개된 이야기가 시간의 경과보다 다양한 순간의 내적 상태를 강조한 데서 비롯된 것으로 보인다.

들은 그의 생애에 관한 세부 사항을 제공하는 데 중요한 역할을 할 수 있습니다. 또한 아드리엔이 다른 이들과 주고받은 수많은 편지도 정리해야 합니다.

2. 유년기

아드리엔은 태어날 때 세상에 나오기를 강하게 거부했습니다. 훗날 그는 어머니가 겪은 산고가 자신과 어머니 사이에 긴장이 지속된 이유 중 하나라고 생각했습니다. 아드리엔은 처음부터 그리고 이후 수십 년간 어머니가 원치 않았던 딸이었습니다.

여러 가지 탁월한 능력을 지닌 아드리엔의 어머니는, 아드리엔이 도시에서 널리 알려진 의사가 되고 두 명의 뛰어난 교수와 연이어 결혼한 후에야 비로소 그가 실패한 딸이 아니라는 것을 인정하게 되었습니다. 아드리엔이 어머니에게 보인 지속적인 선의는 어머니의 생애 마지막 몇 년 동안 어머니의 마음을 얻을 수 있는 기회를 제공했습니다. 그럼에도 저는 아드리엔이 꿈에서 자기 어머니를 절망에 찬 목소리로 부르는 것을 여러 번 들었습니다.

아드리엔 폰 슈파이어는 1902년 9월 20일 스위스의 쥐라Jura 산맥의 해발 1,000미터 높이에 있는 라쇼드퐁La Chaux-de-Fonds이라는 추운 도시에서 태어났습니다. 아드리엔은 스위스 바젤 출신이자 안과 의사인 테오도르 폰 슈파이어Theodor von Speyr와 어머니 로르 지라르 Laure Girard의 둘째 딸이었습니다.

아드리엔의 아버지는 바젤의 유서 깊은 명문가 출신으로, 아버지의 가문에서는 이미 종교 개혁 이전부터 종을 주조하는 기술자와 성인의 성화를 그리는 화가, 책을 인쇄하는 기술자들이 배출되었습니다. 주교좌 성당의 탑에 있는 '바젤의 종Clôches de Bâle' 사이에는 오늘날에도 슈파이어 제작소 이름이 새겨진 종들이 여럿 있습니다. 그 후 슈파이어의 집안에는 의사, 개신교 목사 그리고 모든 세대에 걸쳐 유능한 사업가들이 배출되었습니다. 아드리엔의 어머니는 제네바와 뇌샤텔Neuchâtel에서 성공한 시계공과 보석공 집안 출신의 딸입니다.

아드리엔의 언니인 엘렌Hélène은 아드리엔보다 나이가 한 살 정도 더 많았습니다. 남동생인 빌헬름Wilhelm은 1905년에 태어났으며, 나중에 의사가 됩니다. 그리고 둘째 남동생인 테오도르Theodor는 1913년에 태어났으며, 나중에 런던에 있는 어느 은행의 은행장이 됩니다.

소녀 아드리엔은 어머니에게 매일받던 질책 덕분에 신비로운 보상을 얻게 되었습니다. 이에 대해서는 앞서 언급한 《젊은 시절의 신비》라는 책에서 처음 소개되었습니다. 이 책은 하느님과 그분을 위한 어린아이 같은 존재로서 천사의 인도 아래 유년기의 아드리엔을 잘 담아내고 있습니다. 이 천사는 아드리엔이 해야 할 일과 하지 말아야 할 일, 기도하는 방법, 하느님과 함께하는 방법을 알려 주었습니다. 그리고 처음부터 아드리엔에게 희생과 포기의 가치를 가르쳤습니다.

아드리엔은 개신교 신자로 지낸 어린 시절 내내 자발적이면서도 지나치지 않은 고행을 실천했습니다. 1940년부터 아드리엔은 하느님과 교회 그리고 자신의 지향, 죄인들에 대한 사랑으로 고행에 대한 자신의 열정이 한계를 넘는 일이 없도록 엄격하게 순명해야 했습니다.

하느님 안에서 사는 이러한 아드리엔의 삶이 방해받지 않고 지상의 삶이 될 수 있는 고요한 곳이 있었습니다. 바로 자신의 손녀를 깊이 이해했던, 신심 깊은 할머니 댁이었습니다. 아드리엔의 할머니는 도시 밖에 '레 틸뢸Les Tilleuls'이라는 이름의 시골 저택에서 사셨습니다. 할머니는 가난한 사람들을 위해 바느질을 많이 하셨습니다. 무엇보다도 아드리엔은 이곳에서 할머니와 함께 평온하게 지낼 수 있었습니다. 그는 할머니와 함께한 시간들에 대해 놀라운 이야기를 전해 주었습니다.

아드리엔은 품위 있고 과묵한 아버지를 존경했고, 아버지와 깊고 친밀한 관계를 맺었습니다. 어린 소녀 아드리엔은 일찍부터 아버지가 일하시는 병원에 자주 따라갔습니다. 아픈 아이들을 방문하고 위로하기 위해서였습니다. 사람들을 도와주기 위해 의사가 되겠다는 아드리엔의 계획은 어린 시절부터 그의 마음 안에 자리 잡고 있었습니다. 이미 그는 초등학생 시절부터 가난한 이들을 돕기 시작했고, 심지어 친구들과 함께 가난한 이들을 위한 모임을 만들기도 했습니다.

아드리엔은 초등학교 시절부터 '김나지움Gymnasium'을 다니던 시절에 이르러서도 반 친구가 나쁜 행동을 하면, 그것을 자신의 잘못이라고 선생님에게 말하고 벌을 받으려고 했습니다. 아드리엔이 이러한 행동을 너무 자주 해서 선생님이 더 이상 그의 말을 믿지 않을 정도였다고 합니다. 그뿐만 아니라, 어린 시절부터 자신에게 향하는 모든 비난을 조용히 받아들이는 습관을 갖고 있었습니다.

아드리엔은 학교에 들어가기 전에 이미 읽고 쓸 줄 알았고, 학교에 들어간 후에는 모든 것을 열정을 다해 배웠습니다. 가끔 천식으로 고생하는 선생님을 대신해서 가르치기도 했습니다. 하지만 종교 수업에서는 어려움을 느꼈습니다.

특히 새로운 목사님이 올 때마다 아드리엔은 설명할 수 없는 실망감을 느꼈습니다. 개신교의 무언가가 공허해 보였기 때문입니다. 아드리엔은 선생님들에게 "하느님은 전혀 다른 분이에요!" 하고 단호하게 주장하곤 했습니다. 아홉 살에는 반 친구들에게 예수회에 관한 '강의'를 한 적도 있습니다. 이 '천사'는 예수회원들은 온 마음으로 예수님을 사랑하며, 하느님의 진리는 사람들의 진리보다 훨씬 더 위대하기 때문에 하느님 안에서 이해하는 모든 것을 사람들에게 정확하게 전달할 수 없다고 했습니다.

하지만 아드리엔은 가톨릭에 대해서 잘 알지 못했습니다. 주변 사람들에게 가톨릭을 경멸하고 비웃는 말만 들을 뿐이었습니다. 김나지움 준비반에 다닐 때 아드리엔은 〈편견Les Préjugés〉이라는 제목으로 글을 쓴 적이 있었습니다. 이 글에서 그는 종교 수업 선생님이 다른 종교(무엇보다도 가톨릭 신앙을 말합니다)에 대해 제대로 알려 주려고 하지 않고 학생들에게 색안경을 씌우려 한다고 비판했습니다.

한편 아드리엔은 자주 아팠으며 유년기에 걸릴 수 있는 모든 질병을 겪었습니다. 거기에 더해 지속적인 허리 통증으로 긴 시간을 누워 지내야 했습니다(나중에야 그것이 척추염이라는 것을 알았습니다). 아드리엔은 언제나 부활절이 오기 전에 몸이 아팠습니다. "천사는 성금요일을 위한 것이라고 말했습니다." 그는 이 책의 제2부에 실린 진술을 통해 자신이 여섯 살이었을 때 성탄을 앞두고 라쇼드퐁의 가파른 길에서(한참 후에야 제게 정확한 장소를 알려 주었습니다) 이냐시오 성인과 가졌던 신비로운 만남을 전해 줍니다.

방학이 되면 아드리엔은 베른 근교에 주립 정신 병원이 있는 발다우Waldau에 가곤 했습니다. 그 병원의 원장은 아드리엔의 삼촌인 빌헬름 폰 슈파이어Wilhelm von Speyr 교수였습니다. 한편, 삼촌의 누이이자 아드리엔의 고모인 잔느Jeanne는 집안을 돌봤습니다.

잔느 고모는 아드리엔의 언니인 엘렌을 더 좋아했고, 어린 아드리엔에게 집안의 모든 것이 언제나 장밋빛으로 보이지는 않았지만, 아드리엔이 언제나 사랑하던 큰 정원이 그곳에 있었습니다. 게다가 빌헬름 삼촌은 환자들을 평온하게 하고 그들에게 말을 걸며 우울한 사람들을 격려하는 아드리엔의 재능을 일찍 발견했습니다. 삼촌은 자신의 어린 조카에게 인형을 들려 환자들에게 보내는 것을 망설이지 않았습니다. 조카가 그 환자들과 함께 있는 것을 두려워하지 않았기 때문입니다. 아드리엔이 가장 원하던 것은 환자들의 아픔에 동참하는 일이었습니다. 그는 기도 중에 이를 위한 길을 찾았고 자신을 하느님께 봉헌했습니다.

3. 라쇼드퐁의 김나지움

아드리엔의 아버지는 의사가 되겠다는 아드리엔의 결심 때문에 아내의 반대에도 불구하고 그를 라쇼드퐁의 김나지움에 보냈습니다. 아드리엔은 그곳에서 배우는 모든 과목에 열정을 쏟았습니다. 그리고 여기서 일생을 함께할 친구 두 명을 얻었습니다. 한 명은 샤를 볼프Charles Wolf로, 그는 훗날 라쇼드퐁에서 가장 뛰어난 외과 의사가 됩니다. 다른 한 명은 샤를 앙리 바르비에Charles Henri Barbier로, 나중에 스위스 소비자 협회의 회장이 됩니다. 이들 셋은 반에서 가장 뛰어난 학생들이었습니다.

언젠가 아드리엔은 목사님과 독신 생활에 관해 토론한 적이 있었습니다. 그에게는 독신 생활이 하느님과 교회에 자신의 삶을 봉헌하기에 가장 합당하고 올바른 형태로 보였습니다.

또한 아드리엔은 구세군 모임에 종종 갔고 그곳에서 사람들이 공개적으로 죄를 고백하는 것을 목격했습니다. 그리고 이러한 고백 방법이 근본적으로 잘못되었다고 생각했습니다. 진정한 성사적 고백을 향한 갈증은 아드리엔이 개종할 때까지 수십 년 동안 점점 강해졌으며, 아마도 이것이 그를 가톨릭 교회로 이끈 가장 강력한 자극제가 된 것 같습니다.

2년 후, 아드리엔의 어머니는 아드리엔을 '김나지움'에서 끌어내는 데 성공했습니다. 어머니가 보기에는 아드리엔이 남자들과 지나치게 어울렸고, 의사라는 직업이 여성에게 맞지 않다고 생각했기 때문입니다. 이에 따라 아드리엔은 1년간 여학생들을 위한 고등학교에서 힘든 시간을 보냈습니다.

하지만 아드리엔은 거기서 마들렌 갈레Madeleine Gallet라는 좋은 친구를 얻기도 했습니다. 두 사람은 온종일 하느님과 봉헌의 삶에 대해 이야기를 나누었습니다. 그리고 친구들을 어떻게 회심하게 할 수 있을지 고민했으며 가난한 이들을 위해 자신들의 생계가 온통 거기에 달린 것처럼 뜨개질과 바느질을 했습니다. 마들렌은 아드리엔에게 아주 분명히 이렇게 말한 적이 있었습니다. "너에게는 오직 하나의 길만 있어. 바로 수녀원에 들어가는 거야." 하지만 아드리엔은 수녀원이 어떤 곳인지 몰랐습니다.

어느 날 밤, 아드리엔의 아버지는 잠옷 차림으로 추위에 떨며 책상에서 그리스어를 공부하는 딸을 보고 깜짝 놀랐습니다. 아버지는 아드리엔이 그리스어를 공부하는 이유를 물었고 이것이 김나지움에 다시 들어가기 위해서라는 것을 알게 된 후, 다음 학기에 그를 다시 그곳으로 보냈습니다. 김나지움의 남학생들은 유일한 여학생인 아드리엔을 환대했으며, 아드리엔은 자신의 매력적인 기질과 탁월한 재치, 윤리와 종교에 대한 명석한 판단력 덕분에 학급 대표가 되었습니다.

1917년 11월 어느 날 이른 아침에 아드리엔에게 천사와 성인들(아드리엔은 그들 가운데 이냐시오 성인이 있는 것을 보았습니다)에 둘러싸인 성모님이 나타나셨습니다. 천사들은 움직이며 자리를 바꾸었습니다. 이 모든 것이 미래를 위한 하나의 '이미지'로써 무언가를 예비하는 듯한 인상을 심어 주었습니다(아드리엔의 개종 이후 나타난 현시들은 이러한 '이미지' 같은 특징을 잃었으며, 순수하고 친밀한 실재가 되었습니다). 아드리엔은 학교에 갈 시간이 될 때까지 침대 머리맡에서 무릎을 꿇고 있었습니다. 훗날 그의 사명은 성모님에 의해 깊이 각인되었습니다.

4. 3년간의 병고

그로부터 얼마 후, 아드리엔은 자신의 아버지가 곧 세상을 떠날 것이라는 확신을 가지게 되었습니다. 그의 아버지는 바젤에서 정교수 자리를 수락할 계획이었으나, 아드리엔은 그 계획에 부정적이었습니다. 이후 아드리엔의 아버지는 위 천공으로 인해 세상을 떠나셨습니다.

그 후, 베른에 사는 빌헬름 삼촌은 아드리엔의 가족을 아낌없이 지원했습니다. 하지만 아드리엔의 어머니는 경제적인 어려움을 걱정했고, 결국 가정부를 내보내야 했습니다. 아드리엔은 가족에 대한 책임이 자신에게 있다고 생각하며, 학업을 계속하는 한편 집안의 살림도 도맡아야 했습니다. 또한 어머니의 바람에 따라 김나지움뿐만 아니라 상업 학교도 다녀야 했습니다.

이 시기에 아드리엔은 고열에 시달리면서도 계속 일하는 바람에 건강이 완전히 무너지고 말았습니다. 양쪽 폐에 결핵을 앓았으며 호흡 곤란으로 숨을 쉴 때마다 극도의 고통을 견뎌야 했습니다. 1918년 여름, 랑겐브뤼크Langenbruck 요양원의 의사가 아드리엔에게 지금 상황에 대해 정말로 알고 싶은지 물었습니다. 아드리엔의 긍정적인 답변에 의사는 그가 이듬해 봄을 보지 못할 것이라고 말했다고 합니다. 당시 아드리엔은 레상Leysin이라는 곳으로 보내졌고 거기서 2년을 지냈습니다.

아드리엔의 친척 중 한 명으로 로잔에서 아주 유능한 의사로 평가받았던 샤를로트 올리비에Charlotte Olivier가 멀리서나마 아드리엔을 보살펴 주었습니다. 당시 아드리엔의 어머니는 딸을 완전히 잊어버린 듯이 보였습니다. 어머니는 단 한 번 나타나 몇 시간을 머물며 딸의 서랍을 뒤지고 딸에게 온 편지를 모두 읽어 봤습니다. 그리고 딸을 훈계한 후 이내 사라졌습니다.

아드리엔은 요양원에 머무르는 동안 도스토옙스키의 책을 읽었고 러시아어를 배우기도 했습니다. 얼마 안 있어 아드리엔이 침대에서 일어날 수 있게 되자 샤를로트가 설립한 요양원인 '희망의 집Espérance'의 소녀들이 그에게 '순명과 자유', '진리와 그 단계', '생각할 권리', '도스토옙스키' 등과 같은 주제에 대해 강의를 해 달라고 요청했습니다. 아드리엔의 강의를 들었던 청중 가운데 한 명이었던 루이사 자크Louisa Jacques는 그에게 이렇게 말했습니다. "당신은 제가 가톨릭 신자가 되라고 떠미는군요." 이는 아드리엔 자신도 전혀 생각하지 못했던 행보였습니다. 실제로 루이사는 가톨릭으로 개종하고 글라렛 수녀회에 입회했습니다. 그리고 성성聖性에 대한 명성을 얻고 예루살렘에서 선종했습니다.[2]

아드리엔은 가난한 러시아인들을 위한 바자회를 열었습니다. 그들은 러시아 혁명으로 인해 고국에 돌아갈 수 없었습니다. 아드리엔과 우정을 맺은 파리 출신의 가톨릭 신자인 폴린 라크루아Pauline

---

[2] 루이사 자크에 관해서는 다음을 참조하라. *Soeur Marie de la Trinité. Conversion, vocation, carnets*, Beyrouth, 1942.

Lacroix는 아드리엔에게 이렇게 말했습니다. "당신은 순명하는 삶을 살기 위해 태어난 것 같아요." 하지만 폴린이 고아원을 운영하던 쥐라에서 두 사람이 다시 만났을 때, 폴린은 아드리엔이 가톨릭으로 개종하지 않았다는 사실에 실망했습니다.

한번은 아드리엔이 레상의 허름하고 추운 가톨릭 경당에 기도하러 들어갔을 때, 감실의 불빛이 주님께서 현존하심을 알려 주었습니다. 그는 그 순간 이 현존을 분명히 느꼈다고 합니다. "마치 다른 사람들이 자신의 집에 있는 것처럼, 저 역시 이 경당에서 제 집에 있는 것 같은 기분이었습니다."

간신히 건강을 회복한 아드리엔은 몸이 쇠약해져 의사가 되기 어려워졌습니다. 그래서 1920년 말에 개신교 단체가 설립한 스위스 보Vaud주의 생루프Saint Loup 병원에 지원하여 간호사 과정을 이수하기로 결심했습니다. 이곳에서도 그는 개신교 신심이 얼마나 이질적인지 경험했습니다. 과도한 업무로 인해 다시 기력이 떨어진 아드리엔은 발다우 병원에서 반년 동안 치료를 받은 후에야 비로소 완전히 건강을 되찾을 수 있었습니다.

5. 바젤의 김나지움

그 사이에 아드리엔의 어머니는 다른 자녀들과 함께 '소小바젤' 지역의 플로라 거리로 이사했습니다. 아드리엔은 독일어에 익숙하지 않았지만, 가족을 따라 그곳으로 갔습니다. 그리고 혼자서(어머니는 동행하지 않았습니다) 여자 김나지움에 찾아가 교직원인 게오르긴 게르하르트Georgine Gerhard에게 자신을 소개했습니다. 훗날 게오르긴은 아드리엔의 친구가 되었습니다.

당시 교장이었던 바르트Barth 선생님은 아드리엔에게 6주간의 시험 기간을 허락해 주었습니다(아드리엔은 병으로 인해 3년간 학업을 따라가지 못한 상태였습니다). 아드리엔은 열심히 공부했고 1년 반 후에는 다른 학생들과 함께 최종 시험을 통과했습니다. 이와 함께 뮌히Münch 선생님에게 피아노 레슨도 받았습니다. 당시 선생님은 아드리엔에게 매일 적어도 3시간은 피아노 연습을 하라고 요구했다고 합니다.

이 기간 동안 음악은 아드리엔이 하느님을 점점 '다른 분'으로 인식하며 그분께 나아가는 통로가 되었습니다. 하느님은 아드리엔에게 자신의 열렬한 기도에 응답하지 않는 분처럼 보였습니다. 어머니와 큰 갈등을 겪은 후, 아드리엔은 절망의 벼랑 끝에 내몰렸습니다. "과연 삶에 의미가 있을까? 아무것도 이루지 못했어. 모든 것이 멈춰 있는 것만 같아." 아드리엔은 기차 교량 위에서 라인강이 흐르는 모습을 바라보며 강물이 자신을 유혹하는 것을 느꼈습니다. 하지만 곧 마음속에서 죽는 것은 비겁하다는 생각이 들었습니다.

그 후 아드리엔은 집에서 이방인처럼 살았습니다. 하지만 좋은 친구가 하나 있었습니다. 바로 하인리히 바르트Heinrich Barth(훗날 철학 교수가 된 카를 바르트Karl Barth의 형제)였습니다. 아드리엔은 카를 알브레히트 베르눌리Carl Albrecht Bernoullis의 딸인 에바 베르눌리Eva Bernoulli와도 친분을 유지했습니다. 학교에서는 반 친구들에게 어머니처럼 조언을 해 주었고 교장 선생님도 아드리엔을 깊이 신뢰했다고 합니다.

6. 의학 공부

김나지움의 최종 시험을 통과한 후, 아드리엔은 의학을 공부하기로 굳게 결심했습니다. 자신의 딸이 연합 은행의 비서가 되어 돈을 벌기를 바랐던 어머니는 이미 그 은행에서 근무하는 은행 직원(아드리엔보다 연상이었습니다)을 아드리엔의 신랑감으로 염두에 두고 있었습니다. 그래서 어머니는 자신의 딸이 의사가 되겠다고 결정한 것에 매우 화냈으며, 몇 주 동안 아드리엔에게 말도 걸지 않았습니다. 심지어 다른 가족들도 대화하지 못하게 했습니다.

한편, 베른에 사는 빌헬름 삼촌은 아드리엔을 걱정하고 있었습니다. 겉으로는 아드리엔의 약한 건강 때문인 것처럼 보였지만, 실제로는 의사라는 직업의 냉혹한 현실을 모르는 순진한 조카를 보호하기 위해서였습니다. 그래서 삼촌은 조카의 간청에도 학비 지원을 거부했습니다. 그럼에도 아드리엔은 의대에 등록했습니다. 그 후 그는 친구인 게오르긴에게 개인 과외를 할 수 있는 학생들을 알아봐 달라고 부탁했고, 매주 밤늦게까지 최소 20회 이상 과외를 했습니다.

아드리엔은 자신의 미래 환자들을 위해 하느님께 드리는 '희생'으로 음악을 포기했습니다. 아드리엔이 의학을 공부하며 겪은 다양한 일들은 그가 생생하게 기술한 두 자서전이 있으므로 자세히 언급하지 않겠습니다. 처음에 시체 해부실은 아드리엔에게 끔찍한 장소였지만, 자신이 해부할 망자亡者들을 위해 기도하며 어려움을 극복할 수 있었습니다. 그는 시체 해부에는 어려움을 느꼈지만, 살아 있는 사람을 위해 다루는 모든 과목과 활동에는 쉽게 임할 수 있었습니다.

또한 아드리엔은 동물학 교수가 된 아돌프 포트만Adolf Portmann 그리고 탁월한 외과 의사가 된 프란츠 메르케Franz Merke와 평생 우정을 맺었습니다. 한편으로 스승인 게르하르트 호츠Gerhart Hotz 교수에게 깊은 존경심을 품었습니다. 스승의 이른 임종은 아드리엔에게 큰 영향을 미쳤습니다.

마침내 환자들을 치료할 수 있게 되었을 때, 아드리엔은 병동을 조용히 돌면서 환자들을 위로하고 용기를 북돋아 주고 임종을 잘 준비할 수 있도록 도왔습니다. 하지만 강의실에 모인 환자들과 분만실의 미혼모들이 인간으로서의 존엄성을 존중받지 못하는 모습을 보고는 분노를 느꼈습니다. 한 환자의 죽음에 대한 책임을 간호사에게 떠넘기던 의사에게도 화가 났습니다(그 의사는 바젤 대학교의 교수직을 포기할 때까지 모든 학생에게 수업을 거부당했습니다). 한편, 조용히 힘든 일을 하는 많은 간호사들에게는 큰 감명을 받았습니다. 아드리엔은 이러한 경험을 통해 이웃을 위한 봉사의 길에서 아직 온전히 발견하지 못한 하느님을 찾는 법을 배웠습니다.

7. 결혼

아드리엔은 하느님의 어머니에 대한 현시를 체험한 순간부터 왼쪽 가슴 아래, 심장에 있는 위치에 작은 상흔을 간직했습니다. 그는 이것을 그리 크게 염두에 두지 않았습니다. 단지 그 상흔이 자신이 하느님께 육체적으로 속한다는 표지이자 감히 손댈 수 없는 놀라운 신비라고 여겼습니다.

한편 아드리엔은 아이를 출산하기 위해서는 남녀 간의 결합이 필요하다는 것을 알고 있었습니다. 한번은 생루프 병원의 수술실에서 한 남성 환자가 생식기 수술을 받는 동안, 그의 한쪽 다리를 오랜 시간 받치고 있었던 적이 있었습니다. 하지만 아드리엔에게는 이런 상황이 평범하고 자연스럽게 느껴졌습니다. 이렇게 그는 임상 실습을 마칠 때까지 성性에 대한 진정한 깨달음을 얻지 못했습니다. 이 사실을 알고 있던 아드리엔의 친구들은 기사도 정신으로 그를 보호하겠다고 자처했습니다.

1927년 여름, 아드리엔은 사촌의 재정적 후원을 받아 휴가를 떠날 수 있었습니다. 휴가지로는 산 베르나르디노San Bernardino를 선택했습니다. 그리고 그곳에서 바젤에서 온 이들을 만났습니다. 그들 중에는 편집자인 오에리Oeri와 그의 가족, 화가인 펠레그리니

Pellegrini, 아내를 잃고 혼자가 된 역사학 교수인 에밀 뒤르Emil Dürr와 그의 두 아들이 있었습니다.

뒤르 교수는 생기발랄한 여대생 아드리엔과 곧바로 사랑에 빠졌고, 이 두 사람을 하나로 묶기 위한 소동이 벌어졌습니다. 하지만 이러한 상황은 아드리엔에게 혼란을 안겼습니다. 그는 자신이 지닌 '신비'의 의미를 아직 완전히 이해하지 못했기 때문입니다. 하지만 얼마 후, 아드리엔은 자신에게 매우 친절한 이 남성과 그의 두 자녀에 대한 연민을 느끼며 결혼을 승낙하게 되었습니다.

결혼 생활 동안 남편인 에밀과 가진 육체적인 관계는 아드리엔에게 당혹감을 주었고, 그에게는 일반적이지 않게 느껴졌습니다. 하지만 세월이 흐르면서 아드리엔은 남편을 점점 더 사랑하게 되었습니다. 그래서 1934년 에밀이 갑작스럽게 세상을 떠나자 아드리엔은 큰 충격을 받았습니다(이번에도 아버지가 돌아가실 때처럼 그는 남편의 죽음을 예견하고 있었습니다).

남편의 죽음으로 인해 아드리엔은 다시 한번 자살의 문턱에 다가갈 정도로 깊은 절망감에 빠져들었습니다. 하지만 친구이자 가톨릭 신자인 메르케Merke 교수는 아드리엔에게 친절하게 손길을 내밀며 그가 힘겨운 시간을 이겨 내도록 도와주었습니다.

아드리엔과 에밀은 결혼 생활 동안 완벽한 조화를 이루며 살았습니다. 에밀은 매우 친절했고, 두 사람은 종종 하느님에 대해 함께 이야기했습니다. 또한 그들은 휴가를 갈 때면 이탈리아의 여러 성당에 가서 기도하곤 했습니다.

결혼한 지 1년이 흐른 후, 아드리엔은 의사 면허를 따기 위한 시험에 합격했습니다. 그와 에밀은 라인강 상류의 뮌스터 광장Münsterplatz 4번지에 있는 '아우프 부르크Auf Burg'라는 아름다운 집에 자리를 잡고 행복하게 지냈습니다. 하지만 에밀이 세상을 떠난 후, 아드리엔은 이제 그의 두 아이와 남게 되었습니다(아이들의 할아버지는 아돌프 바움가르트너Adolf Baumgartner 교수로, 철학자 프리드리히 니체 Friedrich Nietzsche와 역사학자 야콥 부르크하르트Jacob Burckhardts와 친분이 있었습니다).

1936년, 아드리엔은 에밀 밑에서 교수 자격을 취득하게 위해 지원자로 있던 베르너 케기Werner Kaegi와 재혼했습니다. 그는 에밀의 자리를 이어받아 바젤 대학교에서 역사학 정교수로 활동했으며 야콥 부르크하르트에 관한 여러 작품을 남겼습니다.

8. 개종

아드리엔은 마침내 가톨릭 신앙을 알게 되었고 가톨릭으로 개종하고자 했습니다. 그래서 자신의 의사를 표시하기 위해 가톨릭 사제와 만나려고 여러 번 시도했습니다. 하지만 모두 실패로 돌아가고 말았습니다. 아드리엔은 1940년 이전의 몇 년 동안 여전히 기도하고 있었지만, 깊은 낙담으로 인해 어두움이 그의 영혼에 자리 잡고 있었습니다.

게다가 에밀이 죽었을 때, 아드리엔은 '주님의 기도'에서 "아버지의 뜻이 이루어지소서."와 같은 청원에 더 이상 충만한 진실함을 담을 수 없다는 사실을 알게 되었습니다. 사실 아드리엔은 에밀의 죽음에 대해 미리 '예'라고 응답했습니다. 하지만 실제로 에밀이 죽은 후에는 '예'라는 응답이 자신에게서 뿌리째 뽑힌 것 같았습니다. 그리고 이 응답을 온전히 자유롭게 하느님께 드리지 못한 것 같다고 느꼈습니다.

아드리엔은 이런 자신에게 정직해야 한다는 생각에서 '주님의 기도'를 드리는 것을 피했습니다. 어느 개신교 목사는 아드리엔에게 주님의 기도 대신 다른 기도를 드리도록 조언했습니다(이 조언은 적절하지 않았습니다). 하지만 아드리엔은 이 모든 기도에서 자신이 말할 수 없는 단어와 끊임없이 마주쳤습니다.

1940년 가을이었습니다. 저는 그해 초 학생 사목을 하기 위해 바젤에 도착했습니다. 당시 아드리엔은 심각한 심장병으로 인한 죽음의 위기를 넘기고 병원에서 돌아온 후였습니다. 우리 둘을 모두 아는 지인의 소개로, 저와 아드리엔은 라인강이 내려다보이는 그의 집 테라스에서 당시 제가 번역하던 가톨릭 시인인 폴 클로델Paul Claudel과 샤를 페기Charles Péguy의 작품에 관해 이야기를 나누게 되었습니다.

그때 아드리엔은 용기를 내어 제게 가톨릭 신자가 되고 싶다고 말했습니다. 곧이어 우리는 아드리엔의 기도에 대해 대화했습니다. 저는 "아버지의 뜻이 이루어지소서."라는 기도가 우리 자신이 할 수 있는 것을 하느님께 바치는 것이 아니라, 하느님께서 우리 삶을 주관하시고 우리를 그분 마음대로 하시도록 기꺼이 맡기겠다는 의미라고 설명했습니다.

이 설명은 아드리엔에게 마치 전등 스위치가 눌려 방 안의 모든 불이 켜진 것처럼 다가왔던 것 같습니다. 그는 자신을 방해하던 모든 것에서 해방되고, 그의 기도는 오랫동안 억눌렸던 감정이 터져 나오듯 그를 휩쓸기 시작한 것처럼 보였습니다. 아드리엔은 제가 교육하는 동안 마치 오랫동안 이 내용을 듣고 싶어 했던 것처럼 모든 것을 곧바로 이해했습니다.

마침내 아드리엔은 모든 성인 대축일에 세례를 받았습니다. 그로부터 2주 후, 성 대大알베르토 주교 학자 기념일에 우리의 친구인 알베르 베갱Albert Béguin도 세례를 받았습니다. 그는 불문학 교수로서 이후 파리의 잡지인 〈에스프리Esprit〉의 편집을 맡게 됩니다. 아드리엔은 알베르의 대모代母가 되어 주었습니다. 그리고 얼마 후 아드리엔이 견진성사를 받을 때에는 알베르가 아드리엔의 대부代父가 되어 주었습니다.

알베르는 파리로 떠난 이후에도 줄곧 아드리엔의 믿음직한 친구로 남아 있었습니다. 그는 아드리엔의 개종으로 인해 처음에는 충격을 받고 소원해진 아드리엔의 가족을 대신해 주었습니다. 한편 바젤의 가톨릭 공동체는 아드리엔을 어떻게 대해야 할지 몰랐습니다. 성녀 글라라 병원의 몇몇 수녀들만 아드리엔과 따뜻한 관계를 맺었습니다.

여러 해가 지나면서 아드리엔은 로마노 과르디니Romano Guardini, 휴고 라너Hugo Rahner, 에리히 프르치바라Erich Przywara, 앙리 드 뤼박Henri de Lebac, 라인홀트 슈나이더Reinhold Schneider, 안네트 콜브Annette Kolb 그리고 가브리엘 마르셀Gabriel Marcel과 새로운 우정을 맺었습니다.

아드리엔은 특유의 쾌활하고 친절한 관대함으로 자신에게서 멀어진 사람들의 마음을 다시 얻을 수 있었습니다. 지난 몇 년 동안 계속된 긴장 관계는 마침내 해소되었고, 아드리엔의 어머니는 그의 진료 시간 동안 그를 자주 방문하곤 했습니다. 어머니와의 화해는 아드리엔이 늘 기도했던 것이었습니다.

1931년 라인강의 중심 교량 근처에 개원한 아드리엔의 병원 진료실은 금세 환자들로 가득했습니다. 1950년대 중반까지(이때 아드리엔은 질병으로 인해 의술을 펼치는 데 한계가 있었으며, 그로부터 얼마 후 모든 것을 포기해야 했습니다) 진료실은 그가 의료 활동과 영혼을 위한 봉사를 수행하는 현장이었습니다. 당시 아드리엔은 하루에 60명에서 80명까지 환자들을 진료했습니다. 그는 환자 한 사람 한 사람을 주의 깊게 보살피며 그들에게 필요한 치료를 해 주었습니다. 또한 환자의 가족, 삶에 대한 도덕적 관점, 종교에 대한 부분 등 모든 상황을 고려했습니다.

아드리엔은 많은 부부들이 결혼 생활에서 겪는 어려움을 치유해 주었고, 수많은 아이의 생명을 낙태에서 구했습니다(그는 천 건에 달하는 낙태를 막았다고 말했습니다). 또한 미혼모와 그 자녀들을 보살폈으며, 환자들 중 다수를 차지하던 가난한 사람들을 무료로 치료했습니다. 아드리엔은 육체적인 고통으로 인해 기진맥진할 정도로 힘든 상황에서도 진료를 멈추지 않았습니다. 그가 겪은 고통에 대해서는 나중에 다시 언급하겠습니다.

9. 새로운 은총

가톨릭으로 개종한 후, 아드리엔은 신비로운 은총에 감싸이게 되었습니다. 마치 사방에서 휘몰아치는 폭풍과 같은 은총이 다가온 것입니다. 무엇보다 그에게는 기도의 은총이 있었습니다. 아드리엔은 이제 소리 기도와 자기중심적인 묵상을 넘어 하느님께로 나아가게 되었습니다. 이는 하느님에 대한 새로운 이해와 사랑 그리고 그분의 부르심에 대한 새로운 결단을 준비하기 위한 과정이었습니다.

현시의 은총도 아드리엔에게 주어졌습니다. 베일에 가려진 하느님의 어머니의 첫 번째 발현을 본 이후, 성모님은 더욱 열린 모습으로 아드리엔에게 자신을 드러내셨습니다. 아드리엔은 부드럽고 경건하며 자연스러운 친숙함으로 성모님과 접촉하게 되었습니다. 그가 제게 들려준 성모님에 대한 모든 이야기는 놀랍고 상상할 수 없을 만큼 아름다움을 담고 있었습니다.

한편, 아드리엔은 이냐시오 성인과 자주 만나지 않았습니다. 하지만 그들의 만남은 완전한 상호 합의와 이해 속에서 이루어졌습니다. 아드리엔과 이냐시오 성인 사이에서 발견한 또 다른 특징은, 유머 감각과 쾌활함을 지니고 있으면서도 지상 교회의 의식적인 화려함에서 벗어나 하느님을 섬기는 일에 가장 진지하게 임한다는 점이었습니다.

다음으로, 아드리엔은 다양한 '현시'와 '탈혼' 가운데 성인들의 '큰 무리turba magna' 속으로 들어가게 되었습니다. 성인들은 아드리엔에게 홀로 또는 무리로 발현하며 그를 천상 세계로 인도했습니다. 매우 다양한 성인(아기 예수의 데레사 성녀, 사도들, 교회의 많은 교부들 그리고 아드리엔이 사랑한 요한 마리아 비안네 성인 등)이 그에게 말이나 상징적인 장면, 혹은 침묵 속에서 하늘나라의 법칙에 대해 많은 것을 가르쳐 주었습니다.

아드리엔은 개종한 직후, 진료실에서 집으로 돌아가던 길에 자신의 차 위에 갑자기 큰 빛이 비추는 것을 본 적이 있습니다(길을 걷던 이가 그것을 보고 놀라 도망쳤고 아드리엔은 차를 세웠습니다). 그는 장차 자신에게 따라올 모든 것에 대한 핵심적인 말을 담은 음성을 들었습니다. "그대는 하늘과 땅에서 살게 될 것이다."

그리고 외적인 은사들은 아드리엔의 진료와 환자들에게서 나타났습니다. 설명할 수 없는 갑작스러운 치유는 그 지역에서 화제가 되었고, 아드리엔의 친척들 귀에도 전해졌습니다. 이와 관련된 이야기는 일기를 통해 아주 상세하게 전해지므로, 여기서 자세히 언급할 필요는 없을 것 같습니다. 다양한 은사들이 구체적인 목표를 달성하기 위해 빠르게 움직이는 것처럼 보였습니다.

아이의 죽음으로 아드리엔의 친구 중 한 명이 큰 슬픔에 빠진 일이 있었습니다. 아이의 관 옆에서 아드리엔은 폭풍과 같은 강렬한 기도를 통해 하느님의 전능하심에 닿아 이 생명을 되찾을 가능성이 있음을 깨달았습니다. 하지만 기적을 행할 능력을 포기하고 하느님의 뜻에 자신을 유순하게 맡기는 것이 더 중요하다는 사실도 알게 되었습니다. 이후 아드리엔의 모든 활동에는 친숙하면서도 눈에 띄지 않는 평범함으로 성모님의 베일이 더욱 짙게 드리워졌습니다.

사실, 그 이전에 아드리엔에게 놀라운 사건이 일어났습니다. 어떻게 보면 이는 끔찍한 일이라고도 할 수 있습니다. 개종 후 몇 달이 지난 1941년 봄, 밤중에 아드리엔의 머리맡에 찾아온 천사가 말했습니다. "이제 곧 시작될 것이다." 그다음 날 밤, 아드리엔은 하느님께서 자신을 위해 정해 주시는 모든 것에 온전히 순명하기로 했습니다. 그 당시 저는 바젤에 없었습니다. 그래서 아드리엔은 무슨 일이 벌어졌는지 편지로 설명해 주었습니다. 저는 즉시 바젤로 돌아가야 했습니다.

그렇게 첫 번째 '수난'은 아드리엔을 나타내는 특징이 될 성토요일의 위대한 체험으로 시작되었습니다. 그 후로 이 수난은 해마다 새로운 방식으로 반복되면서 다양한 신학적 맥락을 드러냈습니다.

아드리엔이 겪은 수난은 예루살렘에서 일어난 수난의 역사적 장면에 대한 현시라기보다는(이 수난을 설명하기 위해 몇 가지 장면을 엿볼 수 있을 뿐이었습니다) 예수님의 내적 수난을 충만하고 다양하게 체험한 것에 중점을 두었습니다. 빈 공간이나 모호한 개념으로만 존재하는 것 같았던 수난의 지도 전체가 채워졌습니다. 아드리엔은 수난 자체와 중간에 쉬는 순간 그리고 그 이후에도 자신이 체험한 것을 명료하고 예리하게 묘사할 수 있었습니다. 저는 아드리엔의 일기의 흐름에서 이 수난을 꺼내어 《십자가와 지옥 *Kreuz und Hölle*》이라는 하나의 책으로 묶었습니다.

그로부터 1년 후, 성삼일이 지나고 1942년 7월에 아드리엔에게 어떤 정신 작용으로 생긴 것이 아니라고 확신할 수 있는 외적인 상흔이 생겼습니다. 아드리엔은 이 상황에서 그 상처를 누가 볼지 모른다는 극심한 두려움을 느꼈습니다(처음에는 손에 붕대를 감고 있었음에도 몇몇 사람이 크지 않은 그 상처를 보았습니다). 더 나아가 아드리엔은 죄인인 자신에게 닥친 일이 주님의 수난과 관련이 있을 수 있다는 생각에 지독한 굴욕감과 수치심을 느꼈습니다. 이후 아드리엔의 간절한 요청에 대한 응답으로 눈에 보이는 상처는 점차 사라졌고 수난의 때에만 가끔 나타났습니다. 하지만 종종 그 고통이 너무 심했기에 아드리엔은 가시관으로 인해 피가 이마 위로 흐르는 것이 눈에 보이지 않는다는 사실을 믿기 어려울 정도였다고 합니다. 수난에 대한 아드리엔의 모든 체험에서 강조되는 점은 구원 사건들이 지닌 '영적' 의미입니다. 이 구원 사건들은 그리스도와 마찬가지로 아드리엔에게도 완전히 '체화'되었습니다.

1943년부터는 요한 복음서에 대한 밤의 '안내'가 시작되었습니다. 이후 아드리엔은 이를 제게 알려 주었습니다. 처음 몇 년 동안 신비적인 '수련'은 그의 목표 중 일부를 이룰 수 있게 해 주었습니다. 그것은 하느님의 말씀이 요구하는 모든 것에 대한 (마리아적인) 봉헌, 요한 신학을 통해 얻을 수 있는 (이냐시오적인) 초연함이었습니다.

아드리엔의 신비 이론은 하나의 진술에서 정점에 이릅니다. 즉 신비는 특별한 사명, 교회에 대한 특별한 봉사이며, 자기 자신에게서 벗어나 자신을 잊고(아드리엔은 프랑스어 '소멸éffacement'을 좋아했습니다), 하느님의 말씀 앞에서 보인 성모님의 헌신적인 준비 자세를 통해서만 올바로 실현될 수 있습니다. 개인적인 상태는 관심의 대상이 아니고 성찰해서도 안 됩니다. 모든 심리학적 성찰은 반드시 중요한 것, 곧 하느님의 말씀에서 이탈하게 만들고 이에 따라 자신이 받은 사명을 왜곡하게 됩니다. 아드리엔에 따르면 이 근본 법칙은 영적 지도자를 위한 주요 지침이기도 합니다.

그때부터 10년 동안 아드리엔은 성경의 여러 책을 주해했습니다. 요한 사도에 관한 작품을 주해한 후에는 바오로 사도의 서간, 가톨릭 서간, 요한 묵시록, 구약 성경의 여러 책이나 그 일부를 주해했습니다. 나중에는 제가 아드리엔에게 성경 텍스트를 건네면서 주해를 부탁했습니다. 그러면 그는 몇 초간 눈을 감았다가 이내 평온하고 객관적인 목소리로 출간해도 손색이 없을 정도의 완벽한 문장으로 말하기 시작했습니다.

아드리엔은 대부분 오후 2시에 진료를 마친 후 집에 돌아와 차 한 잔을 마신 후 구술했습니다. 하루에 30분 이상 구술하는 경우는 드물었습니다. 종종 휴가 중에는 두세 시간 구술했지만, 그런 경우는 정말 흔치 않았습니다. 단, 요한 묵시록의 주해에 관해서는 한 가지 예외 사항이 있는데, 이에 대해서는 나중에 설명하겠습니다.

10. 마지막 시기

1940년, 아드리엔은 심각한 심장병으로 인해 여름 내내 병원에 머물러야 했습니다. 그의 허약한 심장은 계속해서 그가 일을 하거나 걷기 힘들게 만들었습니다. 고통스러운 경련이 자주 발생하여 사람들 앞에서 숨길 수 없을 정도였습니다.

게다가 심각한 당뇨병으로 체중이 증가하면서 움직이기 힘들어졌습니다. 관절염도 심해져서 무릎을 꿇을 수 없을 정도로 통증이 심해졌습니다. 마지막 여러 해 동안 아드리엔의 발에는 감각이 전혀 남아 있지 않았습니다. 1964년부터는 시력을 잃기 시작하면서 촉각에도 의지할 수 없게 되었고 누군가의 도움 없이 혼자 다닐 수 없었습니다.

1940년 이후 몇 년 동안 아드리엔은 정오까지 침대에 누워 있어야 했습니다. 저녁에 두세 시간 독서를 한 후, 밤에는 기도에만 전념했습니다. 당시에 아드리엔은 놀라운 속도로 책을 읽고 종종 저녁 시간에는 소설 한 권을 끝내곤 했습니다. 그 후 저녁 일정이 시작되었습니다. 고통, 기도 그리고 '여행'이 그 일정이었습니다. 아침 시간에는 집안과 뮌스터 광장에서 들려오는 소음으로 인해 평온하지 않았습니다. 그래서 매일 두세 시간 정도밖에 잠을 잘 수 없었습니다.

더 이상 계단을 오를 수 없게 된 후 아드리엔은 환자들의 집을 방문하는 것을 중단할 수밖에 없었습니다. 그래서 그가 진료실에서 일하는 시간은 주로 오후였습니다. 하지만 계속 쇠약해지면서 진료실까지 운전할 수 없게 되었고, 지인들이 종종 아드리엔을 데려다주어야 했습니다.

시내에 있던 진료실은 1954년에 문을 닫았고, 뮌스터 광장 근처에 있는 아드리엔의 집 1층에 진료실이 새롭게 마련되었습니다. 하지만 병이 악화되면서 아드리엔은 새 진료실에서도 일할 수 없었습니다. 결국 그에게는 고요한 삶이 시작되었습니다.

오후가 되면 아드리엔은 책상에 앉아 오랜 침묵과 기도로 시간을 보내며 자수를 놓거나(그는 '아시시 자수'를 선호했습니다), 어린 시절에 그랬듯이 가난한 사람들을 위해 뜨개질을 했으며, 책도 많이 읽었습니다. 아드리엔이 읽은 책들은 모두 인간과 그 운명에 관한 것이었습니다.

아드리엔은 다양한 현대 프랑스 소설을 읽었습니다. 조르주 베르나노스Georges Bernanos(그에 비해 클로델의 작품은 조금 읽었고 페기의 작품은 전혀 읽지 않았습니다)와 프랑수아 모리아크François Mauriac의 작품을 읽었습니다. 아드리엔이 특별히 좋아했던 것은 시도니 가브리엘 콜레트Sidonie-Gabrielle Colette의 작품이었습니다. 세심하게 관찰하고 섬세하게 표현하는 데 탁월했던 콜레트의 재능은 그를 매료시켰습니다. 아드리엔은 여성 작가들의 모든 작품을 섭렵했을 뿐 아니라(베아트릭스 벡Béatrix Beck, 클라리스 프란치용Clarisse Francillon, 프랑수아즈 말레 조리스Françoise Mallet-Joris, 루이즈 드 빌모랭Louise de Vilmorin, 조에 올덴부르크Zoé Oldenbourg, 아드리엔 모니에Adrienne Monnier, 안느 뮤레Anne Mure 등) 종종 그 작품들에 대해 강의도 했습니다.

아드리엔은 앙리 퀘펠렉Henri Queffelec의 작품도 읽었습니다. 모든 자연의 풍경 가운데 바다, 특히 프랑스 브르타뉴Bretagne의 바다를 좋아했기 때문입니다. 우리는 그곳에서 휴가를 세 번이나 보냈습니다. 아드리엔은 바닷가에 있는 의자에 앉아 몇 시간을 보내며 물결, 밀물과 썰물, 빛의 변화를 쉼 없이 바라보곤 했습니다. 그에게 하느님의 현존은 바다에서 가장 많이 보이는 것 같았습니다. 하지만 산은 그다지 좋아하지 않았습니다. 아드리엔은 바다에 관한 과학 책도 읽으려고 했으며 특히 라헬 카슨Rachel Carson의 설명을 좋아했습니다.

아드리엔은 또한 장 폴 사르트르Jean-Paul Sartre, 시몬 드 보부아르Simone de Beauvoir, 알베르 카뮈Albert Camus, 모리스 삭스Maurice Sachs, 로제 페이피트Roger Peyrfitte, 베르나르댕 드 생 피에르Bernardin de Saint-Pierre의 작품을 비롯해 많은 추리 소설을 읽었습니다. 위대한 의사들의 전기와 비망록에도 관심을 가졌습니다. 몇 년 동안 기력이 쇠약해진 아드리엔에게 독서는 사람들과 그들이 간직한 물음, 그들이 겪는 고통에 가까이 다가갈 수 있는 방식이었습니다. 그리고 이 모든 것이 그의 기도 안으로 자연스럽게 녹아 들어갔습니다.

사실, 아드리엔의 기도는 언제나 보편적이고 가톨릭적이었습니다. 그 기도는 하느님 나라에 대한 열망과 지향을 위한 것이자 하느님 나라의 필요를 위해 자신을 봉헌하는 것이었습니다. 아드리엔은 '익명'이라는 단어와 실재를 사랑했습니다. 즉 자신의 존재가 우주에 이름 없이 흡수되도록 했습니다. 또한 그의 작품에서 반복적으로 나타나는 표현인 '언제나 준비된 자세'와 실재를 사랑했습니다.

하느님께서는 아드리엔의 말을 들으셨고 밤의 기도 시간 동안 새로운 방식으로 '여행'하게 하셨습니다. 심지어 아드리엔을 죽음으로 인도할 치명적인 질병이 그를 괴롭히던 마지막 몇 주간에도 아드리엔은 그 '여행'에 대해 언급했습니다. 그는 기도하는 동안 자신의 기도와 도움이 필요한 수많은 장소로 옮겨졌습니다.

전쟁 중에는 여러 포로수용소, 그다음으로 여러 수도원으로 옮겨졌습니다. 수도원 중에서도 주로 영혼을 깨우고 공동 기도와 묵상 기도가 다시 생기를 찾아야 하는 관상 수도원으로 옮겨졌습니다. 또한 고해성사가 미온적이거나 거짓으로 이루어지는, 혹은 고해 사제가 필요를 채워 주지 못하는 고해소, 신학교로 옮겨졌습니다. 종종 로마 교황청이나 더는 아무도 기도하러 들어가지 않는 버려진 성당으로 옮겨지기도 했습니다.

아드리엔은 이런 장소들의 이름을 거의 알지 못했지만, 사제의 내면과 외면은 묘사할 수 있었습니다. 또는 프랑스 남부의 어느 성당이 어떻게 생겼는지도 알았습니다. 평소에는 인식하지 못했지만, 아드리엔은 항상 자신이 여행한 장소에 육체적으로 머물러 있다고 느꼈습니다. 이렇게 영적 활동을 마친 후에는 필요한 만큼의 도움을 주기 위해 그곳에서 최선을 다하고 돌아왔기 때문에 피곤한 기색이 역력했습니다.

이제 아드리엔이 했던 영적 독서에 대해 말해 볼까 합니다. 아드리엔이 성경과 맺은 관계에 대해서는 그의 진술을 통해 이 책의 제2부에서 언급하겠습니다.

처음에 저는 아드리엔이 읽을 만한 다양한 영성 서적을 그에게 주었습니다. 그중에서 그는 이냐시오 성인의 편지(카러Karrer의 번역본)에 열광했습니다. 그 편지가 딱 맞게 다가왔던 것입니다. 심지어 아드리엔은 그 작품이 프랑스어로 번역되지 않았으면, 자신이 그것을 번역하고 싶어 했습니다.

또한 아드리엔은 커다란 애정과 약간의 의구심을 품고 아기 예수의 데레사 성녀의 자서전을 독일어로 번역했습니다. 성녀와의 대화는 끊임없이 계속되었습니다. 아드리엔은 십자가의 요한 성인의 작품도 읽기 시작했고, 성인의 기도에 깊은 감명을 받았습니다. 하지만 성인의 기도에 대한 설명은 읽고 싶어 하지 않았습니다. 한편, 예수의 데레사 성녀의 작품에 대한 독서를 중단하기도 했습니다. 이는 아드리엔이 성녀의 작품 중 많은 부분에 이의를 제기했기 때문입니다.

그리고 아드리엔은 루이 랄르망Louis Lallemant과 장 조제프 쉬랭 Jean-Joseph Surin의 작품도 빠르게 훑으며 그들에게서 영성의 향기를 맡았습니다. 말하자면, 그는 비판적인 식별을 바탕으로 그들의 영성을 바라보았습니다. 그리고 큰 존경심을 품고 베네딕토 성인과 아시시의 프란치스코 성인의 규칙서도 읽었습니다. 여기에 샤를 드 푸코 성인, 굳이 더하자면 존 헨리 뉴먼 성인을 언급할 수 있겠습니다. 하지만 이제까지 말한 이들 외에도 아드리엔에게 특별히 영향을 미친 사람들이 더 있을지도 모르겠습니다. 한편 저는 엄밀한 의미에서 아드리엔이 신학 책을 읽는 것을 본 적이 없습니다.

아드리엔은 자신이 체험한 현시에 힘입어 많은 성인을 알고 사랑했습니다. 그중에는 관련된 책을 단 한 줄도 읽은 적이 없는 성인들도 있습니다. 예를 들면 시에나의 가타리나, 헝가리의 엘리사벳, 요안나 프란치스카 드 샹탈, 빙엔의 힐데가르트, 베르나데트, 안토니오 아빠스, 베드로 클라베르, 베네딕토 요셉 라브르, 요한 마리아 비안네가 있습니다. 요한 사도의 작품은 언제나 아드리엔의 독서 대상이었습니다. 아드리엔의 구술 작업은 요한 사도의 작품과 함께 시작되었습니다. 그는 사도의 정신을 자신이 세우려는 공동체에 전하고 싶어 했습니다.

아드리엔은 개종한 후 얼마 지나지 않아 저와 함께 새로운 공동체를 창립하려는 계획을 가지고 있었습니다(당시 우리는 '재속 수도회'에 대해 아무것도 몰랐습니다. 그리고 저는 비오 12세 교황의 교황령 〈섭리의 어머니이신 교회Provida Mater Ecclesia〉가 있다는 것을 그 문헌이 발간된 후 한참이 지나서야 알게 되었습니다. 이 문헌은 남녀 신자들이 세상 한가운데서, 그리스도인의 정신에 맞는 세속의 모든 직업을 수행하면서 복음적 권고의 삶을 살아가는 것을 허용합니다). 저는 매년 남학생과 여학생들에게 영신 수련을 지도해 왔는데, 그중 몇몇 학생들이 우리에게 지원자로 왔습니다.

그리하여 우리 '장상들'[3]에게 몇 년 동안 학교의 지원자를 엄격하게 선별하는 것과 같은 기간이 시작되었습니다. 즉 성소를 식별하고 성소자를 동반하는 과정에서 많은 성소자를 잃고 좌절하는 일을 견뎌야 했습니다. 이 과정에서 아드리엔의 활동은 막중했습니다.

---

3   아드리엔과 발타사르 자신을 의미한다. — 역자 주

이제는 이 공동체를 위해 아드리엔이 천상에서 열매를 맺어 줄 것이라 희망합니다.

아마도 아드리엔의 타고난 영혼의 위대함은 자선을 베푸는 방식에서 가장 명확하게 드러날 것입니다. 이미 그의 어린 시절과 청소년 시절은 자선을 베푸는 것에 대한 아름다운 일화로 가득 차 있습니다.

아드리엔은 복음서에 나오는 가난한 과부처럼 주저하거나 염려하지 않고 자신이 가진 마지막 것, 심지어 자신에게 가장 필요한 것까지 늘 내어 주곤 했습니다. 아드리엔은 다른 이에게 많이 기부했으며, 자신의 공동체에도 서로 가진 것을 나누게 했습니다. 특히 익명으로 기부하는 것을 좋아했습니다. 아드리엔에게는 이 방식이 더 합당해 보였기 때문입니다.

또한 아드리엔은 돈이 필요하기는 했지만 돈을 잘 쓸 줄 모르는 곤궁한 사람들에게도 기부했습니다. 그는 기부받는 사람들이 기뻐하는 것으로 만족했습니다. 한편으로 미혼인 친구의 아들을 도와주기 위해 모금하고자 여러 해 동안 많은 청원 편지를 쓰기도 했습니다. 전국 곳곳에 있는 연로한 할머니와 가난한 여성들에게는 돈이 든 편지를 익명으로 보냈으며, 그들이 이 편지를 받고 어리둥절해하면서도 기뻐하는 모습을 상상했습니다. 그러면서 어린아이처럼 즐거워했습니다.

아드리엔은 특별히 가난한 관상 수도원을 마음에 두었습니다. 그에게 관상 수도원들은 교회의 기도를 보존하는 아주 중요한 곳으로, 이 수도원에 각별한 관심을 가져야 한다고 보았습니다. 또한 뛰어난 영적 지도자를 배출해야 하고, 새로운 성소자와 그들의 양성을 위해 노력해야 한다고 보았습니다. 아드리엔 자신도 힘이 닿는 대로 노력했으며, 그에 따른 결실도 있었습니다. 그 예로 상당한 금액의 기부를 통해 로마의 가장 낙후된 지역에 있는 관상 수도원을 도와 도시 외곽의 좋은 곳에 수도원 건물을 새로 짓는 데 기여했습니다.

이런 일을 할 수 있는 힘이 남아 있는 동안, 아드리엔은 자신의 작은 공동체에 묵상할 주제를 자주 나눠 주곤 했습니다. 그는 마르코 복음서 전체를 한 구절씩 설명했으며(구술한 내용을 받아 적은 것만 해도 대략 1,200페이지 정도입니다), 사도행전도 그렇게 했습니다. 여러 축일에는 묵상을 위한 특별한 요점을 공동체에 나누었습니다. 그리고 복음적 권고의 정신과 그것을 공동체에 구체적으로 적용하는 방법에 관해 많은 지침을 주기도 했습니다.

아드리엔이 짊어져야 했던 책임은 그의 인간적인 힘을 넘어서는 것이었습니다. 새로운 공동체를 세우도록 우리에게 주어진 사명이 더 이상 예수회의 울타리 안에서 이루어질 수 없는 것으로 보였을 때, 제가 예수회에서 탈회하도록 설득하는 책임이 아드리엔에게 주어졌습니다.

물론, 저는 새로운 공동체에 대한 특별한 소명이 제게 있으며 이것을 다른 방식으로 해석할 수는 없다는 충분한 증거를 가지고 있었습니다. 분명 하느님께서 당신의 피조물 가운데 하나에게, 특히 교회 안에서 분명하게 말씀하실 수 있다는 것을 그 누가 부정할 수 있겠습니까?

무엇보다 저는 예수회를 무척 사랑했으며, 예수회는 제게 고향이나 다름없었습니다. 주님을 따르기 위해 일생에 한 번 이상 '모든 것'을 내려놓아야 하고, 심지어 수도회를 떠나야 할 수도 있다는 사실은 청천벽력과도 같았습니다. 비록 제게는 나름의 명확한 이유가 있었고, 제 행동에 대해 전적으로 책임을 졌지만, 아드리엔에게 주어진 책임의 몫은 견딜 수 없을 정도로 정말 무거웠습니다. 아드리엔이 당시 예수회 관구장 신부님께 쓴 편지가 이 사실을 증명합니다.

11. 임종

아드리엔은 시인 라이너 마리아 릴케Rainer Maria Rilke가 남긴 다음 구절을 강력하게 거부했습니다. "주님, 각자에게 자신의 죽음을 허락하소서."

아드리엔은 이렇게 말했습니다. "(우리는 그리스도인으로서) 우리의 죽음을 받아들이지 말고 주님께서 교회를 통해 우리에게 주신 죽음을 받아들여야 합니다. …… 우리는 죽음이 인류에게 의미할 수 있는 것, 가장 궁극적이고 개인적인 것을 교회적인 봉사의 익명성에 맡길 수 있습니다. 그럼으로써 우리는 죽음을 선물로 내어 줄 수 있습니다."[4]

아드리엔은 다른 사람들의 고통, 그들의 죄와 연옥의 정화를 기꺼이 짊어지고자 했습니다. 이와 더불어 수십 년 동안 일종의 대리적인 죽음을 겪기도 했습니다. 육체적인 관점에서 보면 이는 도저히 이해할 수 없을 정도로 매우 처참했습니다.

사실 아드리엔은 이미 1940년대에 일련의 '신비적인 죽음'을 겪고 있었습니다. 그는 극단적인 한계에서 돌아온 뒤, 남은 생명을 살

---

[4] 《죽음의 신비 Das Geheimnis des Todes》(1953년), 50–51쪽.

기 위해 죽음의 과정을 거쳐야만 했는데, 그것은 오로지 사명을 위해서였습니다(한빈은 '자신의 사명을 위해' 온전히 죽어야 했습니다).

아드리엔은 1950년대 초반부터 극도로 기진맥진한 상태였습니다. 그로 인해 구술할 기회가 점점 줄어들었습니다. 1953년까지 아드리엔이 쓴 작품은 이미 60개를 넘었습니다. 그 결과, 그가 글을 읽을 수 있는 양에도 한계가 생겼고, 제가 속기 자료를 소화하기도 힘들어졌습니다.

받아 적는 것에 대한 저의 한계는 아드리엔이 신적인 진리를 깊이 탐구하는 데 있어 큰 실망을 안겼습니다. 그의 영적 생산성에는 어떤 한계도 없었기 때문입니다. 만약 그때 제가 아드리엔을 제지하지 않았다면, 오늘날 우리는 그의 글을 두세 배 이상 더 많이 가지고 있었을 것입니다.

하지만 1950년대 중반부터 아드리엔은 몸이 쇠약해지면서 죽음을 계속 염두에 두어야 했습니다. 어떤 의사도 그가 어떻게 계속 살아 있는지를 이해할 수 없었습니다. 시간이 흐를수록 생명의 한계도 점점 더 확실해졌습니다. 그럼에도 그 한계는 계속해서 연장된 듯 보였습니다.

극심한 고통 외에도 아드리엔에게는 무력함이라는 감정이 점점 커져 갔습니다. 아드리엔의 몸은 연주를 위해 모든 고통의 레기스터[5]들이 당겨진 오르간과 같았습니다. 항상 새롭고 예상치 못한 고통이 다가왔고 '더는 할 수 없다', '지나친 요구다'라는 감정이 생겨났습니다.

이러한 표현은 아드리엔의 작품에서 계속 등장하는 것으로, 아드리엔은 그것을 아주 심각하게 체험했습니다. 그는 여전히 고통을 받을 수 있는 한, 진짜로 고통받는 것이 아니라고 말하곤 했습니다. 그간 해 왔던 '여행'도 계속되었습니다. 여기서 우리는 아드리엔에게서 빠져나간 힘이 어디로 흘러갈 수 있는지 엿볼 수 있습니다. 이와 동시에 자발적인 고행은 중단되지 않았습니다. 저는 이 점에서 우리의 거룩한 스승님(이냐시오 성인)의 원의와 지시에 협력해야 했습니다.

아드리엔이 임종하기 4년 전, 저는 휴가를 간 적이 있었습니다. 중요한 책을 완성한 후였기 때문에 휴가를 갈 만한 일을 해냈다고 생각하며 떠났습니다. 하지만 며칠 후, 아드리엔이 제게 전화를 해서(그 전화를 걸기 위해 얼마나 많은 고생을 했는지 누가 알 수 있겠습니까? 아드리엔은 항상 제게 최선을 다하려고 했습니다), 며칠간 고행을 해야 한다며 휴가에서 돌아오도록 부탁했습니다. 이 부분에 대해서는 나중에

---

5 오르간의 음색 변화를 주기 위한 장치다. — 편집자 주

다시 말하겠습니다.

아드리엔의 죽음은 놀라울 만큼 점점 약해지는 과정이었습니다. 그의 음성은 날로 작아졌습니다. 아드리엔은 매우 느린 속도로 서서히 죽어 가고 있었습니다. 하지만 그는 이 상황에 만족스러워하고 기뻐했습니다. 다른 방법이었다면 불가능했을 더 많은 것을 내어 줄 수 있었기 때문입니다.

1964년에는 시력을 거의 잃은 상태였습니다. 그래서 독서도, 자수를 놓는 것도 포기해야 했습니다. 뜨개질은 조금 할 수 있었지만, 눈이 어두워짐에 따라 그 일도 점점 하기 어려워졌습니다. 뜨개질의 코가 틀리더라도 그것을 바로잡을 수 없을 정도였습니다.

비록 자신이 쓴 글을 겨우 보거나 아예 볼 수 없었음에도, 아드리엔은 특히 독일과 프랑스에 있는 여러 수녀에게 매일 편지를 쓰려고 했습니다. 그 수녀들과 맺은 우정은 아드리엔에게 많은 것을 의미했습니다. 가끔 글을 쓰던 펜에서 잉크가 떨어지면, 몇 줄 또는 몇 페이지 전체를 백지로 남긴 채 편지를 발송하는 경우도 있었습니다.

아드리엔이 쇠약해지는 징후는 점점 더 가혹하게 드러났습니다. 이제 그에게는 지속적인 돌봄이 필요했습니다. 아드리엔이 일하는 서재는 1층에 있고 침실은 2층에 있었습니다. 아드리엔은 오래된

집의 가파른 계단, 지난 몇 년 동안 밤마다 오르기 위해 씨름했던 스물네 개의 계단을 더 이상 혼자서 올라갈 수 없게 되었습니다. 하지만 아드리엔은 일어나서 무엇이라도 하겠다는 굳은 의지로 매일 아래층으로 내려왔습니다. 병원 구급대원 두 명의 도움을 받아 계단을 올라가야 하는 상황에서도 말입니다.

침대에서 지낸 마지막 몇 달은 잔혹하기 짝이 없는 고문과 다름없었습니다. 아드리엔은 언제나 다른 사람들을 걱정하며 기쁜 마음으로 고통을 견뎠고 제게 많은 불편을 끼친 것에 미안해했습니다. 그는 이미 어린 시절부터 자신이 죽을지도 모른다는 말을 들으면 기뻐했습니다. 아드리엔이 마지막으로 남긴 말 가운데 하나는 "죽는 것이 얼마나 좋은지 모릅니다!"였습니다. 아드리엔 앞에는 오직 하느님만 계시기 때문입니다.

세상을 떠나기 사흘 전, 의식을 잃기 전에 아드리엔은 다시 한번 모든 사람에게 감사를 표했습니다. 그리고 천상에서 우리를 돕겠다고 약속하며 지상에 남은 이들이 해야 할 일에 대한 지침과 함께 확신을 심어 주었습니다.

마침내 아드리엔 폰 슈파이어는 1967년 9월 17일, 자신이 그토록 존경했고 자신과 마찬가지로 의사였던 힐데가르트 성녀의 축일에 세상을 떠났습니다. 그리고 9월 20일 무덤에 묻혔습니다. 그날은 아드리엔의 65번째 생일이기도 했습니다. 스위스의 저명한 조각가인 알베르트 실링Albert Schilling은 아드리엔의 묘비에 그의 신학적 가르침에서 가장 중심에 있는 지극히 거룩하신 삼위일체의 형상을 새겨 넣었습니다.

12. 성격

아드리엔의 성격에 대해 이야기할 때 본성적인 측면과 초자연적인 측면을 구별하기란 쉽지 않습니다. 그의 어린 시절부터 은총이 분명하게 그를 이끌었기 때문입니다. 그럼에도 초자연적인 측면은 아드리엔의 타고난 개성을 없애지 않고 오히려 더욱 부각시켰습니다. 하지만 그의 개성을 이해하는 것과 그것을 말로 설명하는 것은 다른 문제입니다. 그의 성격이 지닌 매력은 모순과 긴장 그리고 일치의 조화로 표현할 수밖에 없기 때문입니다.

처음부터 눈에 띄었으며 절대 사라지지 않았던 아드리엔의 첫 번째 특징은 충만한 기쁨, 유쾌함, 유머, 즐거움과 놀라움을 자아내는 탁월한 감각입니다.

이 모든 것이 천진난만하고 악의가 없으며 삶의 진정한 의미, 실존의 위대한 모험이 이러한 방식으로만 충만하게 드러날 수 있다는 생각에서 이루어졌습니다. 물론 이것은 의심할 바 없이 억누를 수 없는 아드리엔의 기질, 모든 것에 대한 각별한 관심, 언제나 좋은 기분을 유지하는 태도 때문이었습니다. 하지만 늘 완벽하게 그랬던 것은 아니었습니다(아드리엔은 온종일 운전한 후, 아비뇽 근처에 이르러 기력을 완전히 잃으면서 기분이 안 좋았던 적이 단 한 번 있었다고 말한 적이 있습니다).

좀 더 깊은 차원에서 말하면, 아드리엔의 이러한 특성은 하느님의 존재와 그분의 사랑에 대한 기쁨의 표현에서 나온 것입니다. 그리고 가능한 한 자신의 기쁨을 모든 사람에게 전해야 한다는 열망에서 나온 것입니다. 집에서 이해받지 못하고 지속해서 새로운 질병에 시달린 것, 말할 수 없었던 온갖 걱정과 수많은 괴로움이 만들어 낸 커다란 짐 등 아드리엔을 끊임없이 뒤흔든 충격이 있었지만 이것이 그의 선함과 쾌활함을 빼앗지는 못했습니다. 오히려 진지함, 신중함, 절제된 결단력을 주었습니다. 이는 그리스도교적인 차원에서 자신의 동료들을 위한, 하느님이라는 대의를 위한 더욱 큰 헌신으로 표현된 것이었습니다.

아드리엔의 두 번째이자 가장 중요한 특징은 용기입니다. 아드리엔은 그것을 얻기 위해 고군분투할 필요가 없었습니다. 용기는 아드리엔을 통해 활용되기 위해 처음부터 준비되어 그에게 주어졌습니다. 그의 전기에는 언제나 용기가 등장합니다. 아드리엔은 사람들을 대할 때 두려워할 줄 몰랐습니다.

아드리엔이 하느님과 맺었던 관계에서도 마찬가지로 이 용기가 완전히 드러납니다. 즉 그는 미리 제한을 두지 않고 하느님께 '예'라고 응답하며 하느님께서 원하시는 곳이 어디든 자신을 데려가시도록 내맡기는 태도를 보였습니다. 이는 십자가에서뿐만 아니라 지옥에서도 마찬가지였습니다. 수난에 대한 그 어떤 끔찍한 체험도 아드리엔의 용기를 꺾지 못했습니다.

아드리엔은 언제나 새롭게 시작했고 모든 이를 위해, 보다 큰 것을 위해 자신을 봉헌했습니다(폴 클로델의 희곡 〈비단 구두Le Soulier de satin〉의 마지막 장면에서 로드리고는 프루에즈를 두고 "아, 이 얼마나 대단한 용기인가!"라고 말했습니다). 한 가지 덧붙이자면, 아드리엔은 자신의 용기로 절대 성급하게 행동하지 않았고 하느님 그리고 고해 사제에게 온전히 순명하는 가운데 자신을 절제하고 통제했습니다. 또한 자신이 지시받은 대로, 고요히 있기도 하고 앞으로 나아가기도 하는 유순한 태도를 보였습니다.

세 번째 특징은 아드리엔이 평생 동안 순수한 아이처럼 살아왔고 죽는 순간까지 아이로 남았다는 것입니다. 시간은 그를 어린 시절에서 떼어놓지 못했습니다. 아드리엔은 유년기에 관한 수많은 추억을 간직하고 있었습니다. 그리고 자신의 형제자매들과 이 추억을 나누는 것을 즐거워했습니다. 한편으로 동화책과 다른 아이들에게 선물하기 위해 수선한, 오래되었지만 아름다운 인형 집을 사랑했습니다.

또한 아드리엔은 하느님과 교회 그리고 고해 사제 앞에서 아무것도 숨길 것이 없는 신뢰를 품은 아이였습니다. 그는 다른 성인成人들의 성품과 관련해서 특히 아이와 같은 통찰력을 지니고 있었습니다. 아이와 같은 마음으로 아드리엔은 성부와 성자의 관계에 다가갈 수 있었습니다. 아무것도 남겨 두지 않은 천진난만한 마음에서 나오는 개방성은 아드리엔의 본질과 작품의 모든 문을 여는 열쇠라고 할 수 있습니다.

그렇다고 해서 이것이 아드리엔이 성숙하고 현명하며 어머니와 같은 여성이 되는 것을 막지는 못했습니다. 그리고 필요한 경우 그는 남성적인 강인함(예를 들어 예수의 데레사 성녀가 자신의 딸 수녀들에게 보여 준 모습처럼)으로 거침없이 요구하고 명령하는 모습을 보였습니다. 이러한 특성은 아드리엔이 자신의 사명에서 하느님을 향한 순명을 요구해야 하는 상황일 때 더 명확하게 드러났습니다.

우리는 참된 그리스도인의 특성에 이러한 역설이 있다는 것을 받아들여야 합니다. 이 역설은 하느님은 충만하시지만, 또한 이해할 수 없는 분이시라는 신비를 비추어 줍니다.

이 장에서 발타사르는 슈파이어의 신학과 영성 세계를 고찰한다. 먼저 그의 신학과 영성에서 기본이 되는 태도를 언급한다. 슈파이어는 성모님께서 하느님의 말씀에 '예'라고 응답하면서 보여 준 '온전한 순명'의 태도를 삶의 바탕으로 삼았다.

이어 발타사르는 슈파이어가 성찰한 주요 신학 주제 중 하나인 성부를 향한 성자의 순명에 대해 살펴본다. 슈파이어는 십자가 위에서 죽기까지 성부께 자신을 온전히 내어놓은 성자의 태도가 인류를 구원하는 데 기여했다고 보았다. 슈파이어의 영성 전체는 바로 이 성자의 '순명'에 초점을 맞추고 있다.

또 다른 신학 주제로는 삼위일체적인 삶의 신비가 있다. 슈파이어에게 그리스도인의 삶은 삼위일체와의 깊은 친교를 통해 실현된다. 그는 구원의 역사라는 문을 통해 삼위일체의 신비 속으로 들어가며, 이는 '기도'를 통해 구체적으로 이루어진다고 강조한다. 슈파이어는 기도의 원형으로 성부, 성자, 성령 간의 영원한 사랑과 흠숭의 친교 그리고 대화에 주목하고, 우리도 여기에 참여하도록 초대한다.

발타사르가 소개한 슈파이어의 또 다른 주요 신학 주제는 '성토요일의 신비'다. 인류를 향한 하느님 사랑의 신비는 예수 그리스도께서 성토요일에 지옥으로 내려가 죄인들과 연대하는 가운데 정점에 이른다. 이 사건은 성부를 향한 성자의 최종적인 순명을 드러낸다.

다음으로 발타사르는 슈파이어가 받은 '은사'에 대해 다룬다. 여기서 슈파이어가 제시한 첫 번째 주제는 '교회적 순명과 신비'다. 그는 자신이 받은 은사가 온전히 교회의 유익을 위해 사용되기를 원했다. 그리고 교회적 순명을 수행하는 과정에서 명령하는 직무자와 순명하는 신자에게 모두 십자가 자체의 진중함과 준엄함이 담겨 있어야 한다고 강조한다.

또한 슈파이어는 오늘날의 교회를 위해 기도에 새로운 생명을 불어넣을 사명이 자신에게 있다고 보았다. 그래서 기도의 세계를 새롭게 펼쳐 보이고자 했다. 특히 그는 기도를 통해 새로운 관점으로 바라본 인물들로 우리를 이끈다. 여기서는 세 명의 인물, 즉 비오 10세 성인 교황, 메르시에 추기경, 에디트 슈타인 성녀를 소개한다.

이 외에도 슈파이어는 요한 복음서에 나오는 베드로 사도의 그물에 낚인 물고기 숫자인 153을 해석하는 과정에서, 이 숫자를 구성하는 아홉 가지 숫자 조합에 주목했다. 그는 153을 교회의 성성聖性을 종합한 숫자로 해석하며, 그 안에 포함된 소수素數와 선별된 성인들이 대표하는 성성의 특정한 원칙을 통합한 것으로 설명한다.

발타사르는 슈파이어의 영성이 간직한 체험적 교의에도 주목한다. 슈파이어는 인류를 향한 하느님의 구원의 신비, 특히 예수 그리스도와 그의 신부인 교회 사이의 관계를 바탕으로 인간 존재의 깊은 의미를 해명한다. 마지막으로 슈파이어가 요한 묵시록에 나오는 성모님에 관해 체험한 현시, 1917년 성모님의 발현 이후 슈파이어가 지니게 된 상흔을 언급하며 그가 받았던 특별한 은사의 의미를 알려 준다.

제2장

신학적 과제

아드리엔 폰 슈파이어의 방대한 작품은 외부에서 보면 원시림처럼 복잡해 보이지만, 내부에서 보면 프랑스 정원처럼 질서 정연합니다. 그의 작품을 이해하기 위해서는 다음의 세 가지를 염두에 두는 것이 중요합니다.

첫째, 모든 작품에 깔려 있는 근본적인 태도에서 출발하여 그 주요 차원을 간략히 설명합니다. 둘째, 이 태도의 신학적-구원 역사적 위치를 보여 주고, 여기서 도출되는 가장 중요한 결과를 미리 제시합니다. 셋째, 중심이 되는 주제가 다양한 개별 영역으로 어떻게 적용되고 확장되는지를 보여 줍니다. 아드리엔의 체험과 통찰력은 그가 받은 은사를 통해 나온 것이기 때문에 단순히 '논리적으로 유추'하거나 추론할 수 없습니다. 따라서 이러한 방식으로만 이해될 수 있습니다.

덧붙여, 아드리엔은 하느님과 관련된 일에서 체계나 경계를 설정하는 것을 원하지 않았습니다. 그러므로 여기 제시된 방식을 그런 의미로 오해해서는 안 됩니다. 이 방식은 단지 아드리엔의 작품을 다양한 시각에서 바라볼 수 있도록 돕기 위한 참고 사항일 뿐입니다.

1. 근본적인 태도

아드리엔 폰 슈파이어의 첫 번째 기념비적인 작품은 성모님에 관한 것입니다. 이 책에는 《주님의 여종*Magd des Herrn*》(1948년)이라는 제목이 붙었습니다. 제1장의 제목은 '동의의 빛'으로, 이러한 말과 함께 시작합니다. "곡식 한 단이 가운데에서 묶여 양쪽으로 퍼지듯, 성모님의 삶은 그분의 '예'라는 대답으로 엮여 있습니다."

하느님의 어머니께서 하신 '예'는 주님을 따르는 여종이 말하고 성취할 수 있는 가장 겸손한 표현입니다. 따라서 이는 성모님의 가장 크고 높으며 완전한 모습입니다. 성모님은 하느님께 온전히 결속되는 길을 통해 하느님 안에서 완전히 자유로워지십니다. 즉 하느님의 영원한 자유를 마련하는 모든 것을 위해 자유로워지십니다. 그것이 비록 고통스러울지라도 언제나 참되고 선하며 아름다울 것입니다.

왜 성모님의 '예'라는 대답에서 시작해야 할까요? 성모님은 그 특별한 선택으로 인해 흔히 죄인들이 의식적이거나 무의식적으로 제한을 두는 태도에서 벗어나 자신만의 '예'를 할 수 있는 유일한 분이시기 때문입니다. 성모님은 무한하신 하느님을 향해 항상 준비된 분이셨습니다. 성모님은 당신이 알거나 상상하거나 의심하는 것보다 훨씬 더 많은 것에 준비되셨던 것입니다.

하느님에게서 온 이 '예'는 최고의 은총입니다. 인간의 관점에서는 무조건적이고 최종적으로 자신을 내어 주는 행위이자 은총을 통해 최고의 성취를 이룩한 것입니다. 이러한 성모님의 '예'는 믿음이자 희망이며 동시에 사랑입니다. 또한 그리스도인을 하느님께 그리고 하느님 안에서 결정적으로 묶어 주는 모든 형태의 결속을 만드는 원천이 되는 서원이기도 합니다.

이러한 '예'는 요한 사도와 이냐시오 성인의 사랑과 순명이 일치한 것입니다. 요한 사도에게 사랑은 하느님의 아드님께서 보이신 순명으로 드러나며, 이냐시오 성인에게 참된 순명은 언제나 나를 사랑하고 선택하신 그리스도를 향한 사랑이기 때문입니다.

더 높은 차원에서 사랑과 순명이 일치하는 것은 성모님에게서 찾을 수 있습니다. 오직 주님의 '종'이 되겠다는 의지에서 진정한 사랑이 표현됩니다. 성모님에게는 어떠한 빛도 비추지 않습니다. 모든 빛은 하느님을 비춥니다. 성모님의 '예'에는 어떠한 강세도 없고, 오직 하느님의 말씀만이 그 힘을 가집니다. 이는 완전히 투명하게 자신을 내려놓은 모습입니다. 성모님은 하느님 말씀의 강생을 위해 온전히 자신을 비우셨습니다. 이렇듯 비워진 상태에서 순명, 청빈, 정결은 하나의 실재로 존재하게 됩니다.

　하느님께 '예'라고 말하는 이는 무한히 변화될 수 있습니다. 그는 하느님의 의해 각인된 모든 가능한 형태에 완전히 준비된 자세로 있습니다. 우리는 성모 마리아에게서 통고의 성모님, 묵시록의 여인, 천상의 모후를 그려 낼 수 있습니다.

　가장 중요한 것은 바로 이러한 '예'를 바탕으로 교회가 형성될 수 있다는 것입니다. 완전한 교회, 존재해야 하는 그대로의 교회 말입니다. 그 교회는 어린양의 신부로서, 어린양이신 그리스도께서는 사랑으로 성부께 온전히 순명하셨습니다. 현세에 있는 교회는 절대 성모님의 완전한 '예'에 충만히 도달할 수 없지만, 내면의 형태로 그 '예'를 자신 안에 간직합니다. 교회는 그 '예'에 의해 규정되고 할 수 있는 한 최선을 다해 그것을 향해 나아갑니다.

아드리엔은 교회 안에서 권위와 사랑 사이의 해결되지 않은 문제를 종종 다뤘습니다. 특히 요한 복음서 20~21장에 관한 주해에서 이 문제를 가장 탁월하게 다뤘습니다. 권위와 사랑은 이원론처럼 단순히 두 개로 나눌 수 없습니다. 사랑은 결코 한 측면이 다른 측면과 대치될 수 없기 때문입니다. 구원받은 죄인들의 교회는 성모님께서 사전적 구원의 의미로 하신 '예'에 참여하고 있습니다. 이는 궁극적으로 종말에 하느님 백성 전체의 '예'로 이어질 것입니다.

이에 따라 고대와 중세에는 '교회적 영혼anima ecclesiastica', 즉 교회의 형상을 간직한 영혼이라는 아름다운 표현이 만들어지기도 했습니다.[6] 이는 자기중심적인 고립에서 벗어난 영혼이자 교회적(성모님)인 '예'가 지닌 다양한 차원으로 확장되고 하느님에 의해 온전히 만들어질 수 있는 영혼을 말합니다.

아드리엔이 지닌 은사적인 측면은 오직 이러한 관점에서만 이해할 수 있습니다. 일단 아드리엔의 '신비'는 자신에 대한 모든 성찰을 포기하는 순수한 여종으로서의 봉사를 간직합니다. 이 봉사는 언제나 사명을 향해 있습니다. 따라서 그것은 근본적으로 반反심리

---

6   Henri de Lubac, *Méditation sur l'Eglise*, passim, 1953; deutsch: *Die Kirche. Eine Betrachtung*, Johannesverlag, 1968.

학적이며, 자신을 오직 보편 교회에 봉사하기 위한 은사자로 이해하는 신학적이고 구원적-역사적인 신비입니다.

아드리엔은 하느님께 받은 메시지를 고해 사제(그에게 고해 사제는 교회를 대표하는 사람이었습니다)에게 '전할' 때, 그 메시지가 더 이상 자신 안에 있지 않다고 간주했습니다. 따라서 아드리엔이 받은 메시지의 내용은 대부분 그의 의식에서 완전히 사라져 버렸습니다. 그는 자신의 메시지가 담긴 작품 내용을 기억하지 못했으며, 그 작품을 열어 보는 일도 없었습니다.

성모님의 '예'는 그리스도교적 결실의 원형原形입니다. 하느님께서는 인간의 '예'를 통해서만 그리스도교적이고 초자연적 방식으로 어떤 의미 있는 것을 하실 수 있습니다. 하느님의 아드님께서는 오직 이 '예' 안으로 들어가심으로써 인간이 되실 수 있습니다. 예수님께서는 먼저 성모님 안에서 인간이 되셨습니다. 그리고 이러한 '예'에 동참하려고 시도하는 모든 사람 안에서 새롭게 인간이 되십니다('시도하다'라는 동사는 아드리엔이 가장 좋아하는 단어입니다. 그에 따르면, 그리스도인이 할 수 있는 최선의 행동은 '시도하는 것'입니다).

만일 이러한 직관을 진지하게 받아들인다면, 하느님 말씀에 온전히 자신을 열어 두려고 하는 진정한 관상적인 삶은 활동적인 삶만큼 풍성할 것입니다. 그뿐만 아니라 관상적이든 활동적이든 모든 그리스도인에게 세상을 향한 활동에 없어서는 안 될 토대가 될 것입니다. '결실'이라는 개념은 '사도직'이나 '성공'이라는 개념보다 훨씬 더 많은 의미를 담고 있습니다. 성공은 유한한 노력을 통해 추구하고 성취할 수 있습니다. 하지만 하느님을 향한 '응답'으로서 아무것도 예상하지 않고 아무것도 알지 못하는 무한한 '예'만이 그 결실을 풍성하게 맺습니다.

앞서 말한 바와 같이 '예'는 서원이며(세례 때 신자는 근본적으로 하느님을 향해 서원합니다) 영원히 유효한 결정입니다. 마리아적이고 교회적인 '예'는 자신을 위해 무언가를 남긴 채 고백할 수 없습니다. 즉 '추후', '일시적으로', '시험적으로' 고백할 수 없다는 의미입니다. 죽음을 포함한 모든 존재가 저울 위에 올려져 있습니다.

여기서 우리는 삶의 상태에 대한 선택, 다양한 상태에 대한 가르침을 다루는 아드리엔의 작품을 가지고 있습니다. 《그리스도인들 *Christiane*》(1947년), 《그들은 그분의 부르심을 따라갔다: 성소와 수덕*Sie folgten seinem Ruf: Berufung und Askese*》(1955년), 《그리스도인의 삶의 상태*Christlicher Stand*》(1956년)를 비롯해 이 주제에 관한 다른 작품들도 있습니다. 이 작품들은 (일관되게 또는 어느 정도 일관성을 가지고) 오직 두 가지 상태의 가르침을 추구하고자 합니다.

진지한 그리스도인은 절대 풀릴 수 없는 혼인 서약이나 복음적 권고에 따른 서원처럼, 돌이킬 수 없는 방식으로 자신의 삶을 바칩니다. 사회적으로는 '제3의 상태'가 존재할 수 있지만, 신학적으로는 존재하지 않습니다. 이 가르침의 실질적인 의도는 그리스도교적인 최종 결정에 대한 사회적, 사목적 완화책을 막기 위한 것입니다. 이러한 완화책은 오늘날 더욱 널리 퍼지고 있으며, 그 예로는 '일시적 봉헌', '일시적 수도 생활', '일시적 결혼', '일시적 독신 생활' 등이 있습니다. 여기서 아드리엔은 로욜라의 이냐시오 성인의 《영신수련》에 담긴 더 깊은 의도에 충실히 머물렀습니다.

'예'의 신학에서 도출되는 마지막 결론은, 비록 여기서 이를 언급하는 것이 놀라울 수 있지만, 다음과 같은 맥락에 포함됩니다. 완전한 '예', 성모님의 '예'는 하느님 앞에서 아무것도 남기지 않는 철저한 투명함을 의미합니다. 하느님께서는 교회적인 영혼의 밑바닥까지 꿰뚫어 보십니다. 인간은 그분 앞에서 아무것도 감추어서는 안 됩니다. 즉 의도적이든 의도적이지 않든 자신을 보호하는 어떠한 옷도 걸치지 말아야 합니다.

의사였던 아드리엔은 하느님 앞에서 완전히 발가벗는다는 표현을 즐겨 사용했습니다. 죄인은 어떻게든 자신을 가리지만(아담을 가리던 무화과나무 잎, 교부들이 발전시킨 '가죽옷'에 관한 심오한 신학), 하느님을 향해 회개하고 뉘우치는 사람은 고해성사를 통해 자신을 드러냅니다.

아드리엔의 주요 작품 가운데 하나는 《고해성사*Die Beichte*》(1960년)입니다. 이 작품에 담긴 근본적인 사상은 그리스도론적이며 다음과 같은 부분에 속합니다. 예수 그리스도께서는 수난을 통해 세상의 모든 죄를 짊어지고 십자가에 못 박히셨습니다. 그리고 부활 때, 세상을 위한 죄 용서의 은총을 받기 위해 아버지 앞에서 이러한 죄를 고백하고 드러내며 온 세상을 포용하는 고백을 하셨습니다.

이와 같이 그리스도를 따르는 이는 자신의 죄(개인의 죄와 세상의 죄는 절대 분리될 수 없습니다)를 분명히 드러내기 위해 '시도'해야 합니다(이는 아드리엔의 핵심 사상 중 하나입니다). 우리는 교회 앞에서 개별적으로 고백함으로써 예수님의 부활이 가져온 놀라운 죄 용서를 경험해야 합니다.

이러한 생각은 단순한 '사상' 그 이상으로, 종종 간과되는 신학적 중요성을 고해성사를 통해 회복시켜 줍니다. 이것은 다음과 같은 맥락(이는 요한 사도의 신학과 연관되어 있기도 합니다)에서 중요한 의미를 갖습니다. 즉 죄인이 자신을 내어놓고 하는 성사적인 고백은, 심리적인 성찰을 거치지 않고도 하느님께 투명하게 나아가고 주님의 겸손한 여종의 '예'에 이르는 직접적인 길임을 보여 줍니다. 이 고백은 은총으로서의 심판(부활로서의 십자가)이기도 하지만, 심판으로서의 은총(십자가에 힘입은 부활)이기도 합니다.

아드리엔은 이러한 고해성사 신학을 발전시켜 〈연옥에 관한 논술Traktat vom Fegfeuer〉을 썼습니다(그가 '고통을 받았다'고 표현할 수도 있습니다). 연옥에 대해 철저하게 설명하는 이 논술은 아드리엔의 '체험적 교의'의 일부로, 이에 대해서는 나중에 다시 언급하겠습니다. 아드리엔의 연옥에 대한 설명은 사람들에게 많이 알려진 제노바의 가타리나 성녀의 논술[7]보다 신학적으로 더 풍부하고 다양한 측면을 지니며, 더 깊이 있는 통찰을 제공합니다.

다양한 관점에서도 항상 공통적으로 나타나는 것이 있습니다. 즉 하느님에 의해 드러나는 고통스럽고 피할 수 없는 경험입니다. 영혼은 더 이상 개인의 구원과 존재에 몰두하지 않고, 누가 죄를 지었든 상관없이 하느님께서 세상의 죄로 인해 모욕을 당하셨다는 사실에만 집중하게 됩니다. 이러한 순간에 영혼은 세상의 죄를 속죄하기 위해 필요한 만큼 고통을 견딜 준비가 되어 있어야 하며, 모든 숨은 이기주의를 제거해야 합니다.

여기서 영혼은 십자가에 못 박히신 구세주를 만나고 주님의 의

---

[7] 제노바의 가타리나 성녀는 15세기 이탈리아에서 활동한 신비가로, 자신의 영적 체험을 바탕으로 〈연옥에 관한 논술Trattato del Purgatorio〉을 썼다. 이 글은 중세 가톨릭 신비주의와 연옥 교리에 대한 연구 자료로 널리 알려져 있다. — 편집자 주

식 안으로 들어가면서 천상으로 올라갑니다. 그리고 모든 '근원적인 죄악'을 버리고 마리아의 교회가 드리는 티 없이 깨끗한 '예'라는 응답에 참여하게 됩니다.

2. 신학적 위치

앞에서 저는 아드리엔의 핵심 사상 중 하나로 하느님께 완전한 '예'로 응답하는 것에 대해 언급했습니다. 하지만 이 '예'는 모든 것을 포괄하는 전제하에서만 이해될 수 있습니다. 즉 하느님께서 말씀하시면 이에 즉시 응답하는 태도를 의미합니다. 그렇지 않다면 아드리엔의 은사는 오늘날 신학자들이 관심을 두려고 하지 않는 이른바 '사적 계시' 중 하나일 것입니다.

신학자들은 이러한 계시에 대해 신자들에게 다음과 같이 설명할 것입니다. 첫째, 이 계시는 종종 모호하거나 단순히 거짓일 수 있습니다. 둘째, 그 누구도 이 계시를 받아들일 의무는 없습니다. 셋째, 필수적인 모든 것은 이미 교회의 가르침에 담겨 있습니다. 그럼에도 누군가는 왜 선하신 하느님께서는 교회가 전혀 또는 거의 관심을 기울이지 않는 이러한 일을 종종 허락하시는지 궁금해할 수 있습니다.

사실 아드리엔은 이에 대해 이미 대답한 바 있습니다. 그리스도 교적이고 교회적인 참된 신비(거짓된 신비가 정말 많습니다)는 본질적으로 은사적입니다.[8] 즉 참된 신비는 하느님께서 교회 전체를 위해 맡기신 봉사를 의미합니다(로마 12,3-6 참조). 그리고 아드리엔은 자신이 수행해야 할 사명을 정확히 '봉사'로 이해했습니다. 신학의 주변적인 부산물을 만들거나 기존의 교의 신학이라는 대성당 측면에 '경당'을 여러 곳 짓는 것이 아니라, 오히려 교의의 핵심을 심화하고 거기에 활기를 불어넣어 주는 봉사로 이해한 것입니다.

이러한 교회적인 봉사는 이미 바오로 사도의 신비와 함께 시작되며 베네딕토, 대大그레고리오, 베르나르도, 요하네스 타울러, 제르투르다, 시에나의 가타리나, 이냐시오, 강생의 마리아, 프란치스코 살레시오, 아기 예수의 데레사, 삼위일체의 엘리사벳과 같은 인물을 통해 수 세기 동안 끊임없이 이어져 내려왔습니다. 이런 은사자들에게는 성령의 이끄심에 따라 신앙의 핵核을 불꽃처럼 타오르게 하는 봉사가 맡겨졌습니다.

---

8 이 주제에 관해서는 토마스 아퀴나스 성인이 《신학대전》(II-II, q.171-182)에서 제시한 내용에 대해 내가 한 해설을 참조하라. Hans Urs von Balthasar, *Thomas und die Charismatik*, Johannesverlag, 1996.

아드리엔의 삶과 사명에서 중요한 것이 있다면, 바로 그리스도 교적인 계시의 중심을 살리는 것입니다. 오직 이 중심만이 놀랍기 그지없는, 그리고 많은 이들이 이해할 수 없는 봉사의 모든 개별적인 표현에 의미를 부여합니다. 그러므로 아드리엔의 작품이 제공하는 주요 관점을 통해 이 신학적 중심 주위를 한 바퀴 돌아보기로 하겠습니다.

1) 성자의 순명

성모님의 '예'는 하느님의 아드님의 강생을 위해 하느님께서 준비하신 조건입니다. 성자께서는 세상의 구원을 위해 "죽음에 이르기까지, 십자가 죽음에 이르기까지"(필리 2,8), "저승이 뒤따르는 죽음"(묵시 6,8)에 이르기까지 순명하길 원하셨습니다. 그래서 "돌아가시고 이제 영원히 사십니다." 그리고 그분께서는 "순종을 배우심으로써"(히브 5,8) "죽음과 저승의 열쇠를 쥐고 계십니다."(묵시 1,18)

아브라함, 모세, 예언자로부터 시작해서 그들에게 명하고 인도하시는 하느님께 대한 모든 순명을 받아들이고 넘어서는 성자의 이러한 태도를 통해 '아담'의 불순명으로 하느님과 멀어졌던 세상은 하느님과 화해했습니다. 또한 성부께 사랑받은 피조물로서의 상태를 회복했습니다.

아드리엔의 모든 신비는 그리스도론적(따라서 구원론적)인 순명에 그 근원을 둡니다. 고대 신학적 전승에 따르면 그리스도의 순명은 사랑으로 아드님을 낳으신 영원하신 아버지를 향한 성자의 영원한 사랑을 인간적인 형태로 계시하신 것이기 때문입니다.

이러한 신비에서 이냐시오의 순명에 대한 광범위한 성서적 토대를 발견할 수 있습니다(물론 이 순명은 언제나 그리스도론적인 의미를 갖고 있습니다). 특히 성경에 대한 아드리엔의 주해서들과 기도에 관한 책, 마지막으로 순명에 관한 아드리엔의 가르침을 모든 측면에서 드러내는 밀도 있는 작품인 《순명에 관한 책 *Das Buch vom Gehorsam*》(1966년)에서도 찾을 수 있습니다.

그리스도의 순명은 한편으로는 천상, 삼위일체의 내적 삶에 대한 '해석'(요한 1,18 참조)입니다. 다른 한편으로는 하느님 앞에서 모든 피조물이 지녀야 할 참된 태도, 특히 그리스도의 몸이자 신부인 교회가 지녀야 할 참된 태도에 대한 '요약'(에페 1,10 참조)입니다. 아드리엔은 《성性들의 신학 *Theologie der Geschlechter*》(1969년)이라는 책에서 그리스도와 교회의 이중적이면서도 단일한 순명이 어떻게 주님과 여종(바오로 사도의 용어로는 "남자와 여자")의 대비로 나뉘는지 자세히 설명해 줍니다.

아드리엔은 교회와 그 안에서 이루어지는 교회 구성원의 순명은

(이냐시오 성인에게는 '교회와 함께 느끼기 위한 규범'처럼) 그리스도인이 교회의 가장 내적인 의식에 참여하는 것이라고 설명합니다. 교회는 그리스도의 신적-인간적 순명으로 이끌림으로써 때로는 '어려운' 요구와 마주하게 됩니다. 마찬가지로, 그리스도인도 교회(진정으로 순명하고 그 순명이 보장되는 곳)의 전망으로 들어가기 위해서는 자신의 '견해'와 '생각'(2코린 10,5 참조)을 넘어설 필요가 있습니다.

아드리엔은 자기 영혼의 모든 부분에 영향을 미치는 순명을 더욱 철저하게 실천하기 위해 노력했습니다. 이는 아드리엔이 요구받은 고행을 실천하면서 이루어진 것입니다. 고행의 실천에 대해서는 나중에 간략히 설명하겠습니다.

하느님과 그리스도 그리고 교회에 순명할 수 있다는 것은 아드리엔에게 최고의 은총이자 행복이었습니다. 그 과정이 아무리 어렵더라도 말입니다. 아드리엔은 순명에 대한 자신의 경험을 바탕으로 그리스도의 순명과 교회의 순명에 대해 명확하게 분별할 수 있었습니다.

2) 삼위일체적인 삶

성자께서 순명하시는 가운데 성부의 뜻은 지상에서 실현되며, 성부와 그분의 나라 또한 성자 안에 현존합니다. 아드리엔은 성령을 지상에서 성자와 함께하시는 성부의 '규범'으로 이해했습니다. 그에 따르면, 성자는 마치 수도자가 자신이 속한 공동체의 규범을 따르듯이 성령을 향하고, 성령에 의해 고무된 내적 준비로 그 규범을 준수합니다. 이는 '규범의 정신'에 부합하는 자세이자, 규범 그 자체이기도 합니다.

사랑을 바탕으로 한 삼위일체적 삶의 신비는 그리스도 안에서 우리에게 열려 있습니다. 아드리엔에게 그리스도인의 삶은 이러한 개방성 안에서, 엄밀히 말하면 삼위일체 안에서 실현됩니다. 즉 성령의 인도로 성부에게서 시작해서 성자와 함께 세상에서 걷는 여정이자 성부를 향해 나아가는 길이기도 합니다.

일부 사람들은 아드리엔이 위격들의 관계를 묘사하면서 나타내는 '신인동형론神人同型論[9]'에 대해, 위격들 간의 위치 차이가 지나치게 극단적이고 대조적이라는 점에 대해 놀라움을 금치 못합니다. 물론, 삼위일체의 내적 신비에 대해 인간이 할 수 있는 모든 설명은 충분하지 않습니다. 여기에는 위격들 간의 대립이 발생하면서 본질의 단일함에 대한 묘사가 약해질 위험이 있습니다.

하지만 여기서 잊지 말아야 할 점이 있습니다. 아드리엔은 스스

---

9   하느님과 인간이 같은 모습을 지녔다는 주장이다. — 편집자 주

로 자신을 낮추시어 '주님의 종'이 되신 하느님의 아드님의 순명에서, 정확히 말해 삼위일체적인 대립이 가장 강하게 드러나는 바로 그 상황에서 출발한다는 것입니다. 올리브 동산, 십자가, 지옥으로 내려가신 사건이 바로 그것입니다. 이곳에서 절대적인 사랑에 대한 계시 속에 일치의 신비가 결정적으로 드러납니다.

아드리엔은 끊임없이 변화하면서도 동일한 기본 요소로 구성된 '견해'를 보는 만화경[10]을 통해서만 우리가 헤아릴 수 없는 사랑의 충만함에 이를 수 있다고 보았습니다. 여기서는 두 가지 주요 견해가 있습니다. 첫째, 삼위일체적 사건으로서의 십자가입니다. 십자가는 성자께서 버림받음을 체험하신 사건에 성부와 성령께서 참여하시는 것입니다. 둘째, 성자를 통해 십자가에서 우리의 현존이 신비스러운 방식으로 대변되고 있습니다. 이후 성부께서는 오직 성자를 통해서만 세상을 바라보고 판단하실 것입니다.

아드리엔은 구원 역사라는 문을 통해 '우리가 살고 움직이며 존재하는' 삼위일체의 신비 속으로 깊이 들어갔습니다. 아드리엔에게 이러한 '들어감'은 언제나 '기도'를 의미합니다. 그는 삼위일체적인 삶의 분위기를 순수하고 근원적인 기도로 이해했습니다.

---

10   거울로 된 통을 이용하여 다양한 무늬를 볼 수 있는 장치를 말한다. — 편집자 주

3) 기도의 세계

《기도의 세계》는 아드리엔의 대표작입니다. 이 작품에서 그는 '삼위일체 하느님 안에서 이루어지는 기도'에 대해 이야기합니다. 신적 사랑 안에서 세 위격은 하느님의 완전한 영과 함께 서로 흠숭하십니다. 하느님께서 하느님 앞에 서 계십니다. 성부 하느님께서 성자 하느님 앞에, 성령 하느님 앞에 서 계시고 두 위격 안에서 하느님을 알아보십니다. 세 위격은 태초부터 모든 시대를 관통해 가면서 서로 대화를 나누실 수 있습니다. 그리고 그 대화의 본질은 기도입니다. 세상의 모든 기도가 여기에 참여해야 합니다. 흠숭이든 감사이든 청원이든, 모든 기도의 원천은 삼위일체적 '대화'에서 발견할 수 있습니다.

요한 사도와 이냐시오 성인, 안셀모와 그리스 교부들과 마찬가지로, 아드리엔은 하느님이 "언제나 더 위대하신 분"이라는 생각에 사로잡혀 있었습니다. 모든 개념은 하느님의 충만함 앞에서 부서져 버립니다. 오직 기도의 작은 배만 모든 개념을 넘어 우리를 하느님의 무한한 바다로 이끌어 줍니다. 인간으로서의 성자는 언제나 기도하시며 성부와 관계를 맺고 계시기에, 당신을 뒤따르는 이에게 '성부께로 향하는 길'을 열어 주실 수 있습니다.

더 나아가, 성자께서는 당신의 지상 존재 전체를 사용하셔서 모든 부분에서 우리에게 "영원한 생명의 문Die Pforten des ewigens Lebens" (1953년에 출간된 아드리엔의 작품 제목이기도 합니다)을 열어 주십니다. 아드리엔은 신비적인 방식으로 하늘과 땅이 서로를 향해 열리는 것을 강렬하게 체험했습니다. 진정으로 믿는 이에게는 이러한 일이 결코 이상하게 여겨지지 않습니다.

아드리엔의 내밀한 기도 생활을 엿볼 수 있는 작품인 《기도의 체험Gebetserfahrung》(1965년)에서 그는 통상적 기도와 신비적 기도 사이의 경계가 모호하다는 점을 보여 줍니다. 이는 하느님이신 성령께 순명하며 살아가는 모든 그리스도인의 삶과 기도에 초자연적으로 깊이 스며드는 '성령의 은사'에 관한 교부들과 토마스 아퀴나스 성인의 가르침과 일치합니다. 지상에서 천상을 향해 나아가는 길은 무수히 많으며, 저 너머의 세상이 우리에게서 멀리 떨어져 있지 않고 온전히 현존한다는 것은 이 시대에 특히 중요한 메시지입니다.

그러므로 인간에게는 자신의 삶에서 살아 계신 하느님을 만나고 그 만남의 의미를 깊이 새기며 확고하게 자신을 유지하는 것이 관건입니다. 인간은 (근본적인 '예'를 통해) 하느님께 자기 자신을 맡기고, 하느님께 보호받도록 자신을 온전히 내어놓아야 합니다. 또한 그분의 말씀이 자신의 진리보다 우선이 되도록 해야 하며, 자신의 모든 세속적인 일과 관심사를 그분께 완전히 맡겨 드려야 합니다. 그렇게 해야 인간은 기도와 기쁨, 진리 안에서 살게 될 것입니다. 이것이 바로 아드리엔의 작품인 《하느님 앞에 선 인간*Der Mensch vor Gott*》(1966년)이 담고 있는 주제입니다.

하지만 하느님과 인간 사이에는 단번에 이룰 수 있는 균형이 존재하지 않습니다. 인간은 언제나 하느님 앞에서 놀라워하고 자신을 내어놓아야 하며, 그분께 무장을 해제해야 합니다. 헤아릴 수 없는 하느님의 사랑을 더 많이 체험하고 이해할수록, 인간의 삶에는 이 사랑이 요구하는 바가 더욱 뚜렷하게 나타납니다. 그럼에도 아드리엔의 작품인 《사랑, 신과의 만남》[11]은 인간이 하느님께 자신을 온전히 내어놓는 과정에서 얼마나 버림받고 길을 잃었는지 그리고 강생하신 성자와 성령의 인도 아래 아버지 하느님께서 인간이 당신께 다가올 수 있는 길을 준비하시고 신적 세계에 머물 수 있도록 허락하시는 모습을 보여 줍니다.

삼위일체적 시선은 높은 곳을 향해 《성부의 얼굴*Das Angesicht des Vaters*》(1955년)을 열어 줍니다. 아드리엔의 가르침은 그리스도 그리고 성령 안에서 사랑의 최종적 근원이신 성부를 향하는 표지를 인식하지 못한다는 점에서 그리스도 중심적이지 않다고 할 수 있습니

---

11 원제는 《무한하신 하느님*Der grenzenlose Gott*》(1955년)이다. — 편집자 주

다. 아드리엔은 신비 기도에 관한 자신의 논술에서 '성부에 대한 현시'라고 부르는 특별한 형태의 현시를 묘사했습니다. 이는 단순히 성부에 대한 어떤 형상이 아니라, 성부께서 보시는 방식과 그분이 계신 특별한 '분위기' 속으로 들어가는 과정을 설명한 것입니다.

아드리엔의 모든 신비는 철저하게 삼위일체적입니다. 하지만 그가 삼위일체에 대한 추상적인 사상을 만들어 낸 것은 아닙니다. 아드리엔은 요한과 바오로 사도와 함께 구원 역사 안에서 계시된 (경륜적) 삼위일체에서 출발점으로 삼아, 영원한 인격적인 사랑의 영역으로 나아가기 위해 모든 기회를 활용했습니다. 이는 언제나 기도를 통해서만 이루어질 수 있습니다. 성경에 대한 모든 주해조차도 아드리엔에게는 하나의 관상 기도였습니다.

4) 성토요일의 신비

아드리엔의 폭넓은 신학적 입장 안에서 언급해야 할 것이 또 있습니다. 그것은 아드리엔이 하느님께 받고 교회에 물려준 가장 큰 신학적 선물입니다. 1941년부터 해마다 아드리엔은 자신이 묘사한 내적 체험을 통해 성주간 동안 주님의 수난에 참여할 기회가 주어졌습니다(그리고 사순 시기 전체가 집중적인 준비 기간이었습니다).

아드리엔과 동반했던 제게는 상상도 할 수 없는 고통의 풍경이 펼쳐졌습니다. 그곳에는 올리브 동산과 십자가에서의 수없이 많은 고통이 있었습니다. 하느님께 버림받은 다양한 형태, 그리스도께서 세상의 죄와 맺으신 관계에 대한 수치, 분노, 굴욕이 있었습니다. 끝이 없어 보이는 육체적 고통과는 별개로 말입니다. 내면에서 바라본 예수님의 수난은 성경 텍스트와 이미지가 감추고 있는 여러 측면을 포괄합니다. 하지만 여러 세기에 걸쳐 많은 신비가들은 언제나 주님 수난의 다양한 측면을 새롭게 체험할 수 있는 은총을 받았습니다. 물론 하느님의 아드님께서 체험하신 고통에 비하면 이는 물 한 방울 정도에 불과합니다.

아드리엔이 겪은 수난에서 특히 인상적이었던 점은 그의 고통이 주님의 고통과 어떻게 연관되는지를 정확히 언급할 수 없다는 것입니다. 아드리엔은 자신을 짓누르던 죄의 무게를 느끼며, 하느님의 어린양의 순수함에서 깊이 분리된, 다른 누구보다도 더 큰 죄인으로 여겼습니다. 그럼에도 그는 자신이 예수 그리스도 곁에 상상할 수 없을 정도로 가까이 있다는 것을 알고 있었습니다. 하지만 기본적인 두려움과 경외심 때문에 아드리엔은 자신의 체험을 일치의 체험으로 이해하는 것은 물론, 내밀한 체험으로 이해하는 것조차도 할 수 없었습니다.

매년 성금요일 오후 3시 즈음, 마치 창에 찔린 듯한 죽음의 상태로 수난이 끝나곤 했습니다. 그리고 얼마 지나지 않아 '지옥으로 내려가는 것'(이는 주님 부활 대축일 주일 아침까지 지속되었습니다)이 시작되었습니다.

이에 대해 아드리엔은 해마다 자세히 설명했습니다(여담으로, 그의 뛰어난 영민함이 이 설명을 명확하게 하는 데 결정적인 역할을 했습니다). 아드리엔의 묘사는 언제나 비슷하면서도 매번 다른 주제를 다루며, 심연의 신비를 다양한 각도에서 바라봅니다. 그리고 이 내용은 그의 '유작' 제3권인 《십자가와 지옥 I: 수난*Kreuz und Hölle I: Die Passion*》(1966년)에 담겼는데, 여기서는 주요 주제만 몇 마디로 요약하겠습니다.

그리스도께서 '지옥'(또는 저승, 하데스, 셰올)에 내려가심은 성부를 향한 그분의 최종적인 순명을 드러냅니다. 지옥은 (이미 구약 성경에서) 하느님께서 계시지 않는 곳, 믿음과 희망과 사랑의 빛, 하느님의 생명에 참여하는 빛이 존재하지 않는 곳입니다. 그리고 심판하시는 하느님에 의해 창조된 세계 밖으로 던져져 단죄받은 곳입니다. 하느님과 절대 화해할 수 없는 모든 것으로 가득 차 있으며, 그분을 영원히 외면하는 곳입니다. 즉 지옥은 세상에서 하느님을 부정하는 모든 실재로 가득하며 세상의 죄가 종합적으로 모인 곳입니다. 따라서 십자가에 못 박히신 분께서 지옥을 채운 이런 모든 것에서 세상을 해방시키셨다고 할 수 있습니다.

예수 그리스도께서는 지옥에서 당신의 구원 업적을 발견하십니다(부활절의 승리자가 아닌 지극한 순명의 밤에 드러나는 승리자, 진정한 '죽은 이의 순명'을 이룬 승리자로서 말입니다). 성자께서는 인간과 분리된 죄의 잔혹함을 마주하십니다. 그리고 형태도 없는 죄 사이를 거니시며(그분께서는 어떤 흔적도 남기지 않고 그렇게 하십니다. 지옥과 죽음의 상태에서는 방향도 시간도 존재하지 않기 때문입니다), 두 번째 카오스(혼란)를 체험하십니다. 그리스도께서는 이런 일련의 시간 내내 성부께서 발산하시는 모든 영적 빛을 잃은 채 절대로 성부를 찾을 수 없는 곳에서 온전히 순명하며 성부를 찾으셔야 합니다.

그럼에도 이 지옥은 (인간의 자유를 허락하신) 창조주로서의 성부의 최종적인 신비입니다. 이에 따라 강생하신 성자께서는 이런 방식으로 이 어두움 속에서 이제껏 성부께 '예비된' 것을 '경험적으로' 아시게 됩니다. 이렇게 본다면, 지옥은 삼위일체적 사건에서 그 최종적인 가능성을 찾을 수 있습니다. 성부께서는 성토요일에 이 신비를 위한 '열쇠'를 성자께 건네주셨습니다.

하지만 이러한 진술은 이 성토요일의 신학이 지닌 풍부함을 온전히 펼쳐 보이지는 못하고, 그저 몇 가지 측면만 암시해 줍니다. 아드리엔이 체험한 것은 근본적으로 지옥에 관한 중세적인 상상력으로 우리에게 묘사된 지옥보다 더 끔찍합니다. 결정적으로 하느님을 영원히 잃어버렸다는 의식, 하느님을 거스르는 혼란스러운 수렁에 빠져드는 것, 믿음과 희망과 사랑의 부재不在, 모든 인간적 소통의 상실, 사고思考가 아무런 생명력이 없는 논리의 무의미한 울림으로 변화되는 것입니다.

아드리엔의 체험이 너무나 현실적이었기 때문에 이를 바라보면서 지옥이 존재하지 않는다고 하거나 단순히 '체계적' 의미에서 '만유회복apocatastasis'에 대해 언급하는 것이 우스꽝스럽고 모욕적일 정도였습니다. 아드리엔의 체험은 신학의 역사상 유일무이한 것으로, 오리게네스 교부와 아우구스티노 성인의 양자택일 논법을 넘어서도록 이끌어 줍니다. 아드리엔의 체험은 두려움에 대한 그리스도인의 희망이 지닌 풍성함을 정당화하면서도 삼위일체론적 해석을 통해 이 전체 사안에 대해 전례 없는, 하지만 전적으로 그리스도교적인 진중함을 부여합니다.

마지막으로 하나 더 언급하고 싶습니다. 아드리엔은 평소에도 '임무의 지옥Auftragshöllen'이라 불릴 수 있는 상태를 체험했습니다. 저는 그 내용을 방대한 분량의 《십자가와 지옥 II: 임무의 지옥Kreuz und Hölle II: Die Auftragshöllen》(1972년)이라는 작품에 모았습니다. 이 상태는 지옥에 대한 체험과 유사한 '탈혼extasis'의 상태로, 절대적으로 순명하며 주어진 임무와 전달해야 할 내용을 온전하고 객관적으로 수행하기 위한 것이었습니다. 아드리엔은 이때 일어난 일을 대부분 기억하지 못했지만, 저는 아드리엔이 다시 그것을 기억하도록 이끌 수 있었습니다. 이는 아드리엔이 그 일에 대해 좀 더 상세히 설명할 수 있도록 하기 위함이었습니다.

아드리엔은 더 이상 사랑스러운 여인이 아닌, 진리를 전달하고 해명해야 하는 도구가 되었습니다. 그는 더 이상 저를 알아보지 못했습니다. 저는 그저 무엇인가를 경험해야 했던 사람이었고, 그 경험을 할 때는 아무것도 이해하지 못했습니다. 이로 인해 아드리엔은 신적인 문제를 알지 못하는 어리석음에 대해 종종 짚어 주곤 했습니다.

마지막으로 아드리엔은 가르침이 끝났다는 몇 가지 지표를 제시했습니다. 그리고 함께 단순한 기도를 통해 '정상적인' 의식 상태로 돌아왔습니다. 이 '임무의 지옥'은 성토요일의 중심인 순명의 신비를 확장한 것이었기에 여기에 언급되었습니다.

3. 은사의 확장

지금부터는 앞서 언급된 중심적인 내용에서 파생된 것과 그것이 실제로 어떻게 적용되는지를 이야기할 것입니다. 지난 수 세기 동안 교회의 역사에서 은사적 체험을 살펴보면, 아드리엔의 은사는 유일무이하고 예외적인 특성을 지니고 있어 이전과는 부분적으로 다릅니다.

이것은 신앙을 더욱 풍요롭게 하고, 교리를 실질적으로 깊이 이해하며, 그리스도인으로서의 일관된 삶을 적극적으로 실천하는 데에 중점을 두기보다는 선택된 여정을 중시하는 것과 관련이 있습니다. 여기서 모든 것을 뒷받침하고 결정하는 아드리엔의 순명은 그 적용과 범위에 있어 은총에 깊이 뿌리내린 것이었습니다. 아드리엔의 순명은 준비 상태가 완전하지 못한 우리가 그와 같은 방식으로 절대 도달할 수 없을지라도 노력할 수 있는 이상理想이 될 수는 있습니다.

이어지는 내용을 통해 우리는 참된 은사는 하느님에 의해 주어지는 것이며, 절대 ("여러분은 더 큰 은사를 열심히 구하십시오."라고 한 코린토 신자들에게 보낸 첫째 서간 12장 31절의 내용에도) 어떤 영적인 수련을 통해서 얻을 수 있거나 열망할 수 있는 것은 아님을 염두에 두어

야 합니다.[12]

모든 것의 중심은 앞서 설명한 성모님이 드린 '예'라는 응답이며, 이는 하느님께 자신을 맡기는 데 있어 어떠한 제한도 두지 않는 자세로 묘사됩니다. 지금까지 언급한 임무의 의미는 아드리엔이 이 '예'라는 응답을 확장하고 그 깊이를 더하며, 더욱 유연하게 형성될 수 있는 상태로 인도하기 위한 것입니다. 또한 하느님께서 당신의 뜻에 따라 '예'라고 응답하는 영혼을 다루실 무한한 가능성을 보여 주고, 이러한 준비된 태도가 내포하는 절대적인 열매를 드러내기 위한 목적이기도 합니다.

1) 교회적 순명과 신비

이와 같은 과제를 수행하기 위해서는 교회를 대변하는 사람이 질적 의미에서 제한되지 않는 명령을 내릴 권한을 가지고 있음을 전제로 해야 합니다. 교회가 이 지상에서 가시적으로 드러나는 데 있어 그리스도의 대표성을 지니고 있다면, 그리스도인의 순명은 하

---

12 여기서 말하는 하느님과의 합일은 '성령의 은사'를 통해 주어지고 기도할 때 하느님에 대한 어떤 '체험'으로 이어지기 때문에, 진지하게 노력하는 모든 그리스도인이 접근할 수 있는 합일을 의미하는 것이 아니다. 진실한 참회와 내어놓음 없이는 믿음, 희망, 사랑에 활기를 불어넣을 수 없다.

느님을 향한 순명과 교회를 향한 순명 간에 대립할 수 없기 때문입니다.

하지만 고해 사제 개인이 교회 직무의 충만함을 대변할 수 없으며, 그가 제시하는 모든 방향이 하느님의 뜻을 순수하게 표현할 수 있다는 보장도 없습니다. 그래서 이러한 특별한 은사가 필요했고, 절대적인 교회적 순명에 이르기 위해 다음과 같은 방법이 선택되었습니다.

아드리엔은 아무런 호기심을 품지 않은 채 천상에 대한 가르침을 '전할' 수 있었고, 순명하는 동안에는 그것을 완전히 잊을 수 있었습니다. 이처럼 그는 직무의 대변자인 제게 전체 과정을 종종 매우 광범위하고 복잡한 방식으로 알려 주었습니다. 아드리엔은 순명하에 그것을 완전히 잊었고, 저는 '권위를 가지고' 그 과정을 진행해야 할 의무가 있었습니다(아드리엔에게 참회를 요구하는 것보다 제가 참회를 하는 편이 훨씬 나았기 때문입니다). 더 자세히 말해, 제가 태만이나 부주의로 실수를 저지르면 모든 과정을 처음부터 다시 시작해야 했을 정도로 모든 것은 아주 엄격한 순명 가운데 이루어졌습니다.

이러한 면에서 저는 우리의 거룩한 스승님(이냐시오 성인)의 학생처럼 취급받았습니다. 누군가는 가장 엄격하게 순명하는 가운데 있어야만 명령할 수 있다는 사실을 이해해야 했기 때문입니다. 또한 아드리엔에 대한 제 태도를 '순수한 직무자'로 바꾸어야 했습니다. 그것은 과정의 일환이기도 했습니다.

이렇게 해서 (아드리엔의 영혼에서 그에 부합하는 동의를 통해) 모든 '대화적인 상황'이 배제되었습니다. 그리하여 교회적 순명에는 명령하는 직무자나 순명하는 신자에게 모두 십자가 자체의 진중함과 준엄함이 있고, 그런 것들이 반드시 담겨야 한다는 점이 경험을 통해 분명해졌습니다. 하지만 이것은 '결정적인 경우'에만 해당되었습니다. 다른 '수련'은 인격적인 사랑을 베풀기 위해 수행되어야 했기 때문입니다. 어느 경우이든 간에 모두 변덕이 아니라 순명에 따른 것이었습니다.

아드리엔이 집필한 작품의 곳곳에는 그리스도인이 주어진 순간에 하느님과 그분께서 요구하시는 것에 자기 자신을 맞추어야 한다는 생각이 반복하여 등장합니다. 예를 들어 부활 시기에 개인적인 슬픔이 주님 안에서 기쁨을 누리는 것을 방해해서는 안 됩니다. 우리는 "살든지 죽든지 주님의 것"(로마 14,8)이므로 주님의 뜻에 따라 그분과 함께 살고 죽어야 합니다.

25년에 걸친 이 혹독한 '고행 과정'은 며칠 동안 지속되기도 했습니다. 하지만 그때마다 신앙의 신비와 연관 지어 해석될 때 예상치 못한 감미로운 열매를 맺곤 했습니다. 가장 심오하고 풍요로운 무언가가 이와 같은 방식으로 밝혀졌습니다. 우리는 의심을 품지 않고 이를 위해 노력해 왔습니다.

명령하는 것과 순명하는 것과 관련하여 순수한 권위가 지닌 '불편한' 측면, 즉 종종 부담으로 느껴진 이 측면은 (이제 와서 돌이켜보면) 십자가의 신비에 더 가까이 다가가면서 드러났습니다. 분명히 '하느님 앞에서 이루어지는 이 경기'에서 저의 '역할'은 아드리엔의 것보다 더 쉽고 가벼웠습니다. 아드리엔은 아무리 힘들고 어렵다고 해도 자신의 사명을 수행하기 위해 언제나 절대적인 내적 의지, 준비성, 유연성을 유지해야 했습니다. 이러한 순명의 실천을 통해 두 가지 결과물이 아드리엔의 작품에 반영되었습니다. 첫째, 교회적이고 일반적인 그리스도인의 순명을 가리키는 측면이 있고 둘째, 계시의 신비를 이해하기 위해 그들에게서 얻은 '열매'가 있습니다.

2) 성인들의 기도

오늘날 교회를 위한 아드리엔의 사명은 본질적으로 개인과 공동체의 기도에 새로운 생명을 불어넣는 것입니다. 아드리엔의 사명에서 특히 아름다운 점은 '기도의 세계'를 추상적인 문장뿐만 아니라 구체적인 이미지로 생생하게 전달하는 것이었습니다.

아드리엔은 수많은 성인의 기도에 대한 통찰력을 지니고 있었습니다. 그의 개종이 모든 성인 대축일에 이루어진 것은 매우 의미 깊은 일이었습니다. 아드리엔은 성인들을 '하느님 어머니의 옷자락'이라고 불렀습니다. 좀 더 정확히 말하자면, 이는 성인들의 모든 거룩함과 기도가 마리아-교회의 '예'라는 응답의 가장 내밀한 지점에서 출발하여 하느님의 말씀을 향한다는 것을 의미합니다.

아드리엔에게는 익명으로 모든 것을 볼 수 있는 특별한 능력이 주어졌습니다. 이것은 아드리엔이 받은 가장 큰 은총이었습니다. 그 덕분에 아드리엔의 교회적인 영혼은 어느 특정한 성인이나 다른 신자들을 대신하여 성인들의 통공 안으로 들어가 그들의 기도와 하느님 앞에서 그들의 전체적인 태도를 내면에서 바라보고 설명할 수 있었습니다.

이것은 분명히 이 지상에 살고 있지 않은 이들에게만 가능했습니다. 살아 있는 사람은 여전히 하느님과의 관계를 자유롭게 바꿀 수 있기 때문입니다. 이 특별한 은사를 이해하기 위해서는 '고해성사'라는 측면(천상에서는 서로에게 완전히 투명한 상태일 것입니다)을 고려해야 합니다.[13] 절대적인 '예'의 기준으로 헤아려 볼 때, 모든 성인이

---

13 여기서 완전한 틀을 얻기 위해서는 또 다른 요소를 언급해야 한다. 이는 요한 묵시록 주해에 관한 논의에서 설명할 것이다. 그것은 '관찰 지점'의 신학적 가능성에 대한 내용으로, 선견자는 요한 묵시록의 사건을 그 지점에서부터 따라간다.

똑같이 거룩해 보이는 것은 아니기 때문입니다. 시성諡聖되지는 않았지만 성인으로 여겨지는 일부 사람들(예를 들어 상흔을 받은 경우)이 거짓되었다는 사실과는 별개입니다. 그러한 사례는 몇 가지 설명되어 있습니다.

무엇보다 이는 《모든 성인의 책 *Allerheiligenbuch*》(1966년) 1권에 등장하는 이미지에서 드러났습니다. 그리고 나중에 아드리엔이 순명하는 차원에서 다양한 성인들이 지녔던 준비된 태도의 단계를 검토할 때 더 자세하게 묘사되었습니다(《모든 성인의 책》 2권).

여기서 완전함을 드러내는 것이 불완전함을 감추는 것보다 중요하다는 의미에서 '고해성사'의 역할이 두드러지게 드러납니다. 따라서 천상에 있는 성인들은 그리스도에 대한 교회의 완전한 투명함에 기여하기 위해 과거에 자신들이 지녔던 불투명한 것들 중 일부를 밝히는 데 주저하지 않습니다.

하지만 이것은 넘치도록 충만한 빛과 250여 개의 이미지에서 가장 눈에 띄는 것, 즉 기도의 놀랍도록 다양한 형태에 비하면 사소한 것에 불과합니다(이 이미지들을 통해 신학이나 다른 분야에서 성인들이 이룬 업적이 아니라 바로 기도 형태의 다양성에 관심을 두기 때문입니다). 진부하거나 평범하거나 반복되는 내용은 그 어디에도 없습니다. 각각의 인물에 대해 간결하면서도 고유한 모습이 담긴 이미지를 볼 수 있습니다.

처음에 아드리엔은 밤에 기도할 때 어떤 성인을 보곤 했습니다. 그 성인은 자신의 기도 자세를 보여 주었습니다. 그러면 아드리엔은 며칠 안에 그 사실을 제게 알려 주었고, 저는 그것을 받아 적곤 했습니다.

아드리엔이 자신이 본 성인의 이름을 정확히 알았던 것은 아닙니다. 한번은 그가 제게 이렇게 말했습니다. "어젯밤에 그레고리오 성인을 봤어요." 그래서 저는 "그레고리오 성인 중 누구인지 말해 줄 수 있습니까?"라고 물었습니다. 하지만 아드리엔은 그가 누구인지 알지 못했습니다. 나중에 설명을 들은 후, 그 성인이 나지안조의 그레고리오라는 것을 알 수 있었습니다.

시간이 흐른 후, 밤에 기도할 때가 아닌 낮에도 아드리엔에게 어떤 성인에 대해서든 물어볼 수 있게 되었습니다. 저는 주로 인물을 선정하는 역할을 맡았습니다. 그들 중에는 시성되지 않은 이들, 위대한 예술가, 임금, 개신교 신자도 포함되었습니다. 짧은 기도를 통해 아드리엔은 '순명의 탈혼' 상태로 이끌렸고, 마지막에는 다시 이 세상으로 돌아오곤 했습니다.

이 모든 과정은 평온하고 품위 있게 진행되었습니다. 아드리엔은 성인에 대한 묘사를 하면서도 전화로 일을 처리하고, 차를 마시며 방문객을 맞이하곤 했습니다. 더 나아가 탈혼 중에도 아드리엔에게 묘사가 끝난 후 추가 설명을 부탁하는 질문을 할 수 있었고, 그에 대한 답변도 들을 수 있었습니다.

제가 예상했던 것과는 전혀 다른 이미지가 많이 나왔습니다. 또한 제가 물어본 인물들의 이름 외에는 거의 알지 못해 아무것도 기대하지 않았던 경우도 많았습니다. 예를 들어, 저는 영국의 예수회 사제인 허버트 서스톤Herbert Thurston이 쓴 《신비에 수반되는 육체적 현상*Die körperlichen Begleiterscheinungen der Mystik*》에서 방문의 마리아Maria de la Visitacion에 대한 이야기를 읽은 적이 있습니다. 당시 저는 그에 대해 전혀 알지 못했습니다(방문의 마리아는 1541년 리스본에서 태어난 인물로, 서스톤은 그를 '종교적 사기꾼'으로 단순히 묘사했습니다). 서스톤이 설명한 방문의 마리아의 모습은 심지어 부분적인 내용조차 믿을 수 없을 정도였습니다.

그래서 저는 아드리엔에게 방문의 마리아에 대해 물었습니다. 아드리엔은 그에 대한 내적인 모습을 그려 보여 주었고, 이는 모든 것을 제자리에 놓고 투명하게 드러나게 했습니다. 이것이 제 무의식적인 암시라고 말할 수는 없을 것입니다.

《모든 성인의 책》은 교회를 위한 놀라운 선물입니다. 이 책은 성인들이 어떻게 기도하는지 보여 주며, 우리를 기도로 초대합니다.

아드리엔이 묘사한 인물들 중에는 사도들과 초대 교회의 많은 이도 포함되어 있었습니다. 아드리엔의 작품 중 하나인《예언자들의 사명 *Die Sendung der Propheten*》(1953년)에서는 구약 성경의 주요 인물들을 비슷한 방식으로 묘사했습니다.

이는 다음에서 다룰 아드리엔의 은사가 지닌 또 다른 측면을 보여 줍니다. 즉 성인들의 통공뿐만 아니라 성경에서 드러나는 '영성'을 바라보는 다채로운 시각을 새로운 방식으로 인식하게 하기 위함이었습니다. 아드리엔이 본 인물들의 기도와 기도하는 모습에 대해 알려 주기 위해 다음과 같이 현대의 인물 세 사람을 소개하고자 합니다.

비오 10세 성인 교황(1835~1914년)

저는 비오 10세 교황의 기도를 듣습니다. 그것은 아마도 가장 심오한 의미에서 교황의 기도일 것입니다. 교황이 되었을 당시, 그는 신심이 깊고 교회의 유익을 위해 헌신적이었으며, 경건함의 자양분이 된 학식과 지성을 지닌 진정으로 소박한 마음을 가지고 있었습니다. 하지만 교황의 모든 면이 완벽하게 조화를 이루지는 않았습니다. 교황의 태도는 그리스도교적이었지만, 거기에는 나약함이 섞여 있었습니다. 교황의 기도는 때때로 미지근했지만, 따뜻할 때도 있었습니다. 교황의 견해는 교회의 정신에 부합했지만, 그 견해를 방어하기 위해 온 힘을 다하지는 않았습니다. 교황은 사람들을 향한 사랑을 지니고 있었지만, 영혼을 돌보는 일을 긴박한 것으로 인식하지는 않았습니다.

교황이 되었을 때 그는 충격을 크게 받았습니다. 자신이 자격이 없다고 생각했기 때문에 교황이 되는 것을 원치 않아 했습니다. 또한 사람들이 자신을 진정으로 원했고 교황 선거가 제대로 진행되었다고 믿을 수도 없었습니다.

교황은 자신이 저지르지는 않았지만, 자신이 기여했을 수도 있는 오류를 두려워했습니다. 다른 사람들에게 자신을 있는 그대로 보여 주지 않았고 자신에 대한 잘못된 인상을 심어 주었다는 것을 두려워했습니다. 그리고 자신의 말이 실제보다 더 중요하게 여겨지는 것도 두려워했습니다. 그는 교황 직무라는 돌이킬 수 없는 직책을 맡아야 한다는 사실을 깨달았을 때, 회심과 전환의 기회, 자신이 해야 하는 일과 자신이 받은 은사를 통합할 수 있는 기회가 온 것이라고 생각했습니다.

교황의 새로운 임무는 하느님께서 오래전부터 그에게 주신 것과 통합되어야 했습니다. 그는 자신이 되고자 했던 모습과는 상당히 거리가 있다는 것을 깨달았습니다. 교황은 자신이 결점으로 가득

찬 나약한 존재라고 생각했습니다. 그래서 교황직을 매일의 노력으로 이룰 수 있는 무언가로 만들어야 했습니다.

처음에는 '공로를 쌓는 일' 또는 '봉사'라는 의미로 이 일을 받아들였습니다. 하지만 교황은 그리스도의 현존만이 이 일을 성취할 수 있다는 사실을 깨달았습니다. 그리스도께서 그에게 전수하신 베드로 사도의 직무는 그리스도와 베드로 사이의 대결을 통해 비오 10세 교황에게서 새롭게 태어나야 했습니다. 교회 전체를 포용하는 이 중요한 부성적父性的인 직무는 교황을 모든 그리스도교의 아버지로 만들어 주었습니다. 하지만 '아버지'라는 이 칭호는 단번에 얻는 것이 아니라, 오히려 주님의 현존에서 출발해 언제나 새롭고 생생한 것이 되어야 합니다.

이제 성체성사는 주님의 현존을 위한 보증이자 자신이 성취해야 할 일을 이루기 위한 보증, 교황직을 새롭게 활성화하기 위한 보증으로 그에게 나타납니다. 앞으로 교황의 기도는 영성체를 중심으로, 그의 간구는 이러한 주님의 현존에서 오는 힘을 중심으로 이루어집니다. 그의 유일한 과업은 그리스도 앞에 현존하고, 그리스도 안에서 새롭게 살아가는 것입니다.

교황은 이를 위해 이전의 외형적인 경건함과 관습을 버렸습니다. 이 요청이 너무 강렬해졌기에, 이제부터는 성체성사의 빛으로 세상과 교회, 사랑하는 이들을 바라보고, 영성체의 힘으로 모든 것을 검토해야 했습니다. 실제로 교황은 모든 것을 이 힘에 의해 수행하게 됩니다.

교황은 모든 것 안에서 주님의 현존을 찾았습니다. 그리고 항상 성체적인 현존의 무조건적인 실재를 깊이 느꼈습니다. 하지만 이제 이 실재는 지극히 현실적이고 활동적이며 그의 사명에 깊이 뿌리내리게 되었습니다. 교황은 그리스도의 사도가 되었고, 모든 것을 이 이상에 통합하려고 했습니다. 무엇보다 사랑하고 사랑받기 위해 노력했습니다.

교황은 요한 사도가 가르친, 사랑하는 이가 사랑의 힘을 개인적으로 따르는 것이라는 의미가 아니라, 은총을 통해 가장 지고하신 분께 참여하는 의미로 사랑을 이해했습니다. 또한 사랑의 힘을 위로부터 내려오는 살아 있는 물줄기로 여기며, 자신이 나누고 나누어야만 하는 것으로 보았습니다. 교황의 삶은 점점 더 명확하고 투명해졌으며, 주님의 것만을 온전히 살도록 하기 위해 스스로 사라졌습니다. 중요한 것이 우선순위를 차지해야 하고, 부수적인 것이 그 자리를 차지할 수 없다는 것은 분명합니다. 따라서 교황이 이전에 생각하고 검토하고 성찰했던 많은 것들은 이제 사라지고 더 이상 중요하지 않게 되었습니다.

비오 10세 교황은 주님께서 원하시는 대로 기도하는 태도로, 기도 안에서, 또 주님 안에서 살아갑니다. 이런 점에서 그는 의식적으로 열망하지 않고도 벗이자 사랑하는 이인 요한 사도의 역할을 대신합니다. 이렇게 교황은 자신 안에서 주님의 사랑을 실현하고 생생하게 경험한 인물이 되었습니다.

메르시에 추기경(1851~1926년)[14]

저는 메르시에 추기경이 기도하는 모습을 바라봅니다. 그가 드리는 기도의 형식은 아름답지만, 그 내용은 다소 빈약하게 느껴집니다. 추기경은 자신의 개인 기도를 하나의 전례 행위로 만들어 전체적인 체계와 리듬, 구조를 부여합니다. 그리고 자신이 보이지 않는 공동체의 기도를 이끌고 있다고 생각합니다. 추기경은 겸손함이 부족한 것처럼 보입니다. 그는 기도의 내용보다는 기도를 드리는 방식에 더 초점을 맞추고 있으며, 그런 점을 중요하게 생각하는 것처럼 보입니다.

그럼에도 추기경은 하느님을 기쁘게 하려는 열망에 깊이 사로잡

---

[14] 벨기에 가톨릭 교회의 추기경이자 저명한 학자로, 토마스 아퀴나스 철학에 대한 기여와 교육 개혁, 제1차 세계 대전 중에 보인 강인함으로 가톨릭 내외에서 존경받은 인물이다. — 편집자 주

혀 있었습니다. 하지만 그 열망을 자신의 내면이 아닌 외부에서 드러내려고 했기 때문에, 겸손한 사랑에 기반을 둔 사람들과 올바른 만남을 갖기 어려웠던 것 같습니다.

추기경은 그리스도교의 이론과 그에 담긴 힘, 결과에 대한 체계를 세웁니다. 이 이론은 자신을 제외한 모든 것을 포괄합니다. 그는 자신을 어떤 힘의 전달자로 인식하지만, 이 힘은 그 자체로 소통하기 어려운 면이 있습니다. 만남은 추기경을 통해 이루어지기보다는 힘의 흐름이 그를 지나쳐 가는 것처럼 보입니다.

그럼에도 추기경은 열정적이며 새로운 이상理想에 주의를 기울입니다. 그는 좋은 대화 상대로서 하느님과 교회를 위해 봉사하고, 교회의 일치를 위한 신앙의 일치를 원합니다. 하지만 교회 내에는 형식적인 요소가 많고 내적 열정이 부족한 상황일 수 있습니다. 이는 그가 내면에서 불타오르지 못하고, 다른 이들도 그러한 열정을 불러일으킬 능력이 부족하기 때문입니다.

메르시에 추기경은 교회의 상황에서 가능한 것과 불가능한 것에 대한 건전하고 인간적인 판단력을 가지고 있습니다. 하지만 깊이 있게 기도하지 않아 그의 영향력이 깊숙이 미치기 어려워 보입니다. 추기경이 이론을 세울 때, 그는 어딘가에서 온 개념을 바탕으로 하고 있으며, 광범위한 영향력 덕분에 그 이론은 일정한 힘을 얻을 수 있습니다. 하지만 궁극적이고 무조건적인 내적 헌신은 다소 부족한 것 같습니다.

에디트 슈타인 성녀(1891~1942년)

저는 에디트 슈타인(십자가의 데레사 베네딕타 성녀)이 기도하는 모습을 바라봅니다. 처음에는 그가 드리는 기도가 매우 통제된 자신과의 대화처럼 보입니다. 마치 문장을 완전히 끝내지 못하거나 질문을 다 말하지 않아도, 전적으로 의식하지 않은 믿음으로 스스로에게 던지는 질문처럼 느껴집니다. 아마도 하느님께서는 문장 중간에 개입하셔서 당신의 존재를 드러내시고, 그가 원하거나 기대할 수 있는 것보다 훨씬 더 깊이 있게 그의 질문에 대답하실지도 모릅니다.

실제로 하느님께서는 에디트 슈타인에게 응답하십니다. 이에 따라 그는 더욱더 기도에 몰입하게 되고 마침내 승리의 확신을 얻어 기뻐합니다. 이 승리의 확신을 얻은 순간부터 모든 것이 단순하면서도 명확하게 드러납니다.

에디트 슈타인은 하느님께서 보여 주시는 길을 걷게 됩니다. 그는 하느님께 속하게 되며, 사랑과 믿음으로 더욱 분명해진 어린아이와 같은 기쁨을 되찾았습니다. 에디트 슈타인의 철학적인 지식이 신앙을 위한 투쟁에 도움을 주었다고 생각하는 것은 완전히 잘못된 견해입니다. 그것은 부수적인 요소에 불과했습니다. 그는 자신이 얻은 믿음에 맞추기 위해 몇 가지 사안을 수정해야 했습니다. 하지만 철학에서 신앙의 기초를 쌓기 위해 각 정의와 정식을 다시 검토하거나 혼합할 필요는 없었습니다.

믿음은 에디트 슈타인에게 자신의 잘못을 깨끗이 씻어내고, 일종의 거룩함에 관심을 두며 그 안에서 깨어나야 한다는 분명한 의무를 부과합니다. 이는 개인적인 사명이라는 의미가 아니라, 그를 부르신 하느님에 대한 감사의 표현에서 그분의 절대적인 요구로 제시됩니다.

에디트 슈타인은 하느님을 따르는 데 필요한 관습을 받아들이고, 그분께 교육받으며, 그분의 현존을 감내하기 위해 그렇게 합니다. 그는 더 많이 기도하며 점점 더 겸손하고 투명해집니다. 그에게 자신의 직업을 포기하고 하느님께서 요구하시는 존재가 되는 것은 희생이 아니었습니다. 심지어 지성 자체를 희생하는 것도 아니었습니다.

에디트 슈타인에게 가르멜 수도회는 순명과 청빈, 이름 없이 관상적인 삶을 사는 곳이며, 헌신이 필요한 교회에 헌신하는 장소입니다. 무엇보다도 교회의 보물인 기도가 풍성해지는 곳입니다. 가르멜 수도회는 오직 하느님만 생각하고 그분을 위해 사는 공동체입니다. 또한 개인적인 것이 사라지고 하느님의 것이 살아나고 빛날 수 있도록 하는 공간입니다.

철학은 수도원에 들어간 에디트 슈타인에게 큰 의미가 없었습니다. 그는 외부에서 철학을 계속하라는 압력을 받고 있었고, 그래서 스스로 선택하지도 않은 순명 아래 철학에 임하게 되었습니다. 에디트 슈타인이 생각하고 글을 쓰는 데 있어 독립적이었고 교육을 받았기 때문에, 다른 외적인 활동보다 덜 힘들었던 것은 사실입니다. 또한 그는 많은 사상가들 사이에서 종교적 사안에 대한 관심을 이끌어내고 싶어 했습니다.

이것이 에디트 슈타인의 진정한 사명이라고 말할 수는 없습니다. 그의 사명은 세상의 성공, 투쟁, 소음보다 종교 생활을 선호하는 것이었습니다. 하지만 외부의 상황은 그의 사명에 담긴 핵심을 가리고 있습니다. 에디트 슈타인에게 중요한 것은 인간적인 의미에서 도피하는 것이 아니라, 하느님 안에서 피신처를 찾고 오직 하느님만을 위해 최종적인 결단을 내리는 것이었습니다.

순교는 에디트 슈타인의 사명에서 정점이 됩니다. 즉 그는 고통의 마지막 날에 그리스도의 현존을 전하기 위해 더 깊은 익명성으로 들어갔습니다. 하지만 그의 사명은 순교보다는 수도회에 들어가는 데 더 강조점을 둔 것처럼 보입니다.

3) 성경에서 영성의 다양성

이러한 다양성은 아드리엔의 성경 주해서를 주의 깊게 읽은 이들에게는 분명하게 드러납니다. 성경에서 요한계 문헌에 대한 주해는 요한 사도의 정신 안에서 이루어졌습니다. 바오로 서간의 경우에는 바오로 사도의 정신 안에서 이루어졌습니다. 야고보 서간과 베드로 서간은 각 사도의 정신 안에서 이루어졌습니다. 이는 초기 그리스도교의 위대한 네 가지 영성이 각각 지닌 본질적인 관심사를 개별적인 관점에서 고려한다는 것을 의미합니다.

아드리엔의 영성(마리아 영성과 매우 가깝습니다)이 모든 차이점을 겪으면서 드러나거나 그의 지향이 여러 면에서 요한 사도의 것과 일치하는 것은 놀라운 일이 아닙니다. 첫째, 이냐시오 영성이 요한적인 근원으로 거슬러 올라가는 새로운 단체의 사명에 내포되어 있기 때문입니다. 둘째, 아드리엔은 요한 사도의 태도에 담긴 여성적인 특성을 지향했습니다. 셋째, 이러한 태도가 성모님의 태도와 밀접하게 관련이 있습니다.

이 주제는 아드리엔의 일기에서도 찾아볼 수 있습니다. 사실, 아드리엔은 바오로 사도와 연결되는 점이 많지는 않았습니다. 바오로 사도가 자신의 인품을 전면에 내세우고 그리스도를 본받듯이 자신을 본받으라고 한 권고는 아드리엔의 '비움'의 정신과 조화를 이루기 어려울 때가 종종 있었습니다.

아드리엔의 성경 주해가 지닌 종교적 의미는 나중에 언급할 것입니다. 여기서 중요한 것은 여러 관점을 구분하는 아드리엔의 작업(이는 오늘날의 성경 연구와 병행되고 있습니다)입니다. 하느님은 너무나 위대하신 분이기에 어느 하나의 관점만으로 하느님에 대한 모든 것을 설명할 수 없습니다. 또한 하느님은 자유로우신 분이기에 성경 저자에게 한 가지 방식으로만 영감을 주실 수 없습니다. 아드리엔은 (단편적으로 남아 있는) 작품에서 복음사가들이 영감을 받은 다양한 방식을 설명한 바 있습니다. 그의 일기에도 이와 유사한 내용이 풍부하게 담겨 있습니다. 아드리엔이 언급한 수많은 현시 중에서 모든 사람에게 유익하고 분명한 '영적 열매'를 담고 있지 않은 것은 하나도 없습니다.

4) 어부의 그물

'어부의 그물Das Fischernetz'은 요한 복음서에 나오는 베드로 사도의 그물에 걸린 물고기 153마리에 대한 하나의 해석을 제시하는 작품의 제목입니다. 아드리엔의 모든 작품 중에서 이 작품은 가장 큰

'선물'이었습니다. 여기에서는 완전하지는 않은 소개만 제시할 수 있습니다. 이 책은 아드리엔이 어떠한 세속적인 원천에서 영감을 얻었는지 보여 주는 증거가 될 수 있고, 또 그래야만 합니다. 모든 심층 심리학자, 정신 분석학자에게는 언제나 풀기 어려운 문제가 담긴 책으로 남을 것입니다.

여기서 153은 교회의 성성聖性을 종합한 숫자로, 이 숫자는 특정한 소수素數[15]들과 선별된 성인들로 구성되어 있습니다. 즉 153은 교회의 성성을 나타내는 원칙을 통합한 상징적인 숫자입니다. 이 숫자를 통해 교회의 성성이 어떻게 구성되고 표현되는지를 알 수 있습니다.

처음에는 일곱 숫자만 주어졌습니다(11에서 31까지, 1~10까지의 숫자는 신성神性에 속하기 때문입니다. 5는 마리아를 상징합니다). 그러다가 이 체계가 53(=요한)까지 확장되었고, 그다음 153(마지막 소수인 151=베드로)까지 확장되었습니다.

아드리엔은 특정한 숫자를 가진 이가 누구인지 알기 전에, 각 성인의 전체 전기를 나타낼 수 있는 숫자와 그 조합을 알고 있었습니

---

[15] 1과 자신 이외로는 나눌 수 없는 자연수를 지칭하는 수학 용어다. 2, 3, 5, 7, 11 등이 있다. ─ 편집자 주

다. 때로는 제가 그것을 '추측'해야 했고, 몇 달 후에 구술을 받아 적는 과정에서 그 성인의 이름이 우연히 드러나기도 했습니다. 예를 들어, 어느 날 저는 아드리엔의 진술을 이렇게 받아 적었습니다.

$$97 + (3 \times 17) + 5$$

$$97 + (2 \times 19) + 17 + 1$$

$$97 + (4 \times 13) + 4$$

$$97 + (2 \times 19) + 11 + 7$$

$$97 + (5 \times 11) + 1$$

$$97 + (4 \times 11) + 12$$

$$97 + (4 \times 11) + 7 + 5$$

$$97 + 31 + 12 + 5 + 7 + 1$$

$$97 + 53 + 3$$

여기서 각각의 줄을 합한 숫자가 153임을 알 수 있습니다. 이는 97에 해당하는 성인이 교회의 총체적인 성성 안에서 특별한 원칙(또는 '수호자')을 통해 자신의 성성을 완성하는 것을 의미합니다. 11은 이냐시오 성인(1-1: 하느님께서는 언제나 더 위대하시다. 그리고 벌거벗은 인간 앞에 계신 벌거벗으신 하느님), 13은 바오로 사도(1-3: 삼위일체를 향해 열린 구약의 하느님)를 의미합니다.

17은 아시시의 프란치스코 성인(성령의 은사 가운데 흘러들어가시는 하느님), 19는 요한 마리아 비안네 성인(고해성사, 9는 하느님의 신비를 나타내는 숫자입니다)을 의미합니다. 23은 이레네오 성인(최초의 신학자, 2=삼위일체를 향해 해석되는 하느님-인간)을 의미합니다. 29는 베드로 카니시오 성인(순명, 하느님의 신비에 당신 자신을 내어놓으시는 그리스도), 31은 모니카 성녀('기도하는 교회'를 대변하는 이, 반면 아우구스티노 성인은 131입니다)를 의미합니다.

2는 하느님-인간, 3은 삼위일체, 4는 십자가, 5는 성모님, 7은 성령을 의미합니다. 이제 영성의 구성 요소에 따라 97이 어떻게 아홉 개의 다양한 단계로 정의되는지 살펴볼 수 있습니다.

분명히 《어부의 그물 *Das Fischernetz*》(1969년)에 등장하는 성인들에 대한 선별은 인간적인 관점에서 볼 때 자의적입니다. 물론, 이 성인들은 수많은 다른 성인들을 대표하고 있습니다. 이러한 선별은 우리가 공동체를 세우던 당시의 영성을 반영하여 의도적으로 조정되었으며, 우리가 알고 사랑하는 성인들이 포함되어 있습니다. 또한 여기서 제시된 '수학'은 절대 어떤 체계로도 환원될 수 없는 천상 예루살렘의 무한한 수학의 일면을 보여 준다는 점을 항상 강조하고 싶습니다.

하지만 이 놀라운 책이 진정으로 우리에게 가르치는 것은 (여기서 자세히 설명할 수 없는) 하늘과 땅 사이에는 절대적인 일치가 존재한다는 것입니다. 예수 그리스도와 성부의 뜻 사이의 일치는 완전합니다. 마리아-교회의 '예'와 말씀의 요청 사이의 일치도 마찬가지입니다. 그리고 성인들의 통공을 통해 자신을 교회로 완성하고, 완성될 수 있는 가능성 또한 존재합니다(153). 더 나아가, 하느님께서 인간에게 주시는 말씀은 매우 분명합니다. 따라서 기대되는 순명 또한 불확실하거나 애매모호해서는 안 되고, 명확해야 합니다.

마지막으로, 성인들의 위대한 사명은 (소수로서) 나눌 수 없습니다. 이것은 하느님의 단일함과 유일함에서 비롯됩니다. 처음에는 소수처럼 보이지만 결국에는 나눌 수 있는 것으로 드러나는 사명의 예시는, 인간이 만들어 내고 조합한 것처럼 보입니다. 이러한 사명은 궁극적인 투명성이 결여되어 있으며, 따라서 결실을 맺지 못한다는 교훈을 줍니다.

요한 묵시록의 주해에서 숫자를 다루는 부분은 천상 예루살렘의 '체계'가 현세적 용어로 표현할 수 없는 무한한 '수학'에 해당한다는 것을 보여 줍니다. 하지만 이 주해의 결론에서 천상 도성에 대한 해석은, 현세 교회의 모든 구성이 실제로 우리 죄인을 위해 만들어진 하느님 사랑의 결정체임을 강조합니다. 따라서 이 모든 숫자는 무한한 사랑의 형태일 뿐임을 다시 한번 일깨워 줍니다.

5) 체험적 교의

가톨릭 교의에 대한 아드리엔의 수많은 진술은 사도신경에 따라 정리되고 체계화되었습니다[《말씀과 신비 II: 객관적 신비*Das Wort und die Mystik II. Teil: Objektive Mystik*》(1970년)]. 중요한 진술(예를 들어 '수난'과 '지옥에 내려감'에 관한 내용)을 다른 맥락에 배치해야 했기 때문에 모든 글이 동일하게 전개된 것은 아닙니다. 이 위대한 작품은 단편적으로 남아 있습니다.

아드리엔의 작품 중 더 완벽하게 발전했다고 언급할 수 있는 것은 바로 이 작품입니다. 그는 자신이 구술한 내용이나 제가 받아 적은 것을 어떻게 정리했는지 기억하지 못하던 생의 마지막 시기에 제게 이렇게 말하곤 했습니다. "교의에 관련된 글을 썼으면 얼마나 좋았을까요!" 하지만 아드리엔은 자신만의 방식으로 그 내용을 표현했거나, 적어도 의미 있는 기여를 할 수 있는 내용을 이미 제시했습니다.

'신비'는 여러 책에서 '하느님에 대한 체험적 앎cognitio experimentalis Dei'으로 정의되며, 이는 하느님의 실재와 본질을 체험적으로 인식하는 것을 의미합니다. 하지만 하느님께서 구원 역사에서 예수 그리스도와 그분의 교회를 중심으로 그리스도인에게 당신 자신을 계시하신다면, 당신을 드러내시는 방식이 '체험적 앎'으로 확장되지 않는 것은 이해하기 어렵습니다. 그리스도의 존재와 의식, 수난과 부활, 성체성사와 성사적 현존, 성령의 감도 및 교회 내 다양한 활동 방식에 이르기까지 말입니다. 신비 체험이 신앙의 행위를 대체하거나 약화시키지 않습니다. 오히려 신앙을 더 새롭게 하고 풍요롭게 만듭니다.

물론 신앙과 현시 사이에 어떠한 모순도 존재하지 않습니다. 반대로, 모든 그리스도인과 성인의 삶에는 구원 경륜이 실현됩니다. 이 과정에서 그리스도인은 결정적인 순간에 벌거벗은 신앙(십자가의 요한 성인처럼)의 상태에 놓이게 되며, 이때 현시나 빛나는 확신 없이 지내야 할 때도 있습니다.

《말씀과 신비 II: 객관적 신비》의 주된 강조점은 다음과 같습니다. 첫째, 하느님에 대한 이해 불가성과 그분의 자기 계시, 하늘과 땅의 관계, 둘째, 그리스도의 강생, 그분의 신적-인간적 의식(이를 위해 특별한 '시도'가 있었습니다), 셋째, 수난을 향한 그리스도의 여정, 넷째, 이미 언급한 바 있는 '연옥에 관한 논술'에 제시된 그리스도의 심판(그분의 심판이 지닌 실존적 차원으로서), 다섯째, 성령께서 교회와 성경과 여러 성사에서 하시는 활동에 관한 교의입니다.

아드리엔의 여러 작품과 마찬가지로, 여기에서도 정확한 경계선을 긋는 것은 어렵고, 앞으로도 그럴 것입니다. 아드리엔은 매일 구술함으로써 해설뿐만 아니라 다수의 개별 문장도 남겼습니다. 따라서 아드리엔의 작품을 읽는 이들은 한 곳에서 찾을 수 있는 내용이 다른 곳에서 나타날 수 있음을 항상 염두에 두어야 합니다. 아드리엔의 모든 작품에 대한 체계적인 정리 작업이 언젠가는 필요하다고 생각합니다. 교의와 관련된 내용은 그의 일기에서도 찾을 수 있습니다. 하지만 저는 그의 일기에서 개인적인 이야기를 담은 글만 남겨 두고, 객관적인 성격을 지닌 단편들은 《말씀과 신비》에 담았습니다.

6) 신비에 대한 이론

앞서 다루었던 다양한 주제에서 확인할 수 있듯이, 아드리엔의 신비에 대한 이론은 수많은 개별 진술을 종합한 것[《말씀과 신비 I: 주관적 신비Das Wort und die Mystik. I. Teil: Subjektive Mystik》(1970년)]으로, 교회 전통에서 혁신적인 성격을 띠고 있습니다. 아드리엔은 개신교 신학자인 에밀 브룬너Emil Brunner가 자신의 작품 《신비와 말씀Die Mystik und das Wort》에서 주장한 개신교적 '양자택일' 접근법을 완전히 거부합니다. 즉 '신비이거나'(여기서는 종교적 체험이 궁극적인 기준이 됩니다) 또는

'말씀이거나'(순수한 믿음과 동등한 것입니다)와 같은 양자택일을 지양하는 것입니다.

반대로 아드리엔은 처음부터 구약과 신약의 성서적인 신앙 체험을 추구했습니다. 따라서 《말씀과 신비 I: 주관적 신비》제1부에서는 예언자들, 예수님, 그분의 제자들의 성서적 '신비'를 다룹니다. 더 나아가 이미 언급했듯이 상존 은총(성령의 선물에서 밝히 드러난)과 은사(어떤 상황에서는 발라암과 같은 의심스러운 예로 설명할 수 있듯이 은총을 소유하지 않고도 행사할 수 있습니다) 사이의 대립을 극복했습니다. 교회 구성원이 공동체에 봉사하기 위한 진정한 은사는 일반적으로 은총 안에서만 행사할 수 있습니다.

제2부에서는 한편으로는 교회에서 잘 알려져 있고 다른 한편으로는 아드리엔의 특별한 체험에 해당하는 개별적인 은사들을 다루고, 아마도 가장 중요한 부분이라고 할 수 있는 제3부에서는 진정한 신비의 기준을 다룹니다. 이는 본질적으로 '예'의 질적인 측면, 봉사하기 위해 순수하게 준비된 자세, 자신이 받은 것을 전하려는 의지, 내면화된 익명성, 하느님의 말씀에 대한 완전한 투명성에 달려 있습니다. 《모든 성인의 책》제2부에 수록된 개별 성인, 특히 여성 신비주의자를 위한 '준비 자세에 대한 검증'은 이 이론의 구체적인 예시 자료가 됩니다.

이러한 이론과 설명을 통해, 왜 이른바 '사적 계시'가 환영받지 못하거나 전적으로 신뢰할 수 없는 방식으로 받아들여졌는지를 살펴볼 수 있습니다. 그것은 이러한 계시가 교회 전체를 위한 메시지를 담고 있음에도, 전달하는 수단이 순수하지 않았고 충분히 이타적이지 않았기 때문입니다. 또한 예언자의 자기 성찰로 인해 현시나 통찰력이 흐려지고, 부수적인 문제에 더 많은 관심을 기울이게 되어 중요한 문제는 소홀히 여겨졌습니다.

아드리엔은 이러한 신비가 점점 오해받고 소외되며, 공식적인 신학과 선포에 의해 구석으로 내몰리고 침묵을 요구받는 상황 속에서 신비를 되찾고 구원의 역사의 중심으로 되돌려 놓았습니다. 이 중심은 그리스도 안에 있는 하느님의 말씀과 그리스도의 신부인 교회가 이 말씀을 듣고 응답하는 사이의 상호 교환입니다.

성경 주해의 맥락에서 우리는 다음과 같은 질문을 제기해야 합니다. "이 말씀을 듣기에 적합한 주체는 누구인가? 누가 언급되고 의도된 방식으로, 이해할 수 있고 믿을 수 있는 방식으로 말씀을 들을 수 있을까? 십계명만 듣고 그것이 두려워 모세에게 최종적으로 말씀을 듣도록 맡기는 이스라엘 백성일까(신명 5,23-26 참조), 아니면 훗날 이스라엘 백성에게 십계명을 포함해 자신이 들은 내용을 선포하고 설명하기 위해 맹렬한 불 속에서 마지막까지 주님의 말씀을 들은 모세일까?"

신비는 하느님의 말씀을 주석적이고 신학적인 이성뿐만 아니라 온 마음과 존재로 들었을 때, 활활 타오르는 불과 칠흑 같이 어두운 밤 한가운데 있으면서도 하느님 마음의 자기 계시 앞에 굳건히 서 있을 때 일어납니다. 이는 종교의 역사와 철학의 막연한 의미가 아니라, 가톨릭적이고 교회적인 의미에서의 신비입니다.

아드리엔의 삶에서 가장 놀라운 은사적인 현상 중 하나가 방금 언급한 내용을 뒷받침합니다. 비록 일부 사람들에게는 신빙성이 없어 보일지라도, 저는 1945년에 제가 목격한 그대로 증언해야만 합니다. 이를 위해 그 시기에 제가 쓴 일기의 일부를 소개하겠습니다.

7) 요한 묵시록

저와 아드리엔은 노이엔부르크 호수의 에스타바예Estavayer에 머물고 있었습니다. 당시 저는 우리 공동체에서 피정을 지도하고 있었습니다.

그해 8월 9일 저녁, 아드리엔은 오랫동안 불안 증세를 보이다가 강의 전에 이렇게 말했습니다. "끝나는 대로 바로 제 방으로 와주세요." 저는 그가 매우 혼란스러워한다는 것을 알아차렸습니다. 아드리엔은 "더 이상 그를 안을 수 없어, 더 이상 그를 안을 수 없어……."라는 말을 반복했습니다. 저는 무슨 일이 있었는지 전부 말해 달라고 부탁했습니다. 그는 할 수 있는 한 최선을 다해 그렇게 했고, 그 일은 상당히 잘 진행되었습니다. 가끔은 멈추고 이렇게 묻곤 했습니다. "이게 말이 되나요? 제가 미쳤다고 생각한다면 그렇게 말씀해 주세요."

아드리엔은 갑자기 엄청난 폭풍이 불어닥쳤다고 말했습니다. 번개와 천둥 그리고 큰 지진이 일어났습니다. 그다음 우박이 쏟아졌습니다. 그는 무슨 일이 일어나고 있는지 알아보려고 테라스로 나갔습니다. 하지만 몸이 젖지 않았습니다. 그때 아드리엔은 이 폭풍이 외부에서 일어나는 자연 현상이 아님을 깨달았습니다. 그리고 돌연 이상한 긴장감에 휩싸였습니다. 지상의 저녁 하늘이 매우 고요한 동시에 내적으로 경험하던 다른 풍경이 완전히 요동치는 것을 보았기 때문입니다.

그러다가 갑자기 하늘이 열리고(다음에서는 아드리엔이 사용한 단어를 그대로 사용합니다), 거기에 한 여인이 있는 것을 보았습니다. 그 여인은 너무 강하게 빛났기에 아드리엔의 눈을 멀게 했습니다(그 후에도 아드리엔은 너무 밝아 더 이상 앞을 볼 수 없었다고 안타까워했습니다). 그 여인의 머리에는 별이 열두 개 있었습니다. 아드리엔은 그 별을 세어 본 후 이렇게 말했습니다. "저는 그 별이 열두 개였다고 확신해요. 그 여인은 불에 온통 휩싸인 채 구체 위에 서 있었어요. 그리고 임신한 상태였고 내내 울고 있었죠. 그 여인이 울부짖는 소리가 들리지 않나요? 정말 안 들리나요?"

제가 물었습니다. "그 여인이 서 있던 구체는 무엇인가요?" 아드리엔은 마치 탈혼 상태에 있는 것 같았습니다. 그는 일어나 신발을 벗고는 발로 바닥을 살펴보듯 더듬었습니다. 그러고는 "그것은 달이에요. 맞아요. 분명히 달입니다."라고 말했습니다.

그리고 나서 아드리엔은 용 한 마리가 나타나는 것을 보았다고 했습니다. "그 용은 붉은색이었고 머리는 일곱 개, 뿔이 열 개였으며 관을 일곱 개 쓰고 있었어요." 저는 그 용과 무슨 일이 있었는지 물었습니다. 하지만 그는 "잘 모르겠어요!"라고 대답했습니다. "단지 그 용은 분노에 차 있었고 아주 힘이 셌어요. 그는 악이고 마귀였어요."

그런 다음 아드리엔은 주위를 둘러보았습니다. "저 피가 담긴 대야는 왜 여기 있는 거죠? 그리고 요한이 이 모든 것과 무슨 관련이 있을까요? 요한은 그곳에 있는 것이 분명한데 보이지 않아요." 그러고는 갑자기 소스라치게 놀랐고 저를 바라보며 이렇게 말했습니다. "이 여인은 누구인가요? 성모님인가요?" 아드리엔은 제게 다가와 손을 내밀며 말했습니다. "순명, 무조건 순명할 것을 서약해요.

저는 오직 하느님의 도구가 되기를 원해요. 이 여인을 도와줘야 해요. 어떻게든 힘이 되어 주어야 해요."

그런 다음 아드리엔은 산모들이 분만 첫 단계에서 어떻게 도움을 받는지 설명하기 시작했습니다. "손으로 등을 꾹꾹 누르며 힘을 주거나 오히려 힘에 대한 느낌을 전해 주면서 산모를 도와야 해요. 동시에 산모의 어깨를 잡아야 합니다." 아드리엔은 분만실에서 오랫동안 그 일을 자주 해 왔고 자신이 얼마나 힘들었는지 이야기했습니다. 그리고 지금은 이 산모를 위해서도 똑같이 해야 하는데 자신에게는 더 이상 힘이 남아 있지 않다고 했습니다.

어떻게 해야 할까요? 모든 장면이 뒤죽박죽이었습니다. 저는 아드리엔에게 이유를 물었습니다. 그러자 그는 이렇게 말했습니다. "천둥 번개, 우박, 여인, 밝은 빛, 붉은 짐승……. 모든 것이 너무 단절되고 일관성이 없어요. 저는 너무 힘들고 갈기갈기 찢어진 것 같아요. 정말 그 여인이 울부짖는 소리가 들리지 않나요?"

저는 신약 성경을 펼쳐 요한 묵시록 11장 19절에서 12장 3절까지 읽어 주었습니다. 아드리엔은 아연실색하며 당황했습니다. "이게 뭔가요?"

제가 말했습니다. "요한의 글입니다."

아드리엔이 말했습니다. "하지만 이 내용을 요한 복음서에는 볼 수 없어요. 그렇지 않나요?"

제가 말했습니다. "이것은 요한 묵시록입니다."

그러자 그는 놀라워하며 말했습니다. "오, 세상에! 요한 묵시록이라니요!"

그리고 잠시 후 아드리엔은 이렇게 말했습니다. "저는 한 번도 요한 묵시록을 읽어 본 적이 없어요. 몇 년 전에 읽으려고 한 적은 있지만, 1장을 넘기지 못했죠. 제게는 너무 방대하고 이해할 수 없는 내용이었어요. 그런데 그 여인은 누구인가요?"

제가 "성모님 그리고 그분과 일치한 교회입니다."라고 말하자 아드리엔은 이렇게 말했습니다. "신부님 말씀대로입니다. 정말로 이제야 이해가 되네요. 성모님은 아드님의 운명을 예견하셨기 때문에 울부짖으셨던 거예요. 그분은 진통 때문에 울부짖은 것이 아니라 아드님의 고통을 분명히 인식하며 그렇게 하신 거예요. 성모님은 진통을 겪으면서 아드님의 고통의 일부를 미리 체험하셨던 거죠. 교회도 울부짖지만, 성모님처럼 예견하지는 못해요. 교회는 자녀들이 겪을, 예견할 수 없는 고통 때문이 아니라 단순히 자녀의 운명 때문에 울부짖는 거예요. 하지만 교회조차도 미리 앞서 울부짖고 있어요. 이것이 성모님과 교회의 공통점이에요. 어떻게 해야 할까요?"

저는 "도와주십시오."라고 대답했습니다.

이렇게 해서 유일하고 진정으로 묵시적인 구술이 시작되었습니다(다른 모든 것은 완전한 침묵 가운데 진행되었습니다). 아드리엔은 눈앞에서 이미지를 보았고, 그때마다 읽지 않고도 해당 텍스트를 낭독할 수 있었습니다. 저는 아드리엔이 낭독한 텍스트를 받아 적은 후 보관했습니다.

또한 아드리엔은 요한 묵시록 12장에서 19장 또는 20장, 1장에서 11장, 결론 부분인 20장에서 22장까지 구술했습니다. 첫 구절과 관련하여 그는 묵시적인 현시와 하늘과 땅에서 완전히 분리된 상태, 즉 완전한 객관성을 지닌 상태에 대한 구체적인 이론을 발전시켰습니다.

아드리엔의 시작과 중간 부분의 구술은 매우 강렬하고 극적인 반면, 끝 부분은 놀라울 정도로 차분했습니다. 요한 묵시록 21장과 22장과 관련하여 아드리엔은 주해에 포함되지 않은 '천상의 기도'를 들었습니다. 저는 이 책의 제3부에 그 기도를 실어 두었습니다.

이 모든 것에 대해 주석가들이 어떤 의견을 내놓든 저는 신경 쓰지 않습니다. 다만 한 가지는 확실히 말할 수 있습니다. 아드리엔이 성경 텍스트를 알지 못한 채 세밀하게 묘사하고 해석한 것은 그의 주관적인 상상력에서 나온 것이 아니라는 점입니다. 아드리엔이 해

설한 내용은 그의 주해서들과 《말씀과 신비》에서 확인할 수 있습니다. 그는 신적 계시에 속하며, 하느님께서 비유적인 방식으로 허락하신 객관적인 이미지의 세계에 대해 설명했습니다. 다니엘 예언자도 이 세계에 참여한 바 있습니다. 《이사야 Isaias》(1958년)에 관한 책에 부록으로 있는 《다니엘의 현시에 관하여 Aus den Visionen Daniels》를 참조하기 바랍니다.

8) 육체적 증상

이미 아드리엔은 1917년에 있었던 성모님의 첫 번째 발현 이후 가슴 아래 상처를 간직하고 있다고 언급한 바 있습니다. 그는 이것을 신비스러운 인장印章, 경고, 약속으로 인지했습니다. 아드리엔이 개종한 후, 이 상처는 더욱 두드러졌고 때로는 다른 상흔도 함께 나타났습니다.

아드리엔의 몸에 나타난 이 증상 대부분은 당시에도 그랬고, 앞으로도 영원히 불가사의한 것으로 남을 것입니다. 하지만 아드리엔이 그리스도교의 계시 진리를 영적으로 이해하고 신비적인 방식으로 살기 위해 선택받았을 뿐만 아니라, 육체를 포함한 자신의 존재 전체로 그 진리를 체험하도록 선택받았다는 것은 확실합니다.

여기서 아드리엔에게 가해진 절대로 멈추지 않았던 고통의 사슬과 자발적으로 순명하며 떠맡은 고행은 결정적인 역할을 했습니다. 이미 언급했듯이, 이러한 고통은 놀랍도록 유익한 결과를 가져왔습니다. 마찬가지로, 아드리엔은 순수한 '아가페agape'의 영역에서 이 체화의 과정을 통해 '에로스eros'의 영역까지 그리스도교적으로 규명했습니다. 이는 그리스도와 교회의 관계에 비추어 남성과 여성의 관계를 해석하는 바오로 사도의 근본적인 사상과 일치합니다.

아드리엔은 성性과 관련해서 자신이 존경했던 빙엔의 힐데가르트 성녀와 비슷한 자연스러운 단순함을 지녔습니다. 둘 다 의사였기 때문에 성에 대해 신중함을 가져야 할 필요성을 느끼지 못했지만, 한편으로는 모호한 욕망도 없었습니다. 아드리엔은 아가페의 관점에서 에로스를 설명하기 위해 많은 메모를 남겼습니다. 또한 의료 윤리에 관한 수많은 메모도 남아 있는데, 이 메모들도 (적어도 부분적으로는) 출판할 가치가 있습니다.

복음적 권고를 따르는 공동체의 창립자로서 아드리엔은 작품의 여러 곳에서 '정결'을 찬양했습니다. 그는 항상 정결을 (마리아적인 방식으로) 순명과 기능적인 관계에서 바라보았습니다. 같은 방식으로 바오로 사도가 언급한 '큰 신비mysterium magnum'라는 의미에서 남성과 여성 간의 성적인 관계에 대해 그것의 기능과 태도의 대립을 극대화했습니다. 그리고 이 차이를 평준화하지 않은 채 이해하고

묘사했습니다. "나는 그리스도와 교회를 두고 이 말을 합니다."(에 페 5,32)

이렇게 해서 아드리엔의 중요한 개별 은사에 대한 순회가 이루어졌습니다. 모든 개별 주제의 상호 관계가 분명해졌을 때 비로소 완전한 순회로 간주할 수 있습니다. 작품 전체를 내부에서 바라보는 사람은 각 주제가 다른 모든 주제와 직접적으로 연결되어 있음을 알 수 있습니다. 하지만 여기서 보여 준 것이 전부는 아닙니다. 여전히 많은 것들이 그림자 속에 남아 있습니다. 예를 들어, 성체성사와 관련된 주제는 매우 의미심장한 역할을 수행합니다. 하지만 지금으로서는 여기 언급된 내용으로 충분한 것 같습니다.

은사는 운에 따라 분배되는 것이 아닙니다. 역사적 순간마다 교회에 필요하고 부족한 것을 공급하기 위해 하느님에 의해 주어집니다. 은사가 하느님에게서 온 것이라면, 그것은 보통 유행의 흐름을 따르지 않고 시대의 위험에 대한 해독제와 치료법을 담고 있을 가능성이 훨씬 높습니다.

아드리엔의 경우, 이 모든 것이 아주 자연스럽게 주어졌습니다. 실제로 아드리엔은 이 시대에 위험을 초래할 독이 그 독성을 뿜어내기 훨씬 전에 준비되어 있었습니다. 따라서 그를 단순한 반동 현상처럼 여겨서는 안 됩니다. 그의 존재와 작품에서 발산되는 위대한 빛은 그림자가 없어도 분명히 드러납니다.

발타사르는 이 장을 통해 슈파이어의 작품을 상세하게 소개한다. 우선 슈파이어가 방대한 영성 서적을 집필하게 된 과정을 구체적으로 이야기하며, 그의 여러 작품을 관통하는 주요 주제가 '성경'에 대한 묵상임을 강조한다. 또한 슈파이어의 작품들이 그의 지속적이고 깊은 관상 기도에서 비롯되었다고 언급한다. 이는 슈파이어가 자신의 작품에서 보여 준 개인적인 요소, 즉 그의 성격, 사고와 표현 방식, 받은 영감 그리고 이를 바탕으로 인간적인 언어로 표현하는 방식에서 분명히 드러난다. 이러한 기도 환경 속에서 슈파이어의 성경 주해서들이 탄생한 것이다.

슈파이어의 작품을 구성하는 또 다른 주요 부분은 구술된 작품이다. 이는 슈파이어가 묵상한 후 말로 한 내용을 발타사르가 받아 적은 것이다. 여기서도 주된 주제는 '성경'이며, 창세기의 창조 사화, 욥기, 아가, 구약 성경에 나타난 기도, 엘리야, 이사야, 다니엘의 현시, 18편의 시편 등의 구약 성경 주해서가 포함되어 있다. 신약 성경 주해서로는 산상 수훈, 마태오 복음서의 수난 사화, 마르코 복음서와 루카 복음서에서 발췌한 기도 주제, 요한 복음서의 주요 주제(강생, 논쟁적 담화, 고별 담화, 교회의 탄생), 바오로 사도의 서간, 가톨릭 서간, 요한 묵시록 등이 있다. 또한 슈파이어의 영성이 담긴 여러 작품에는 성모님에 관한 주제, 기도, 죽음의 신비, 영원한 생명, 성부, 성소와 수덕, 그리스도인의 삶, 성사, 그리스도의 수난, 전례, 순명 등 다양한 주제가 폭넓게 담겨 있다.

발타사르는 슈파이어 사후에 출간된 '유고집' 목록도 소개한다. 12권으로 이루어진 이 유고집에는 성인들, 어부의 그물(숫자 153에 대한 영성적 해석), 십자가와 지옥의 신비, 말씀과 신비, 젊은 시절의 신비, 이냐시오 성인, 성에 대한 신학적 성찰 등 여러 주제가 포함되어 있다.

슈파이어의 작품에는 10개의 기사 또는 논문이 포함되어 있다. 여기에는 스위스의 정신 의학자이자 작가인 폴 투르니에를 비롯한 여러 인물과 관련된 글, 대림 시기, 일상에서의 거룩함, 수도 성소, 기도와 사제 생활, 마리아와 예언자들, 교회, 우리의 삶에서 드러나는 부활 등의 주제가 담겨 있다. 마지막으로, 슈파이어의 작품에 접근할 수 있게 해 주는 두 가지 '선집'도 소개된다.

이 장을 통해 슈파이어가 독특한 영성적 전망을 바탕으로 성경과 교회와 관련된 다양한 주제를 방대한 작품에 담아 우리에게 전하고 있음을 알 수 있다. 특히 우리나라에 출간되었고 앞으로도 출간될 슈파이어의 작품에 대한 개괄적인 지도를 통해 보다 체계적으로 그의 신학과 영성 세계에 접근할 수 있을 것이다.

제3장

작품

1. 작품의 형성

이 특별한 은사를 따라 온 많은 이들은 불안해할 것입니다. 적어도 교회가 이와 관련하여 진술할 때까지는 이러한 현상의 진위에 관한 판단을 멈추고, 어떤 식으로든 성급한 결론을 내리지 않는 것이 좋습니다.

하지만 근본적으로 보이는 것에 주목할 필요는 있습니다. 아드리엔 폰 슈파이어의 작품을 전체적으로 살펴보면 성경 주해서들이 가장 중요한 위치에 있음을 알 수 있습니다. 이러한 주해서들은 대부분 교회의 인가를 받고 출판되었습니다. 따라서 은사적인 기원이 어느 정도인지에 대한 의문을 제기할 필요 없이 객관적인 타당성을 가지고 있습니다.

하지만 그리스도교 문학에 어느 정도 조예가 깊고 아무런 선입견이 없는 사람이라면 한 가지 사실은 분명히 인지할 것입니다. 아드리엔의 작품들이 깊고 지속적인 관상 기도에서 비롯되었다는 것을 말입니다.

저자가 자신의 작품에서 보여 주는 개인적인 요소, 즉 저자의 성격, 사고와 표현 방식, 심지어 저자가 받은 영감과 이 영감을 전제로 하여 인간적인 언어로 그것을 표현한다면, 이러한 주해서들은 관상 기도의 분위기에서 탄생한 것이 분명합니다. 이러한 분위기가 수십 년 동안 지속될 수 있었을까요? 교회에서 영성이 깊은 이들은 배경지식이 없어도 아드리엔 폰 슈파이어가 기도의 대가, 이타적인 사랑을 지닌 그리스도인임을 단번에 알아차렸습니다.

결과적으로 이미 출간된 성경 주해서들은 모든 사람이 접근할 수 있는 폭넓은 기초를 형성합니다. 그리고 그 기초 위에서만 더 난해한 은사적인 작품들을 타당하게 판단할 수 있으며 근거 있는 판단을 미리 내릴 수 있습니다.

구술된 작품의 기원과 관련하여 핵심적인 것은 앞서 이미 언급했습니다. 아드리엔은 거의 매일 오후에 20분에서 30분 동안 구술했습니다. 아드리엔은 작은 신약 성경(프랑스의 개신교 성경인 '세공드 성경')을 들고 안락의자에 앉곤 했습니다. 그리고 성경 구절을 읽고 눈을 감고 몇 초 동안 묵상했습니다. 그다음 매우 빠르게 구술하기 시작했습니다.

속기 실력이 부족했던 저는 아드리엔의 구술을 어렵게 따라가다가 잠시 멈춰 달라고 자주 요청하곤 했습니다. 첫 구술(요한 복음서의 서문에 관한 것)은 표현이 어색했습니다. 여기서 아드리엔은 다양한 생각과 관점을 차례로 말했고, 이를 최종 편집을 통해 서로 일관성 있게 연결해야 했습니다.

하지만 곧 아드리엔은 구술에 익숙해져서 유창하게 말할 수 있게 되었습니다. 마지막 몇 년 동안에 받아 적은 내용은 바로 출판할 수 있을 정도였습니다. 나중에 저는 받아 적은 모든 내용을 깔끔하게 정리하기 위해 문체만 조금 변경했습니다.

예를 들어, 저는 아드리엔이 생각을 정리할 시간을 벌기 위해 사용했던 '사실은', '어떤 면에서는', '말하자면'과 같은 군더더기 말을 최대한 생략했습니다. 하지만 아드리엔의 생각은 전혀 손대지 않았습니다. 저는 이를 검증할 수 있도록 받아 적은 수백 페이지의 원본을 보관하고 있습니다. 필요할 때 최종본과 비교할 수 있도록 언제든지 원본을 제시할 의향이 있습니다.

아드리엔의 작품에서 '통상적인' 작품과 '순수하게 신비적인' 작품들 사이에 명확한 경계선을 그을 수는 없습니다. 하지만 저는 저자인 아드리엔이 살아 있는 동안 은사적인 것이 분명한 작품을 출간하려 하지 않았습니다. 아드리엔과 그의 가족의 삶에 불필요한 근심을 일으킬 수 있기 때문이었습니다.

아드리엔이 선종한 후 저는 그의 글을 '유고집Nachlasswerke'이라는 통칭 아래 모았으며, 총 12권(그중 일부는 2권으로 구성되어 있습니다)으로 구성했습니다. 현재 이 작품의 출간을 천천히 준비하고 있습니다. 사실 '유고집'이라는 제목은 정확하지 않은데, 이미 출판된 원고와 형식이 유사한 다른 원고들도 사후에 출판되었기 때문입니다.

'유고집'은 부분적으로 저자에 의해 하나의 단일한 작품(적어도 주제별)으로 계획되었습니다. 또한 진술들이 오랜 기간에 걸쳐 분리되어 있음에도 어떤 진술은 자연스럽게 숫자에 관한 작품에 속하고, 다른 진술은 사랑과 성에 관한 작품에 속해 있었습니다. 그리고 제가 개별 진술에서 편집한 부분도 있기 때문에, 예를 들어 《십자가와 지옥 II: 임무의 지옥》(유고집 중에서 제4권)의 원고들은 텍스트 간에 서로 일관된 주제적 연결점이 없습니다. 이 점은 《일기Tagebücher》에서도 마찬가지입니다.

많은 소책자는 물론, 몇몇 대작(《고해성사》, 《그리스도인의 삶의 상태》)에는 장章이 11개 있습니다. 《어부의 그물》에서 볼 수 있듯이,

11은 이냐시오 성인의 숫자입니다. 아드리엔은 이 작품들을 구상하기 시작할 때 11개 장의 제목을 미리 생각하지 않고 매우 빠르게 구술했습니다. 그래서 종종 저는 아드리엔에게 다음 장의 제목을 상기시켜야 했습니다.

구술한 모든 작품(성경 주해서와 다른 작품들)의 형식과 관련하여 명심해야 할 것이 하나 있습니다. 구술은 매일 짧은 시간 동안만 이루어졌기에 실제로는 매번 새롭게 시작해야 했으며 구술된 각각의 글은 그 나름의 내적 통일성을 이룬다는 점입니다. 조금 더 고상하게 비유해 보자면, 아드리엔의 작품 중 일부는 복음적인 말씀의 모음집과 비슷하다고 할 수 있습니다(물론 항상 그런 것은 아닙니다).

글의 조각이 어떤 순서로 모여 있는지는 중요하지 않습니다. 아드리엔의 성경 묵상을 자주 접한 사람이라면 책을 빨리 읽으려고 하기보다는 그의 묵상 방식에 따라 조금씩 천천히 읽으며 묵상하는 시간을 가질 때, 그 내용이 더욱 풍요로워진다는 것을 알게 될 것입니다.

마지막으로, 아드리엔의 성경 주해와 학문적인 주석의 관계에 대해 덧붙이고 싶은 말이 있습니다. 아드리엔은 성경 주석서를 절대 들여다본 적이 없습니다. 아드리엔은 신뢰할 만하다고 여겨지는 성경 텍스트를 가지고 그 텍스트에서 드러나는 내용을 듣기 위해 온전히 귀를 기울였습니다. 다시 말해, 바로 그 텍스트에서 시작하여 자신에게 계시되는 것을 주의 깊게 듣고자 했습니다.

여기서 '교회적 영혼anima ecclesiastica'에 대해 언급했던 것을 다시 한번 상기하고자 합니다. 주석가는 한 개인으로서 특정 개별 텍스트가 당시의 역사적 배경에서 어떤 의미를 지니는지 귀를 기울이고, 편집 과정에서 어떤 변화를 겪었는지 숙고해야 합니다. 이는 그 분야에서 다른 어떤 것으로도 대체할 수 없는 매우 중요하고 유익한 작업입니다.

아드리엔은 삼위일체 하느님께서 성자의 사랑스러운 신부인 교회에게 그분의 영원한 사랑의 신비를 드러내시는 교회의 중심에서 그분의 말씀을 들었습니다. 외적으로 볼 때, 유한한 의미를 지닌 모든 문장은 서로 명확히 구별됩니다. 즉 각 문장은 그 자체로 하느님의 말씀으로서 명확한 의미를 지니고 있지만, 동시에 더 많은 의미와 깊이를 지닙니다. 이로 인해 각 문장은 단순히 유한한 의미를 넘어, 결과적으로 무한하고 풍요로운 신적인 특성에 참여하게 됩니다.

근본적으로 아드리엔은 신약 성경의 모든 말씀을 삼위일체적 삶의 표현으로 이해했습니다. 그는 관상적으로 말씀을 듣는 가운데 하느님의 모든 말씀 안에 머무는 신적인 특성을 체험했습니다. 이 특성은 그리스도인에게 있어 비그리스도교 신비가들이 체험하는 것처럼 단순히 초월적인 침묵이 아니라, 실제로 성부에 의해 발설된 강생하신 말씀을 통해 비추는 형언할 수 없는 영원한 사랑이었습니다. 비그리스도교 신비가는 세상이 주는 한계를 넘어서 절대자에 가까운 경지에까지 이를 수 있지만, 그리스도교 신비가는 역사적 계시와 교회의 교의라는 강력한 장벽에 부딪히고 방해를 받는다고 보는 것은 잘못된 시각입니다.

영원한 생명이 지닌 충만함은 하느님 사랑의 삼위일체적인 상호 교환으로 나타납니다. 이를 넘어서는 하느님에 대한 더 큰 개념은 존재하지 않습니다. 이 사랑의 계시가 드러나는 모든 세속적인 형태는, 아드리엔의 말처럼 '영원한 생명의 문'을 열어 줍니다. 아드리엔은 이 모든 문을 집처럼 편안하게 드나드는 데 익숙했고, 그의 말은 영원히 성스러운 바다의 파도처럼 밀려옵니다.

다음으로 아드리엔의 모든 중요한 작품 목록을 하나씩 제시하고자 합니다. 먼저 그가 쓴 원고 형태의 작품을 열거하고, 그다음에는 구술한 작품을 나열하겠습니다.

2. 현존하는 자필 원고

- 아기 예수의 데레사 성녀의 《자서전Histoire d'une âme》. 프랑스어로 된 책을 독일어로 번역한 것입니다. 이 번역은 제가 수정하고 요하네스 출판사에 의해 출간되었습니다. 《아기 예수의 데레사: 한 영혼의 이야기, 아드리엔 폰 슈파이어의 새 번역판. 한스 우르스 폰 발타사르의 서문Theresia vom Kinde Jesu: Geschichte einer Seele. In neuer Übertragung von Adrienne von Speyr. Geleitwort von Hans Urs von Balthasar》, 1947년. 이 첫 번째 번역본은 1956년 프랑수아 드 마리François de S. Marie 신부의 새로운 번역본으로 대체되었습니다. 그리고 이젤란트O. Iserland 박사와 코르넬리아 카폴Cornelia Capol이 독일어로 번역했고 1958년 요하네스 출판사에 의해 출간되었습니다.
- 《내 생애에 대하여Aus meinem Leben》, 284쪽. 이 자서전에는 1926년까지의 이야기가 담겨 있습니다. 1968년에 출간되었습니다.
- 《크리스티아네: 사랑과 결혼에 관한 편지Christiane: Briefe über Liebe und Ehe》, 1947년 슈토커Stocker 출판사에 의해 출간되었습니다. 자필 원고는 일부만 보존되어 있습니다.
- 《의사와 환자Arzt und Patient》(의료 윤리)라는 책에 삽입된 수많은 메모. 1983년에 출간되었습니다.

- 그리스도인의 삶, 특히 복음적 권고의 삶에 대한 풍부한 격언. 주로 《빛들*Lumina*》(1974년)에 담겨 있습니다.
- 아드리엔이 창립한 공동체의 규칙, 구성원들의 생활 방식과 태도 전반에 대한 수많은 초고가 있습니다.
- 성모님에 관한 책의 구술을 준비하기 위한 상세한 메모. 아드리엔이 한 구절씩 나열하지 않고 하나의 주제를 구술한 것은 이것이 처음이었습니다.
- 제가 받아 적은 텍스트에 아드리엔이 더 많이 개입했던 초창기에, 그는 인쇄하기 전 조판하는 과정에서 최종 텍스트를 면밀하게 검토했습니다. 자신의 생각이 충분히 정리되지 않았다고 여길 때 이를 개선하고 설명을 요청하는 많은 메모가 보존되어 있습니다.
- 어린 시절의 일기에서 아드리엔은 소설을 쓰려고 여러 번 시도했습니다. 이 가운데 몇몇 이야기 일부가 보존되어 있습니다. 한참 후에 아드리엔은 몇 가지 이야기를 구술했는데, 그중에는 그가 사랑했던 할머니 댁에 관한 설명도 있습니다. 이 이야기는 앞서 언급한 자서전에 포함되어 있습니다.
- 많은 분량의 편지. 아드리엔이 개종한 직후, 제가 없을 때면 그는 자신의 영적 삶에 대한 일종의 보고서를 편지에 담아 작성

했습니다. 생의 마지막 여러 해 동안 아드리엔은 많은 영적 편지를 썼습니다. 어느 독일 수녀와 활발하게 주고받았던 편지에는 오늘날 여러 재속회의 삶에 관해 아드리엔이 지녔던 견해가 곳곳에 담겨 있습니다.

3. 구술한 작품

1) 성경과 관련된 작품

- 《창조 사화에 대한 주해: 창세 1*Auslegung des Schöpfungsberichtes: Gen 1*》, 1972년.
- 《엘리야의 역사에 대한 주해*Ausleung der Eliasgeschichte*》, 1972년.
- 《욥기 주해*Scholien zu Job*》, 1972년.
- 《아가 주해, 잠언 30과 지혜 17에 대한 주해*Auslegungen zum Hohenlied, zu Spr 30 und Wh 17*》, 1972년.
- 《구약 성경에서 기도에 관하여*Über Gebete im Alten Testament*》, 출간되지 않았습니다.
- 《이사야*Isaias*》, 1958년, 249쪽. 선별된 텍스트에 대한 주해를 담았습니다.

- 《다니엘의 현시에 관하여Aus den Visionen Daniels》, 위 책 251-284쪽에 실린 부록입니다.
- 《18편의 시편Achtzehn Psalmen》, 1957년, 157쪽.
- 《예언자들의 사명Die Sendung der Propheten》, 1953년, 91쪽.
- 《산상 수훈: 마태 5-7장에 대한 고찰Die Bergpredigt: Betrachtungen über Matthäus 5-7》, 1948년, 291쪽.
- 《마태오에 의한 수난기Passion nach Matthäus》 1957년, 262쪽. 이 작품은 부활에 대한 설명도 담고 있습니다.
- 《마르코Markus》, 1971년. 아드리엔은 자신의 공동체에서 마르코 복음을 묵상하기 위한 요점을 담은 형식으로 설명했습니다.
- 《루카Lukas》, 아드리엔이 자신의 공동체에서 묵상하기 위한 요점을 담은 구절 몇 개가 있습니다. 여기에 몇 가지 비유도 포함되어 있습니다.
- 《주님의 비유Gleichnisse des Herrn》, 1966년, 147쪽.
- 《요한 복음Das Johannesevangelium》, 다음의 네 권입니다.
  - 제1권: 《말씀이 사람이 되시다Das Wort wird Fleisch Kap》(요한 1-5장), 1949년, 428쪽.
  - 제2권: 《논쟁적인 담화Die Streiten》(요한 6-12장), 1949년, 540쪽.
  - 제3권: 《고별 담화Die Abschiedsreden》(요한 13-17장), 1948년, 505쪽.

- 제4권: 《교회의 탄생*Die Geburt der Kirche*》(요한 18-21장), 1949년, 537쪽. 이 네 권에서 발췌한 개별적인 작품 네 권이 다음과 같이 출간되었습니다. 《일곱 성사*Die sieben Sakramente*》(요한 1,9에 대한 주해), 《나의 증언은 참되다*Mein Zeugnis ist wahr*》(요한 5,31-47에 대한 주해), 《어머니와 아드님*Mutter und Sohn*》(요한 19,25-27에 대한 주해), 《보지 않고도 믿다*Glauben und nicht schauen*》(요한 20,24-29에 대한 주해).
- 《사도행전*Apostelgeschichte*》, 사도행전 전체에 관해 자신의 공동체에서 묵상하기 위한 요점을 담았습니다. 출간되지 않았습니다.
- 《로마서 8장*Römerbrief Kp. 8*》('사랑의 승리Der Sieg der Liebe'라는 제목과 함께), 1953년, 100쪽.
- 《코린토 1서*Der erste Korintherbrief*》, 1956년, 576쪽.
- 《에페소서*Der Epheserbrief*》('빛의 자녀들Kinder des Lichtes'이라는 제목과 함께), 1949년, 252쪽.
- 《필리피서*Der Philipperbrief*》('기쁨의 봉사Dienst der Freude'라는 제목과 함께), 1951년, 186쪽.
- 《콜로새서*Kolosserbrief*》, 1957년, 135쪽.
- 《가톨릭 서간*Die katholischen Briefe*》, 다음의 두 권입니다.
- 제1권: 《야고보서, 베드로서*Der Jakobusbrief, Die Petrusbriefe*》 1961년, 485쪽.

- 제2권: 《요한서 *Die Johannesbriefe*》, 1961년, 330쪽.
- 《유다서 *Der Judasbrief*》, 아드리엔이 자신의 공동체에서 묵상하기 위한 요점을 담았습니다. 출간되지 않았습니다.
- 《요한 묵시록 *Die Apokalypse*》, 제1권, 1-12장, 1950년, 1-412쪽.
- 《요한 묵시록 *Die Apokalypse*》, 제2권, 13-22장, 1950년, 413-832쪽. 이 두 권을 하나로 묶어 1976년에 제2판이 나왔습니다.

2) 그 밖의 작품

- 《주님의 여종 *Magd des Herrn*》, 1948년, 제2판(1969년), 206쪽.
- 《기도의 세계 *Die Welt des Gebetes*》, 1951년, 288쪽.[16]
- 《영원한 생명의 문 *Die Pforten des ewigen Lebens*》, 1953년, 109쪽.
- 《죽음의 신비 *Das Geheimnis des Todes*》, 1953년, 101쪽.
- 《성부의 얼굴 *Das Angesicht des Vaters*》, 1955년, 106쪽.
- 《무한하신 하느님 *Der grenzenlose Gott*》, 1955년, 120쪽.[17]
- 《그들은 그분의 부르심을 따라갔다: 성소와 수덕 *Sie folgten seinem Ruf: Berufung und Askese*》, 1955년, 107쪽.

---

16 《기도의 세계》(가톨릭출판사, 2023년)라는 제목으로 한국어판이 출간되었다. — 편집자 주

17 《사랑, 신과의 만남》(가톨릭출판사, 2023년)이라는 제목으로 한국어판이 출간되었다. — 편집자 주

- 《빛과 모상Das Licht und die Bilder》, 1955년, 122쪽.
- 《그리스도인의 삶의 상태Christlicher Stand》, 1956년, 207쪽.
- 《십자가의 말씀과 성사Kreuzeswort und Sakrament》, 1957년, 84쪽.[18]
- 《고해성사Die Beichte》, 1960년, 289쪽.
- 《기도의 체험Gebetserfahrung》, 1965년, 107쪽. 논술로 작성된 것이 아니라 개별 텍스트를 편집한 것입니다.
- 《순명에 관한 책Das Buch vom Gehorsam》, 1966년, 121쪽.
- 《하느님 앞에 선 인간Der Mensch vor Gott》, 1966년, 100쪽.
- 《자신에 관한 진술Aussagen über sich selbst》, 1968년, 101-172쪽. 이 책을 통해 출간되었습니다.[19]
- 《기도Gebete》, 1968년, 175-220쪽. 이 책을 통해 출간되었습니다.[20]
- 《세 여인과 주님Drei Frauen und der Herr》(마리아 막달레나와 믿음, 루카 복음서 7장의 죄 많은 여인과 희망, 베타니아의 마리아와 참사랑), 1978년.
- 《수난의 장면Szenen der Passion》(마태오 복음서의 수난 사화에서 개별 묵

---

18 《예수의 최후 기도》(가톨릭출판사, 2024년)라는 제목으로 한국어판이 출간되었다. — 편집자 주
19 이 책의 제2부 '아드리엔 폰 슈파이어의 진술' 부분을 의미한다. — 편집자 주
20 이 책의 제3부 '아드리엔 폰 슈파이어의 기도문' 부분을 의미한다. — 편집자 주

상), 1981년.
- 《거룩한 미사*Die heilige Messe*》, 1980년.
- 《사랑에 관한 책*Das Buch von der Liebe*》, 1976년. 1955~1956년에 구술된 마지막 논술입니다.
- 《자세히 계획되었고 시작된 세 가지 논술에 관한 단편*Fragmente dreier durchgeplanter und begonnener Traktate*》(용기에 관하여, 수덕에 관하여, 구원에 관하여). 출간되지 않았습니다.
- 《전례력*Das Kirchenjahr*》. 논술로 작성된 것이 아니라 그리스도교 축일에 관한 많은 묵상을 바탕으로 정리한 작품입니다. 출간되지 않았습니다.
- 《준비됨: 그리스도교 순명의 차원*Bereitschaft: Dimensionen christlichen Gehorsams*》, 1975년.
- 《하느님 곁에, 사람들 곁에: 기도*Bei Gott und bei den Menschen: Gebet*》, 1992년.
- 《주제*Das Themenheft*》, 1977년.
- 《구원 속의 마리아*Maria in der Erlösung*》, 1979년.

3) 12권으로 된 《유고집》
- 제1권: 《모든 성인의 책*Das Allerheiligenbuch*》, 1966년(두 권).

- 제2권: 《어부의 그물 Das Fischernetz》, 1969년. 성인들을 상징하는 소수에 따른 숫자 153에 대한 해석을 담고 있습니다.

- 제3권: 《십자가와 지옥 I: 수난 Kreuz und Hölle I: Die Passion》, 1966년. 1941년부터 1965년까지 아드리엔이 체험한 모든 수난과 성토요일에 대한 기록이 담겨 있습니다.

- 제4권: 《십자가와 지옥 II: 임무의 지옥 Kreuz und Hölle II: Die Auftragshöllen》, 1972년.

- 제5권: 《말씀과 신비 I: 주관적 신비 Das Wort und die Mystik. I Teil: Subjektive Mystik》, 1970년. 성경의 계시의 일부로서의 신비 체험에 관한 가르침, 진정한 신비의 유형과 기준에 관한 내용을 담고 있습니다.

- 제6권: 《말씀과 신비 II: 객관적 신비 Das Wort und die Mystik. II. Teil: Objektive Mystik》, 1970년. '신경'의 조항에 관한 해설의 형태로 된 '체험적 교의'를 담고 있습니다.

- 제7권: 《젊은 시절의 신비 Das Geheimnis der Jugend》, 1966년. 어린이와 청소년 시절 소녀의 의식 상태로 돌아간 형태(순명하에)로 쓰인 자서전입니다. 이 이야기는 아드리엔이 개종한 해인 1940년까지 이어집니다. 자필 자서전에서 아드리엔은 나이 든 여성으로서 자신의 기억을 바탕으로 각 사건의 순간순간을 생생하게

묘사하고 있습니다. 그중 많은 부분이 저와 아드리엔의 대화에서 이루어졌기 때문에, 아드리엔의 고해 사제인 저는 여기서 그의 개신교 시절에 신비스럽게 동반하게 됩니다.

- 제8권-제10권: 《일기*Tagebücher*》, 1975~1976년. 이 방대한 문서 모음집은 구술 시기 이전 아드리엔의 생애와 체험, 금언에 관한 저의 기록과 함께 시작하여 점차 제가 속기로 받아 적고 일기 본문에 시간순으로 배열한 수많은 이야기로 이어집니다.
- 제11권: 《로욜라의 이냐시오*Ignatius von Loyola*》, 1974년. 로욜라의 이냐시오 성인의 자서전을 비롯해 성인의 일기를 구성하는 여러 부분에 대한 해설에서 시작되는 풍부한 내용을 담은 작품입니다. 이 책에는 이냐시오 성인에 대한 다양한 진술과 그리스도교적인 순명에 대한 성인의 논술도 담고 있습니다. 이냐시오 성인의 순명에 관한 논술은 《준비됨: 그리스도교 순명의 차원*Bereitschaft: Dimension Christlichen Gehorsams*》으로 1975년에 별도로 출간되었습니다.
- 제12권: 《성性들의 신학*Theologie der Geschlechter*》, 1969년.

4. 기사 또는 논문

- 〈고독에서 공동체로De la solitude à la communauté〉, 폴 투르니에 Paul Tournier[21]의 책에 대한 소견, '스위스 리뷰*Schweizerische Rundschau*', 1944년 7월, 44권, 44호.
- 〈질병의 의미에 대하여Vom Sinn der Krankheit〉, 알베르트 오에리 Albert Oeri[22]를 위해 쓴 수필집, 1945년, 바젤.
- 〈대림 시기의 빛Das Adventslicht〉, '스위스 여성*Die Schweizerin*', 1948년 11월 2일, 36권, 2호.
- 〈일상의 삶에서 거룩함Herrlichkeit im Alltag〉, '영성과 삶(금욕주의와 신비주의를 위한 잡지)*Geist und Leben*(Zeitschrift für Askese und Mystik)', 1949년 6월, 23권, 3호.
- 〈의료 독자Vom lesenden Arzt〉, 프라츠 에른스트Fritz Ernst[23]를 위해 쓴 기념 논문집, 1949년, 취리히.
- 〈심상치 않은 현상: 수도 성소의 위기Eine alarmierende Erscheinung:

---

21 스위스의 정신의학과 의사이자 작가다. — 편집자 주
22 스위스의 언론인이자 정치가다. — 편집자 주
23 스위스의 고전학자다. — 편집자 주

Die Gefährdung des klösterlichen Nachwuchses〉, '스위스 여성*Die Schweizerin*', 1950년 1월, 37권, 3호.

- 〈기도에서 출발한 사제 생활Priesterliches Leben aus dem Gebet〉, '하느님의 영광(신학 및 영성 생활을 위한 잡지)*Gloria Dei*(Zeitschrift für Theologie und Geistesleben)', 1949/1950년, 4호, 4번.

- 〈마리아와 예언자들Maria und die Propheten〉, '그리스도교 주일*Der Christliche Sonntag*', 1950년 8월 13일, 프라이부르크.

- 〈신비로서의 교회Kirche als Mysterium〉, '스위스 리뷰*Schweizerische Rundschau*', 1953년, II/12.

- 〈우리 안의 부활Auferstehung in uns〉, '그리스도교의 길: 솔로투른 가톨릭 언론의 문화 부록*Der Christliche Weg: Kulturbeilage der katholischen Solothurner Press*', 1956년, 2권, 7호.

5. 선집

- 바르바라 알브레히트Barbara Albrecht,[24] 《가톨릭 신학: 아드리엔

---

24 아드리엔 폰 슈파이어의 작품을 심도 있게 연구한 신학자다. — 편집자 주

폰 슈파이어의 작품에 대한 소개*Eine Theologie des Katholischen: Eine Theologie des Katholischen: Darstellung. Einführung in das Werk Adrienne von Speyrs*》. Vol. I, 텍스트들에 대한 개요, 1972년.

- 한스 우르스 폰 발타사르Hans Urs von Balthasar, 《와서 보시오: 예수님의 생애에 대한 묵상*Kommt und seht: Meditationen des Lebens Jesu*》, 1988년.

제2부

아드리엔 폰 슈파이어의 진술

제2부는 슈파이어가 자신에 관한 여러 이야기를 소개하는 내용으로 구성되어 있다. 초반에는 성모님과 이냐시오 성인에 대한 현시 체험이 상세히 묘사되어 있다. 그리고 슈파이어가 1940년, 가톨릭으로 개종한 해에 교회와 인류를 위해 봉사하고자 자신을 온전히 봉헌하기로 결심했을 당시의 심경을 엿볼 수 있는 일기가 실려 있다. 또한 죽음에 대한 슈파이어의 다양한 체험과 성찰도 담겨 있다. 그는 어린 시절부터 여러 차례 죽음의 위험을 넘겼으며, 가족과 여러 사람의 죽음을 목격하며 '죽음의 진리'에 눈을 떴다.

이 부분에서는 슈파이어가 유년기부터 장년기에 이르기까지 어떻게 이웃 사랑을 실천해 왔는지도 일목요연하게 살펴볼 수 있다. 그는 평생 성심을 다해 이웃 사랑을 실천하며, 특히 소외되고 어려운 사람들을 도와주고 그들을 위해 항상 기도했다. 슈파이어의 삶에서 이웃 사랑과 하느님 사랑은 서로 긴밀히 연결되어 있다.

슈파이어는 성체성사와 고해성사를 통해 하느님의 깊은 사랑을 체험하며 하느님에 대한 사랑을 키워 갔다. 가톨릭으로 개종한 이후, 그의 이웃 사랑은 다양한 사도직을 통해 퍼져 나갔으며, 교회 안에서 주님의 사랑을 증거하고 많은 이들이 그 사랑을 알고 응답하게 하는 방향으로 성장했다.

이 부분에는 슈파이어가 성경에 대해 지녔던 견해와 애정도 묘사되어 있다. 그는 할머니와 고모를 통해 어린 시절부터 성경을 접하고 주님의 말씀을 들으며 자랐지만, 그 내용을 온전히 이해하고 받아들였던 것은 아니었다. 그래서 성경에 대한 자신의 무지를 극복하기 위해 다양한 노력을 기울였고, 이러한 노력은 기도와 하느님 체험을 통해 열매를 맺었다. 성경에 대한 슈파이어의 영적 전망은 수많은 성경 주석을 만드는 밑거름이 되었다.

또한 고해성사와 고행 실천에 대한 슈파이어의 견해와 자세도 엿볼 수 있다. 그는 고해성사를 매우 중요하게 여겼으며, 이 성사에서 자신을 하느님께 온전히 내어 드렸다. 성사를 마친 후에는 그 은총이 일상에서 꽃필 수 있도록 노력했다. 한편, 슈파이어의 고행 실천은 어린 시절부터 실천해 온 이웃 사랑과 깊이 연결되어 있었다.

슈파이어는 일생에 걸쳐 자신의 기도가 어떻게 성장해 갔는지를 설명했다. 특히 여러 역경을 겪으면서 '주님의 기도'를 올바로 바치는 방법을 배워 갔다. 발타사르와 만난 후, 그의 영적 지도 덕분에 슈파이어는 더 깊은 기도의 길로 나아갈 수 있었다.

마지막으로, 슈파이어는 이 부분을 통해 여러 성인에 대한 깊은 신심과 그들에게서 배우는 다양한 삶의 모범을 전해 준다. 그는 성모님에 대해 특히 깊은 신심을 지니고 있었으며, 성모님을 통해 여러 성인을 알고 사랑하게 되었다. 슈파이어가 존경한 성인으로는 로욜라의 이냐시오, 아기 예수의 데레사, 요한 사도, 시에나의 가타리나, 요한 마리아 비안네, 헝가리의 엘리사벳, 빙엔의 힐데가르트, 요한 보스코, 알로이시오 곤자가, 스타니슬라오 코스트카, 가타리나 라부레 등이 있다.

1. 하느님의 어머니에 대한 현시[25]

1917년 11월 어느 날 아주 이른 아침, 침대 위에 있는 벽 전체를 가득 채운 황금빛이 저를 깨웠습니다. 이어서 저는 하느님의 어머니께서 여러 사람(성모님은 전면에 있었고 다른 사람들은 조금 뒤에 있었습니다)과 천사(천사들 가운데 일부는 성모님만큼 컸고, 일부는 어린아이처럼 작았습니다)에 둘러싸여 계신 모습을 보았습니다. 마치 그림과 같았지만, 하느님의 어머니는 천상에서 생생하게 살아 계셨고, 천사들은 계속 자리를 바꾸었습니다. 이 장면은 꽤 오래

---

25 아드리엔 폰 슈파이어의 자필 원고. 자서전에서 발췌한 내용이다.

지속되었습니다.

저는 이 장면을 기도할 때처럼 침묵하며 바라보았습니다. 무엇보다 이 경이로운 사건이 정말 놀라웠습니다. 이렇듯 아름다운 장면을 본 적이 없었기 때문입니다. 처음에는 빛이 밝게 빛나는 황금과 같았다가 조금씩 옅어졌고 빛도 약해졌습니다. 반면 성모님의 용모는 더욱 선명해졌습니다. 저는 전혀 두렵지 않았고, 오히려 새롭고 강렬하면서 동시에 부드럽고 온화한 기쁨으로 가득 채워졌습니다. 이 모든 상황이 매우 현실적으로 느껴졌고, 제가 환상의 희생양이 될 수 있다는 생각은 전혀 들지 않았습니다.

제 기억이 맞다면, 이 일에 대해 친구 마들렌 이외에는 그 누구에게도 말하지 않았습니다. 저는 그에게 마치 자연스러운 일이 일어난 것처럼 이야기했습니다. 마들렌은 그저 이렇게 대답했습니다. "나도 그걸 볼 수 있었다면 얼마나 좋았을까!" 그 뒤로 우리는 이 일에 관해 다시 언급하지 않았습니다. 이 발현에 대한 기억은 매우 생생하게 남아 있었으며, 오랫동안 경이로운 비밀처럼 함께했습니다. 이제 일종의 도피처를 갖게 된 것입니다.

시간이 흐른 후, 누군가와 이 일에 관해 이야기하고 싶어졌고, 한두 번은 이야기할 만한 신부님을 찾고 싶다고 느낀 적이 있었습니다. 하지만 당시 아무도 몰랐습니다. 그것을 개신교 목사님에게 이야기할 생각은 전혀 하지 못했습니다. 그렇다고 가톨릭 신자가 되겠다는 생각을 했던 것은 아니었습니다.

어찌 되었든 이 사건 이후, 제 안에서는 하느님의 어머니에 대한 모든 거리감이 사라지고 그분에 대한 애정과 다정함이 깊어지기 시작했습니다. 저는 그분을 사랑해야 한다는 것을 알고 있었지만, 그 사실이 제게 큰 관심으로 다가오지는 않았습니다. 하지만 가톨릭 신앙에 대한 교육을 본격적으로 받기 시작하자마자 당시 저를 교육해 주었던 신부님과 그에 관해 이야기했고, 제가 그렇게 해야 한다는 사실이 분명해졌습니다.

하느님의 어머니께서 사라지셨을 때, 저는 침대 곁에 무릎을 꿇었습니다(어릴 때부터 이렇게 하는 습관이 있었습니다). 그리고 학교에 가야 할 시간이 될 때까지 기도했던 것으로 기억합니다.

2. 이냐시오 성인과의 만남[26]

우리 집에서는 매년 12월 24일에 성탄절을 기념했습니다. 그해(1908년)에 엘렌 언니는 당시 자신이 다니던 작은 사립 학교에서 열리는 성탄절 행사에 참여했습니다. 그 학교에는 상당히 나이 들어 보이는 로즈Lose 자매가 있었는데, 30~40세 정도 되었을 것입니다. 잔느 고모는 그날 저희와 함께 보내기 위해 발다우에서 오셨습니다. 고모는 1917년 성탄절을 제외하고는 우리 집에 오지 않으셨고, 겨울에 라쇼드퐁에 오신 것은 이번이 거의 유일했습니다. 잔느 고모와 저는 학교에서 성탄절 행사를 마치고 오는 엘렌 언니를 데리러 가야 했는데, 그때 어머니가 제게 엄하게 주의하라고 하셨습니다. "잘 알아들으렴!" 저는 어떤 이유로도 로즈 자매에게서 음식을 받지 말아야 했습니다. 그들에게서 음식을 받기에는 그들이 가난했지만, 정말 친절한 사람들이어서 분명 제게 맛있는 음식을 주고 싶어 할 것입니다. 그래서 확고하게 괜찮다고 말해야 했습니다. 여섯 살 때만 해도 아무렇지도 않게 생각했던 기억이 납니다.

---

26 자서전을 보충하기 위한 아드리엔 폰 슈파이어의 자필 원고.

그날 눈이 내리고 있었습니다. 저는 붉은 울로 만든 커다란 모자를 썼는데, 목에 주름이 잡히고 위쪽이 끝으로 가늘어지는 형태였습니다. 잔느 고모와 저는 함께 출발했습니다. 자크-드로즈 Jacquet-Droz 거리의 끝에 이르자 고모에게 이렇게 제안했습니다. "고모는 길을 따라 저쪽 거리로 올라가세요. 저는 끝에 있는 계단으로 돌아서 갈게요." 고모는 제 제안에 반대하지 않으셨습니다. 나무를 쌓아 놓는 창고 같은 곳으로 이끄는 계단에 오르고 있을 때, 어떤 사람이 제 쪽으로 다가왔습니다. 그는 몸집이 작았고 다리를 조금 절며 가난해 보였습니다.

그때 갑자기 그가 제 손을 잡았습니다. 처음에는 정말 놀랐습니다. 그는 저를 바라보며 이렇게 말했습니다. "나는 네가 나와 함께 갈 거라고 생각했단다. 함께 가지 않겠니?" 저는 두려운 마음에(가난한 사람에게 무엇을 거절할 수 있을까요?) 이렇게 대답했습니다. "아니요, 선생님. 하지만 성탄을 축하드립니다." 그러자 그는 즉시 제 손을 놓았는데, 그 모습이 왠지 슬퍼 보였습니다. 그러고 나서 저는 계속 제 길을 갔습니다. 하지만 그 후 며칠 동안 같은 생각이 계속 머릿속에 맴돌았습니다. "'예'라고 대답해야 했던 것은 아닐까? 하지만 나는 '아니요'라고 말할 수밖에 없었어."

잔느 고모에게 이 이야기를 하자, 고모는 공포에 사로잡혔고 자신에게서 멀리 떨어져 있지 말라고 명령하셨습니다.[27] 로즈 자매들과의 만남은 좋지 않게 끝나고 말았습니다. 학생들이 식사를 마친 후 접시에는 아직 과자가 남아 있었습니다. 두 자매는 제게 남은 과자를 먹으라고 강력하게 권유했습니다. 그래서 저는 과자 하나를 먹었는데, 그들의 청을 거부하는 것이 나쁘다는 느낌이 들었고, 고모도 제가 과자를 먹는 것에 동의하셨습니다. 단것을 먹고 싶은 마음에서 어머니의 말씀을 거역하려는 의도는 없었고, 오히려 '노혼숙녀 분들'의 마음을 상하지 않게 하려는 생각이었습니다. 하지만 집에 돌아간 후 어머니에게 심한 꾸중을 들어야 했습니다. 어머니는 즉시 음식을 먹었는지 물으셨고, 제가 만났던 사람에 관한 이야기도 모두 알게 되셨습니다. 그 순간 저는 그만 울음을 터뜨리고 말았습니다. 눈물을 다 닦기도 전에 어머니는 크리스마스트리에 가까이 오도록 저와 언니를 부르셨습니다.

---

27 아드리엔은 훗날 자신이 그 사람에게 '예'라고 대답하고 싶었다고 노트에 적은 사실을 자서전에서 밝혔다. 아드리엔의 어머니는 이 노트를 발견했고, 이내 화를 냈다고 한다.

3. 회심의 저녁에[28]

1940년 10월 29일

내 영혼아, 네가 소중히 여기는 것은 더 이상 날이 아니라 시간이다. 정확히 말해 80시간이 남았다. 너는 원하는 대로 할 수 있다. 그 80시간 다음에는 가장 크고 기다렸던 선물이 올 것이다. 알다시피, 너는 이 선물을 받을 자격이 없다. 하지만 떨리는 마음으로 동시에 감사하며 그 선물을 받아들일 것이다. 그리고 이해하려고 노력하겠지만, 그 선물이 큰 힘으로 너를 압도해 더 이상 질문할 여지가 없다는 것을 잘 알고 있다. 너는 자신을 봉헌할 것이며, 교회는 너를 받아들일 것이다. 하지만 하느님은? 너 자신을 봉헌하는 것 이상은 네 능력에 한계가 있다. 심지어 네가 바친 것에 대해 이야기하거나 그것을 높이려는 시도조차 할 수 없다. 이러한 시도가 별로 가치가 없다는 것을 알고 있다. 또한 많은 것을 받았다는 사실도 알고 있다. 아무리 겸손하더라도 주는 것이 허용되지 않음을 이해하고 있다. 오직 기도하는 가운데 봉헌해라. 하지만 네가 받는 선물은 정말 위대하고 압도적

---

28 아드리엔 폰 슈파이어의 자필 원고.

이다. 너는 그 자리에 머무르며 너의 모든 가난과 희망으로 자신을 바쳐야 한다.

그 어떤 것도 간과할 수 없다. 가슴을 관통하는 이 고통스러운 불타는 칼은 평화다. 그것을 믿을 수 있는가? 지금까지 평화는 격렬하지도 고통스럽지도 않았다. 너는 평화를 온화하고 무색하다고 생각했지만, 그렇지 않다. 이제는 평화가 무엇인지 알게 될 것이다. 그것은 불보다 더 뜨겁고, 가장 고통스러운 행복을 선사한다. 이 평화를 감당할 수 있는가? 만약 네 봉헌이 받아들여지지 않는다면, 무엇을 할 것인가?

자정이 한참 지나고 벽난로의 불이 서서히 꺼져 가고 있다. 친구들 그리고 남편과 친밀하게 이야기를 나눴던 기억이 떠오른다. 네 영혼과 함께 안락의자에서 그렇게 했다. 하지만 이제 모두 떠나갔다. 다시 일어났다. 79시간밖에 남지 않았는데, 그중 많은 시간을 잠에 할애하는 것은 합당하지 않다. 그러니 가서 기도해라. 감사할 것이 정말 많다. 너는 감사할 것이 얼마나 많은지 어렴풋이 짐작할 수 있을 뿐이다. 하지만 실제로 그것을 알 수 없을뿐더러, 충분히 감사를 드릴 수 없을 것이다.

11월 1일

오늘은 단 한 마디만 남긴다. "감사합니다."

11월 3일

모든 것이 이렇게 어려운 줄 알았던가? 돌아갈 수 있는 길이 없다는 것에 하느님께 감사드린다. 만일 그런 길이 있었다고 해도, 나는 그 길로 가지 않았을 것이다.

11월 4일

모든 성인 대축일을 다시 경험할 수 있다면, 그 아름다운 축일을 온전히 누릴 수 있다면 얼마나 좋을까! 크나큰 기쁨과 함께 불안함의 흔적도 섞여 있었다. 이 특별한 경험이 반복된다면, 불안함은 완전히 사라질 것이다. 나는 이것을 매일 새롭게 경험한다. 내게 주어진 힘은 정말 놀랍고 충만하다. 이 가운데 어떤 것을 친구들과 나누게 된다면, 그것 자체가 내게 큰 선물이 될 것이다. 과연 이 선물이 나에게도 주어질까? 나는 그것을 간절히 바란다. 하지만 나는 너무나 가치가 없고, 내가 바라는 것을 이룰 능력이 없을까 두렵다.

4. 자신에 관한 진술

아드리엔은 우리의 거룩한 스승님(이냐시오 성인)에게 순명하는 가운데 자신에 대해 진술해야 했습니다. 종종 자신에 대해 묘사를 할 때면 매우 부끄러워하며 힘들어하기도 했습니다.

어린 시절에는 저에 대해 말하고 싶지 않았습니다. 저는 제 인생에 어떤 비밀이 있다는 것을 알고 있었고, 그것을 조심스럽게 지키려고 했습니다. 아기 예수의 데레사 성녀가 어떻게 자신에 대해 크나큰 죄를 짓지 않았다고 말할 수 있는지 이해할 수 없습니다. 엄밀히 말해, 그것은 성녀의 비밀, 특히 성녀가 한 고백한 내용에 대한 비밀이어야 했습니다. 고해 사제는 고해성사를 통해 성녀에게 그 말을 했을 것입니다. 자신이 고해성사에서 고백한 죄를 이야기하지 않듯이, 그 반대의 경우도 공개적으로 드러낼 수는 없습니다. 고해의 비밀을 지키는 것은 고해 사제의 의무이지만, 더 깊은 의미에서 참회자에게도 그 비밀을 지켜야 할 책임이 있습니다.

성부와 성자, 그리스도와 교회, 고해 사제와 참회자, 남편과 아내 사이에는 완전한 신뢰와 이해가 필요한 영역이 있습니다.

우리는 갓 태어나신 아기 예수님(성자께서 성부에게서 창조되고 어머니를 선물받은 순간)과 하늘에 계신 아버지의 관계(이는 가장 충만하고 풍성한 관계여야 합니다)에 대해 무엇을 알고 있을까요? 아! 우리는 천사 앞에서 완전한 고해의 태도로 계셨던 원죄 없으신 성모님에 대해 무엇을 알고 있을까요? 천사가 성모님께 건넨 말은, 마치 고해 후 사제가 사명을 위해 용기를 불어넣어 주는 권고와 같았습니다. 하느님께서는 원하실 때 이러한 신비 중 일부를 드러내실 수 있지만, 대부분의 신비는 여전히 감춰져 있습니다.

이처럼 아드리엔은 하느님 앞에서 자신의 적나라한 모습을 드러내고 싶지 않았습니다. 아기 예수의 데레사 성녀가 자신의 작음에 대해 말하듯이, 아드리엔도 자신의 부족함을 드러내는 것을 조심스러워했습니다. 이는 오직 순명으로 극복될 수 있으며(고해 사제 역시 순명해야 합니다), 고해성사와 같은 공식적인 비밀입니다. 아드리엔은 이러한 순명 덕분에 자신을 성찰할 모든 가능성을 없애는 특별한 상태로 나아갑니다. 그 후, 하느님께서는 당신의 뜻에 따라 모든 일을 안배하실 수 있습니다. 즉 아드리엔의 앎이나 무지를 원하는 대로 형성하실 수 있습니다. 따라서 그에 대한 다음의 진술들은 특별한 순명의 결실이며, 이 순명에 기인한다는 점을 반드시 명심해야 합니다.

이 진술들은 매우 단편적이기에, 추후 출간된 두 전기를 대체할 수도 없고 그럴 의도도 없습니다. 오직 아드리엔이 어떤 사람이었는지를 강조하는 데 필요한 요소로 여겨져야 합니다. 아드리엔이 삼위일체이신 하느님, 예수 그리스도, 성모님, 교회와 맺는 관계와 같은 핵심적인 내용은 언급되지 않은 채 남아 있습니다.

5. 아드리엔이 죽음과 맺은 관계

저는 죽음에 대한 두려움을 전혀 느끼지 못했습니다. 어린 시절에 죽음과 가까운 상황들을 마주했었지만, 그 경험에 대한 기억은 명확히 떠오르지 않습니다. 첫 번째 기억은 1911년 1월 1일로 거슬러 올라갑니다. 그날 저는 마차에 깔렸고, 이 일로 인해 큰 소동이 일어났습니다. 사람들은 제가 죽었다고 생각했지만, 그 당시 저는 더러워진 빨간 코트 때문에 어머니에게 혼날까 봐 더 두려웠습니다. 이후 주변 사람들은 제가 죽을 뻔했다고 말했지만, 그 경험은 불쾌함이 아니라 오히려 좋은 기억으로 남아 있습니다.

그 후에는 연못에 빠진 적이 있었습니다. 그때는 얼마나 오랫동안 물속에서 살아남을 수 있을까 하는 생각이 들었고, 그 자체가 놀라운 경험이었습니다. 물에 **빠져** 죽는 것에는 별로 신경 쓰지 않았던 것 같습니다. 제가 처음으로 죽음에 대한 공포를 느낀 것은 다리미질하던 여성이 화상을 입는 모습을 봤을 때였습니다. 그 장면은 제게 강한 인상을 남겼습니다. 저는 그 불쌍한 여성 때문에 마음 아파했습니다. 하지만 시간이 지나면서 그 여성의 얼굴을 잊어버렸고, 그의 사진을 간직하지 않았던 것이 마음에 걸렸습니다.

그다음에 할머니가 돌아가셨고 아버지도 돌아가셨습니다. 슬펐지만 무섭지는 않았습니다. 죽음은 어른들의 세계와 질서를 이루는 한 부분이었고, 제게 영향을 미친 문제가 아니었습니다. 그러다가 할머니가 돌아가신 지 얼마 후, 어린 사촌이 세상을 떠났습니다. 사촌은 태어난 지 열 달 정도밖에 되지 않은 아기였고, 저는 바로 그 전날 사촌을 보았습니다. 그때 사촌은 의식을 잃은 채 눈을 반쯤 뜨고 누워 있었습니다. 사람들은 사촌이 아주 아팠고 아마도 죽을 것이라고 제게 말해 주었습니다. 이 사실이 저를 당혹스럽게 했습니다. 눈을 반쯤 뜬 것을 제외하면, 사촌은 잠든 건강한 아기처럼 보였기 때문입니다. 어른들은 그 아기가 죽어 간다는 것을 어떻게 알까요? 아기는 죽기 위해 존재하는 것이 아닙니다! 사촌은 천상에서 영원히 아기로 있게 될까요? 아니면 자라서 어른의 모습으로 있게 될까요? 그러면 좋을 것 같습니다. 그때가 되면 이 세상에서 우리가 하듯이 어리석은 장난을 치는 것이 아니라 좋으신 하느님께서 아이들을 양육하실 것이기 때문입니다.

랑겐브뤼크 요양원에서 저는 곧 죽을 것이라는 통보를 받았습니다. 처음에는 의사에게 제 상황에 대해 두려움 없이 질문할 수 있다는 사실에 스스로 놀랐습니다. 의사는 이렇게 말했습니다. "봄이 오면 당신은 더 이상 여기에 없을 것입니다." 당시는 9월 초순이었고, 아마도 내년 5월까지는 버티리라 생각했습니다. 남은 날을 종이에 표시하고 하루씩 지워 나갈 수 있을 것입니다. 그런데 그 선을 지우는 것이 너무 힘들어 녹초가 될 즈음이면 죽음이 가까워질 것이라는 생각이 들었습니다. 하지만 이 방법은 제게 합당하지 않아 보였습니다. 그렇게 되면 남은 날을 하루하루 자기 자신에게만 몰두하면서 보내게 되고, 이는 하느님께 맞서 그분을 고발하는 것과 같기 때문입니다. 분명 죽기 전에 해야 할 일들이 몇 가지 있지만, 그리 많지 않습니다. 그 외에는 단순하게 하느님을 신뢰하며 해야 할 일을 계속하면 됩니다.

당시 제가 느낀 것은 아픈 상태일 뿐이었습니다. 그 의사의 말은 틀릴 리가 없다고 생각했습니다. 변화의 순간에 저는 오히려 두려움을 느끼지 않았습니다. 죽음을 앞둔 상황에서 지옥에 대한 생각이 떠오르기도 했지만, 그에 대한 두려움은 전혀 없었습니다. 가톨릭으로 개종한 뒤에야 개신교 신자들이 실제로 지옥을 믿지 않는다는 사실을 알게 되었습니다. 제게 지옥은 더 이상 하느님을 볼 수 없는 끔찍한 형벌로 여겨졌습니다.

한편으로, 죽는다는 것은 마치 학교에서 높은 학년으로 올라가는 것처럼 느껴지기도 했습니다. 분명 그곳에서는 새롭고 흥미로운 것을 배울 것 같았습니다. 제가 열한 살이었을 때, '김나지움' 이전에 다니던 학교에 새로운 교사가 부임하는 것은 큰 사건이었습니다. 저는 죽음 이후에 일어날 일들을 긍정적인 시각으로 바라보았습니다. "분명히 흥미진진한 무언가가 있을 거야!" 고학년 학생들에게 무엇을 배우는지 물어보듯이, 저는 죽은 후 심판의 이면에서 삶이 어땠는지 죽은 이들에게 물어보는 상상을 했습니다.

제게는 죽음 이후에 하느님을 만날 수 있는 두 가지 측면이 있습니다. 먼저 여러 가지 일로 인해 책망받는 심판이 있을 것이고, 그곳에서 하느님께서는 '천상에서 준수해야 할 관습'을 가르쳐 주실 것입니다. 그다음에는 선하신 하느님께 갈 수 있는 선물이 주어질 것입니다. 하지만 '심판을 받고 떠나는 무리'에게 심판이 어땠는지 물어볼 시간은 충분히 있을 것이라고 생각했습니다. 마치 어떤 학생들은 교실에서 시험을 치르고, 다른 학생들은 문 앞에서 기다리다가 시험을 보고 나온 학생들에게 시험이 어땠는지 묻는 것과 같습니다.

이 모든 일로 저는 불안해하기보다는 오히려 기뻤습니다. 좋으신 하느님께서 모든 것을 보여 주실 것이라는 확신이 들었습니다. 마치 집에 일하러 온 새로운 가정부에게 우리 집에서 어떻게 식탁을 차리는지를 보여 주는 것처럼 말입니다.

제가 레상에 있을 때, 잔느 라크루아Jeanne Lacroix라는 사람이 세상을 떠났습니다. 그때 임종을 앞둔 사람들을 위한 가톨릭 교회의 기도와 병자성사에 깊은 감명을 받았습니다. 그 기도를 통해 임종에 다다른 사람은 하느님께 받아들여지고 구원받을 것입니다. 잔느는 심한 두통을 앓고 있었습니다. 저는 그가 히스테리 환자라는 이야기를 들었고, 세상을 떠난 후에야 뇌종양을 앓고 있었다는 사실을 알게 되었습니다.

저는 발다우와 레상에서의 경험을 통해 히스테리 증세가 무엇인지 잘 알고 있었습니다. 그래서 다음과 같은 질문을 스스로 던져 보았습니다. '히스테리 증세로 정말 죽을 수 있을까? 다른 사람들의 관심을 끌거나 자극하기 위해서?' 환자 중에는 체온을 속이거나 중병에 걸린 척하는 사람들이 있다는 것을 알고 있었습니다. 하지만 잔느는 결코 그런 히스테리 환자처럼 보이지 않았습니다. 이 모든 것은 저를 사로잡았습니다. '어떤 사람이 히스테리 증세가 있는 것처럼 행동하다가, 갑자기 하느님께 심각하게 받아들여져 죽음에 이르게 될 수 있을까?'

다음으로 자신의 죽음을 인정하는 문제를 깊이 생각하게 되었습니다. 사람들은 자신이 죽어 가고 있다는 것을 확실히 알게 될 때 어떤 감정을 느낄까요? 하느님의 의도와 뜻에 따라 죽음과 대면하는 것! 어떤 사람이 자신의 뜻을 이루기 위해 평생을 바쳤는데, 갑자기 하느님의 길을 택하는 것 이외에는 다른 선택지가 없다는 것을 알게 된다면, 그는 하느님 앞에서 어떻게 행동할까요? 레상에서 처음으로 죽음이라는 주제가 제게 큰 문제로 다가왔습니다.

의학을 공부하는 동안 해부를 위해 제공된 시신을 접하게 되었고, 그런 시신을 접해야 한다는 것에 저는 미리 겁이 났습니다. 여러 해 동안 이런 시신들을 다뤄야만 하니까요! 이 시신들이 저를 삶에서 멀어지게 할까 봐 두려웠습니다. 하지만 실제로 일을 시작하고 나니 그 걱정은 사라졌습니다. 해부실에서 죽음의 문제는 저와 멀어져 있었고, 이 문제는 2년 후 살아 있는 환자들과 만나면서 다시 떠올랐습니다.

당시 저는 그들이 죽음을 잘 맞이하도록 도와야 했습니다. 환자들이 죽어 간다는 사실이 숨겨져 있을 때, 끔찍한 기분을 느꼈습니다. "오늘 밤이 고비입니다."라고 환자의 가족들에게 복도에서 귓속말로 속삭인 후, 환자가 눈치채지 못하도록 미소를 지으며 다시 병실에 들어가는 것은 상당히 어려운 일이었습니다. 이렇게 하느님과의 만남을 속이는 것 같았기 때문입니다. 이런 상황에서 저는 '특권적인 지위'를 누린다는 느낌, 더 나아가 사명감을 느꼈습니다.

학생 시절에 저는 사람들과 이야기하는 것이 수월했습니다. 천성적으로 쾌활했고, 잠을 거의 자지 못했음에도 전혀 피곤하지 않았던 것 같습니다. 적어도 지금 돌이켜 보면 그렇습니다. (호츠Hotz와 스테헬린Staehelin과 함께 일하던 시절에는 간호사와 환자들에게 존경받기도 했습니다.)

그때 이후로 의료 진찰을 했던 몇 년간 제가 죽음과 맺었던 관계는 변하지 않았습니다. 누군가 갑자기 "당신은 곧 죽을 것입니다."라고 말하면, 순전히 육체적이고 반사적인 두려움이 느껴질 수 있지만, 그것은 영적인 성찰과는 아무런 관계가 없습니다. 저는 영적으로 죽음을 전혀 두려워하지 않았습니다. 카시나 다뇨

Cassina d'Agno에서 죽음이 선고되었을 때, 저는 곰곰이 생각할 시간을 가졌고 전혀 무서워하지 않았습니다. 또한 사람들이 "다음에 일어날 심장 발작이 마지막이 될 것입니다."라고 말해도 조금도 걱정하지 않았습니다.

예를 들어, 만약 누군가 갑자기 제게 칼을 꽂는다면, 그 순간에는 겁이 날 수도 있습니다. 하지만 그런 두려움은 하느님을 뵐 기쁨의 감정을 잠시 잊게 만드는 것에 불과합니다. 만약 제가 죽음이 다가오고 하느님과 다시 만나게 될 것임을 미리 알았다면, 제게 들이 댄 칼도 아무런 감흥을 주지 않았을 것입니다. 그 후에도 심장 발작으로 죽음이 올 것 같을 때마다, 마침내 고대했던 순간이 왔다는 사실에 매우 기뻐했습니다.

저는 각각의 현시가 죽음을 알리거나 죽음의 형상이 아닌지 궁금합니다. 사람은 저 너머로 나아가며 언젠가 완전히 건너가게 될 영적이고 자연스러운 태도로 천상에 들어갑니다. 저는 하느님의 어머니를 뵙게 될 것이고, 그런 후에는 이러한 현시에 머물게 될 것이라고 쉽게 상상할 수 있었습니다.

따라서 죽음은 익숙한 현시가 훨씬 더 오래 지속되는 특징을 가질 것입니다. 누군가는 단순히 현시에 머물며 순수한 기쁨과 아름다움 속에서 숨 쉬는 것을 잊어버릴 수도 있습니다. 그러다가 자신이 이미 한참 전에 죽었고, 그것을 전혀 알아차리지 못했음을 깨닫게 될 것입니다.

물론 다른 가능성도 분명히 존재합니다. 숨도 쉴 수 없는 어두운 늪에 빠져 가라앉을 수도 있고, 서서히 죽음에 이르는 과정을 겪으면서 생명으로 되돌아오기 전에 마치 실험에 참여하는 듯한 죽음의 경험을 할 수도 있습니다.

6. 어린 시절 아드리엔의 기도

어린 시절, 제게는 특별한 걱정이 있었습니다. 두 기도 사이의 시간에 하느님에게서 멀어질 수 있다는 것이었습니다. 사실, 기도를 바친 후, 다음에 새롭게 바칠 때 어긋난 부분들을 다시 바로잡을 수 있습니다. 그럼에도 아이는 기도에 의존하면서 한편으로는 자유를 느끼고 다음 기도에서 다시 하느님께 돌아올 수 있다고 생각하며 의도적으로 하느님에게서 멀어져서는 안 됩니다. 좋은 어머니는 아이가 충분히 철이 들어 자신의 잘못을 깨달을 수 있다고 믿으며, 기도를 시작하기 전에 올바르지 않은 점이 있다면 바로잡아야 한다고 알려 주어야 합니다. 마치 대화를 나누기 전에 고백하는 것과 같습니다.

저는 종종 아이들과 신나게 놀았습니다. 그럼에도 기도를 계속할 수 있다는 사실이 저를 안심시켰습니다. 할머니의 정원에서 멋진 탐험을 떠나며 모든 의식이 놀이 속으로 빨려 들어갔지만, 하느님과 멀어지지 않았습니다. 예를 들어, 저는 하느님과 함께 숨는 상상을 할 수 있었습니다. 하지만 놀이 중에 다른 아이를 귀찮게 했다면, 곧바로 기도할 수 있는 느낌을 잃었고, 그렇게 한 것이 잘못임을 깨달았습니다. 저는 항상 이러한 기준을 가지고 있었습니다. 즉 어떤 활동을 할 때 하느님을 쉽게 느끼지 못하면, 그때 제 자신이 하느님에게서 멀어지고 있다는 것을 깨달았습니다.

7. 어린 시절 이웃 사랑의 변화에 대하여

1) 어린 시절에

이 사랑은 다른 사람들이 전혀 의지할 데가 없음을 느끼면서 시작되었습니다. 엘렌 언니는 저보다 한 살 많았지만, 저는 언니가 조금도 의지할 데가 없다는 생각을 가지고 있었습니다. 어머니는 엘렌 언니를 더 좋아하셨고, 누군가 어머니와 동행할 수 있다면 바로 언니였습니다. 엘렌 언니는 더 늦게까지 깨어 있고, 새로운 옷도 받을 수 있었습니다.

하지만 저는 어릴 때부터 언니가 저보다 나이가 많음에도 불구하고 의지할 데가 없다는 느낌을 품고 있었습니다. 저는 일종의 충만함을 누리며 살았던 반면, 언니는 부족함을 느끼며 살고 있는 것 같았습니다(이것은 어른들의 시각으로 표현한 것입니다). 마치 언니에게는 무언가 덜 주어진 것처럼 느껴졌습니다. 예를 들어, 우리가 소와 말과 놀거나 주변의 돌멩이나 풀줄기로 놀 때, 저는 완전히 몰두했고 전혀 지루함을 느끼지 않았습니다. 때로는 풀줄기로 왕관을 만들기도 했는데, 그것은 좋으신 하느님의 왕관이었습니다. 또는 돌멩이로 싸워 이긴 사람이 왕관을 얻는 놀이도 했습니다.

풀줄기는 주님의 양들에게 주어지는 양식이기도 했습니다. 우리는 모두 양식을 받을 수 있도록 얼마나 잘 나누어야 할지를 고민했습니다. 아니면 그것으로 모두를 위한 수프를 만들기도 했습니다. 하지만 언니는 항상 놀이를 그만두었고, 무언가 새로운 것을 원했습니다. 그럴 때는 어떻게 할 수가 없었습니다. 언니에게는 언제나 모든 것을 설명해야 했습니다. 언니는 이렇게 말하곤 했습니다. "아니야, 돌멩이는 진짜 왕이 아니야." 그래서 저는 진짜 장난감을 언니에게 맡겼습니다. 이는 그 장난감을 '포기'해서가 아니라 정의감 그리고 어쩌면 사랑 때문이었습니다.

그로부터 한참 후, 저는 아버지의 진료소에서 환자들을 만났는데, 그중에는 눈에 붕대를 감은 환자가 있었습니다. 그런 환자를 보면 한쪽 눈에 붕대를 감고 싶은 마음이 들었습니다. 누군가, 정확히 말하면 의사의 자녀가 비슷한 병을 앓고 있다면 그 환자에게 위로가 되리라고 생각했기 때문입니다. 그래서 오랫동안 진지하게 눈이 멀고 싶었습니다. 그렇게 되면 다른 눈먼 아이가 위로를 받을 수 있으리라 믿었던 것입니다.

3월 초에는 주州의 축제가 열렸습니다. 뇌샤텔주가 헬베티카 연방(스위스)에 가입한 것을 기념하는 축제였습니다. 아버지는 이 축제가 열릴 때면 아이들이 불꽃놀이로 쉽게 다치는 사고가 있다고 말씀하셨습니다. 저는 아버지에게 올해는 제가 다친 아이가 될 수 있는지 물었습니다. 그런 아이로 선택받으면 다른 아이가 사고를 피할 수 있을 것이라고 단순히 생각했기 때문입니다. 어릴 때는 하느님께서 한 아이가 필요하고, 누군가 자신을 바치면 다른 아이들이 구원받을 것이라고 믿었습니다. 당시 저는 네다섯 살 정도였습니다.

또한 저는 다리를 절거나 지팡이를 짚고 걷는 이들을 도와주고 싶어 했습니다. 우리 공동체에는 눈먼 이가 많았기에, 누군가가 길을 건너도록 도와줄 수 있는지 항상 살펴보았습니다. 그런 사람이 두세 명 보이면 기뻐했습니다. 그러고는 바구니를 들어주곤 했습니다. 심지어 바구니를 짊어지는 아주 건장한 여성들도 도와주었습니다. 어른들의 입장에서 보면, 제가 하던 일은 완전히 우스꽝스러웠을 것입니다. 제가 얼마나 많은 바구니를 들 수 있었겠습니까! 저는 도움을 주는 것에는 항상 좋은 결과가 따른다고 믿어 왔습니다. 그래서 사람들이 저를 도와줄 때마다 늘 행복했습니다. 이런 경험은 사람들과의 유대를 더욱 깊게 만들어 주었습니다.

저는 언제나 다른 사람들이 외로울까 봐 두려웠습니다. 그들을 도와준다면 그들이 덜 외로울 것이라고 생각했습니다. 하지만 그들과 대화를 나누고 싶지는 않았습니다. 외로움은 대화로 치유되지 않기 때문입니다. 하지만 바구니(저는 천으로 덮인 장바구니가 지금 눈앞에 있음을 봅니다)를 들 때면 사람들과 긴밀하게 연결되어 있다고 느꼈습니다. 그리고 바구니의 주인집에 도착하는 순간까지 하느님께 그 바구니의 주인에 대해 이야기했습니다. 일이 끝난 후, 그 사람은 그렇게 조금 더 살 수 있게 되었습니다.

저는 어떤 순간에도 '선행'을 하고 있다는 느낌이 들지 않았습니다. 모든 것은 신속하고 단호하게 이루어졌습니다. 바구니를 들어 주는 동안만은 행복했습니다. 그 일이 가치 있다고 느꼈기 때문입니다. 그 후에는 더 이상 그런 생각을 하지 않았습니다.

2) 학교에서

저는 라쇼드퐁에 있는 동안 계속 바구니를 들었습니다. 훗날 나이가 들었을 때, 바구니를 들고 힘겹게 걸어가는 여성에게 도움을 주리라고는 꿈에도 생각하지 못했을 것입니다.

학교 친구들이 의지할 데가 없는 것처럼 느껴질 때가 종종 있었습니다. 그래서 다음과 같은 행동을 했지만, 이를 누구에게도 고백한 적은 없습니다. 즉 친구들의 필기 숙제를 대신해 주며 선생님을 속였습니다.[29] 그 친구들이 의지할 데가 없다는 것이 안타까웠기 때문입니다. 초등학교에서는 친구들에게 귓속말로 해답을 알려 주었고, 김나지움에서는 주로 필기 숙제를 도와주었습니다. 당시 저는 학업에서 다른 친구들보다 앞서갔습니다. 조금 이상하게 들릴 수도 있겠지만, 저는 우등생이었습니다. 그래

---

29 '속이다betrogen', 이 말은 스위스에서 저속하게 들리지 않는다.

서 모든 것이 쉽고 간단하게 느껴졌습니다.

학생들은 서로 다른 교실에 나뉘어 있었기 때문에 부정행위를 할 수는 없었습니다. 그럼에도 공책과 종이를 몰래 들여올 수 있었습니다. 저는 항상 다른 학생들보다 먼저 과제나 시험을 끝낸 후 그들을 도와주곤 했습니다. 이 일로 인해 벌을 받을 수 있다는 사실은 중요하지 않았습니다. 다른 친구들이 "내가 이렇게 하면 아버지께서 나를 혼내실 거야."라고 말하는 것을 들으며, 벌을 받는 것이 대수인가 싶었습니다. 이렇게 해서 학교에서 모든 친구를 사랑하게 되었습니다.

저는 어른들 중에서 의지할 데가 없는 이들을 제외하고는 아이들보다 어른들을 훨씬 더 늦게 사랑하게 되었습니다. 할머니의 친구들이나 어머니와 함께 차를 마시던 부인들에게는 관심이 없었습니다. 그들은 제가 접근할 수도 없고 필요도 없는 세계에 살고 있었습니다. 제 사랑은 언제나 그 사랑이 필요한 곳에 반응했습니다.

친구들 중에는 마들렌이 있었습니다. 우리는 함께 마들렌 유노Madeleine Junod를 개종시키고 싶어 했습니다. 그리고 윌리Willy도 있었습니다. 그는 몸이 마비된 상태였습니다. 또 테디Theddy도 있었는데, 그는 우리가 많이 자랐을 때도 여전히 작은 아이에 불과했습니다. 테디가 세상에 태어날 당시, 저는 열 살이었습니다.

또한 아버지의 환자들이 아프다는 것을 알게 되었을 때, 그들에게도 사랑을 느꼈습니다. 평소에는 그들에게 거의 관심을 두지 않았지만, 병원에서 눈에 붕대를 감거나 유리 눈을 가진 환자를 보게 되면 그들을 사랑하게 되었습니다. 그때부터 환자들 사이에서 사랑의 삶을 살고 싶다는 마음이 생겼습니다. 한번은 찻잔을 들고 병원의 모든 병실을 돌아다니며 목이 마른 이들에게 마실 것을 제공하는 것이 제 사명이라고 생각했던 적도 있습니다.

저는 자주 아팠기 때문에, 아무도 생각해 주는 이 없이 침대에 누워 있는 것이 어떤 기분인지 잘 알고 있었습니다. 예를 들어, 1932년에 폐렴에 걸렸을 때, 사람들은 사흘간 제게 먹을 것을 가져오는 것을 잊어버린 적이 있었습니다. 제가 아픈 일로 모두 혼란스러웠던 시기가 어렸을 때 수없이 겪었던 갈증에 대한 '대관식'이었습니다. 그때 에밀Emil은 제가 물을 마셔야 한다는 것을 몰랐고, 안나 뷔르글린Anna Bürglin은 온종일 울부짖고 있었습니다. 또 저녁에 열이 났을 때, 어머니는 "먹을 것을 줄 수는 없고, 마실 것만 줄게."라고 말씀하셨습니다. 그리고 저는 병실 옆방에서 어른들과 아이들이 저녁을 먹는 소리를 들었습니다. 결국 어머니는 물을 주는 것을 잊어버리셨고, 저는 완전히 탈수된 상태로 물 한 잔을 계속 기다렸던 기억이 납니다.

한편, 학교에서는 항상 다른 친구들을 대신해 벌을 받았습니다. 그래서 선생님들은 더 이상 제가 잘못했다고 믿지 않았습니다. 하지만 남자 화장실과 관련된 일이 발생했을 때는 도움을 줄 수 없었습니다. 그래서 그곳에서 무슨 일이 일어나더라도, 친구 대신 벌을 받기 위해 손을 들지 않았습니다.

3) 발다우에서

병원에서는 모든 환자가 울부짖고 소리를 질렀습니다. 삼촌은 환자들에게 약을 처방하듯 저를 병실로 보내셨습니다. 제가 환자들을 진정시키고 대화를 나누며 그들의 관심을 새로운 대상으로 돌릴 수 있도록 하신 것입니다. 저는 이 환자들에게 어떻게 접근해야 할지를 알고 있었습니다. 그들 사이에 마치 공처럼 끼어들었고, 그 후 이 공은 어떤 식으로든 올바른 방향으로 미끄러져 갔습니다. 하지만 발다우에서는 환자들에게서 어떤 것을 '얻을' 수 있다는 느낌이 많이 줄어들었습니다. 그런 느낌은 교회에 있을 때와 소리 지르는 사람들 사이에서만 느껴졌습니다. 교회에서는 언제나 누군가가, 적어도 한 사람은 소리를 질렀습니다. 그럴 때마다 그 사람의 슬픔에 함께할 수는 없는지 고민하곤 했습니다.

한편, 저는 삼촌에게 깊은 인상을 받았습니다. 삼촌은 병원의 수많은 환자의 이름을 알고 계셨고, 새로 도착한 환자에게도 개인적으로 인사를 하셨습니다. 또한 위험한 범죄자들을 혼자서 교도소까지 데려가는 것을 두려워하지 않으셨습니다. 잔느 고모는 엘렌 언니를, 삼촌은 저를 더 사랑하셨습니다. 삼촌이 제게 "귀여운 내 조카!" 하고 말씀하시면, 모든 일이 순조롭게 흘러갔습니다.

하지만 삼촌은 제가 지리에 매우 약하다는 것을 발견하셨습니다. 그래서 종종 이른 아침에 저와 함께 창문 앞에 서서 산과 여러 장소의 이름을 물어보곤 하셨습니다. 이 약점은 계속 남아 있었습니다. 저는 어떤 별도 제대로 알지 못했고, 역사에도 취약했습니다. 제 주변 환경과 사람들에게 너무 정신이 팔려 있었던 것 같습니다. 어린 시절 산책할 때는 전혀 길을 몰랐고, 그저 다른 사람들과 함께 다녔습니다. 어쩌면 천사들에게 몰두해 있었던 것인지도 모르겠습니다. 사실 제 인생에서 많은 것들이 잘 정리되어 있었기에 이런 것들을 걱정하지 않아도 괜찮았습니다.

발다우에서 환자들을 향한 사랑은 의학에 관한 관심과 마찬가지로 제게 결정적인 계기가 되었습니다. 제가 많이 존경하는 아버지, 삼촌, 드 케르뱅De Quervain 선생님은 어린 시절에 제게 영감을 주신 분들로, 세 분 모두 의사셨습니다. 하지만 환자가 도움을 받으면 다시 행복해질 수 있을 것이라는 생각이 제 모든 것을 지배했습니다. 아버지가 눈먼 이를 수술하실 때, 그 수술이 위험하다는 것을 알았을 때, 얼마나 많은 초조함과 연민이 저를 사로잡았는지 모릅니다. 이러한 마음은 그 후 대학 강의실에서 전시된 물건처럼 느껴졌던 환자, 병실에서 만난 환자 그리고 마침내 제 환자들에게로 이어졌습니다.

8. 어린 시절 하느님 사랑과 이웃 사랑의 발전에 대하여

1) 하느님을 향한 탐구와 의문

제 삶에서 어린아이와 어른 사이에 분명한 선을 그었던 시절(대략 여섯 살에서 여덟 살 사이였던 것 같습니다)이 있었습니다. 당시 제 주위에는 열세 살에서 열여덟 살 사이의 아이는 아무도 없었습니다. 그리고 저는 어른들이 완전히 다른 법칙에 따라 살아가고 다른 반응을 보이며 근본적으로 아이들보다 훨씬 더 즐겁게 살아가는 신비스러운 존재라고 느꼈습니다. 이러한 삶의 방식은 정말 흥미로웠습니다. 어른들이 마치 그릇 속에 담겨 있고 삶은 이 그릇 안에 있는 내용물이라고 느꼈기 때문입니다. 그리고 어른들이 이 그릇 안에서 자신이 원하는 것, 예를 들어 행복과 슬픔, 일과 휴식, 기쁨을 꺼낸다고 생각했습니다.

하지만 그들이 자신이 원하는 것을 마음대로 꺼낼 수 있다고 해도, 좋으신 하느님께서 그 그릇 안에 넣어 주신 것 중에서만 선택할 수 있을 뿐입니다. 우리는 기뻐할지 슬퍼할지 선택할 수 있지만, 어떻게 기뻐할지 또는 어떻게 슬퍼할지를 선택할 수는 없습니다. 제가 이런 생각을 하게 된 것은 제 경험을 통해서였습니다.

언젠가 넘어져서 무릎에 상처를 입었던 적이 있었습니다. 그때 저는 비명을 지를지 말지 선택할 수 있었지만, 무릎의 통증과는 다른 통증으로 비명을 지를 수는 없었습니다. 당시에는 이렇게 생각했습니다. 어른들은 어떤 면에서 아이들보다 선택의 폭이 훨씬 더 넓고 크며, 하느님의 신비를 더 많이 경험할 수 있을 것이라고 말입니다.

한번은 마음의 어려움을 겪던 한 여성이 저의 아버지를 보러 왔습니다. 그 여성이 아버지가 계신 방에 들어갔을 때, 어떤 이유에서인지 저도 따라 들어갔습니다. 그는 저를 전혀 신경 쓰지 않고 말을 이어 갔습니다. 하지만 저는 그 여성이 하느님과 대화를 나누는 것처럼 느껴졌습니다.

한편으로는 아이들도 하느님의 사랑 안에서 살아간다고 믿었지만, 그 사랑을 이해하고 분별하는 데는 한계가 있었습니다. 어른들은 이렇게 말합니다. "이제 자러 가야지." 저는 그 말을 따라야 했습니다. 하느님을 따르기에는 너무 어렸기 때문입니다. 그리고 그런 명령을 내리는 어른들이 좋으신 하느님과 함께 자신의 방식으로 일을 해 왔다는 사실, 그 명령이 어른들의 권위가 아니라 하느님에게서 나온 것이라는 점이 왠지 모르게 분명해졌습니다.

이렇듯 당시에는 이웃 사랑과 하느님 사랑을 구별할 줄 몰랐습니다. 하느님 안에 있는 아이들을 사랑한다는 것은 우리가 너무 단순해서 하느님의 명령을 알아듣지 못하는 무지한 아이들이라는 신비가 확대되면서 하느님에 대한 저의 사랑이 커진다는 것을 의미합니다. 우리의 무지에도 불구하고, 모두가 하느님의 보호와 사랑을 받는다는 사실은 제게 깊은 감명을 주었습니다. 무지와 어리석음 그리고 어린아이 같은 순수한 마음으로 이루어진 일종의 친교를 느끼며 하느님을 향한 저의 사랑은 점점 커져 갔습니다. 우리는 모두 하느님 앞에 서 있고, 그분에 대해 아주 조금밖에 알지 못합니다.

우리는 주일 학교에서 또는 산책하면서 하느님에 대해 이야기합니다. 어쩌면 저만 이야기하는 것일지도 모르겠습니다. 다른 사람들은 저보다 훨씬 지식을 더 많이 가지고 있어서 전혀 말하지 않는 것일 수도 있다는 생각이 들 때도 있습니다. 아마도 제가 하느님에 대한 지식과 사랑에서 뒤처져 있을 가능성이 높습니다. 그들이 저보다 조금 더 알고 있을 가능성도 있습니다.

어쨌든 여기서는 재량이 필요합니다. 무조건 고집을 부릴 수는 없습니다. 가정부에게 빨간 망토 이야기를 해 달라고 수없이 부탁할 수 있지만, 하느님에 대해 이야기해 달라고 그 누구에게도 조를 수는 없습니다. 다른 사람이 저보다 더 많이 알든 조금 알든 제게는 아무런 차이가 없습니다. 저는 두 가지 모두 옳다고 생각합니다. 어릴 때는 이런 '더 많이'라는 것이 요구가 아닌 초대라고 느꼈기 때문입니다.

저는 좋으신 하느님께서 당신을 더 알아야 한다고 제게 강요하신다는 느낌은 전혀 받지 못했습니다. 오히려 모든 것은 있는 그대로 좋았습니다. 그 시기에는 어떤 불일치가 존재할 수 없었습니다. 그런 일은 나중에야 생길 것입니다. 시간이 조금 흐른 후에 저는 하느님이 다르다는 사실을 알게 되었고, 그분의 다름을 이해하려고 노력해야 한다는 것도 깨달았습니다. 어렸을 때는 '어리석은 행동을 했을 때'에만 하느님과의 관계가 모호해졌습니다.

2) 하느님과의 관계 변화

저는 할머니 댁에 갈 때마다 5분이나 10분 만에 무릎이 까진 채로 집에 돌아오곤 했습니다. 그때는 일곱 살에서 아홉 살 사이였습니다. 저는 자주 아팠고 매우 말랐습니다. 키가 많이 자랐지만 굼뜨기도 했습니다.

저는 길을 걸을 때, 절대 길을 제대로 보지 않고 하늘을 바라보며 내달렸습니다. 그래서 첫 번째 모서리 돌에 걸려 길바닥에 넘어질 때가 많았습니다. "조심해! 앞을 잘 보고 다녀."라고 누군가 외쳐도 소용이 없었습니다. 바로 다음 순간 또 넘어지고 말았습니다. 그러면 아버지는 요오드를 제 무릎에 바른 후 붕대로 감아 주셨습니다.

당시에는 하느님께서 이 일을 해 주셔야 한다고 생각했습니다. 그분께서 제 안에 살고 머무르셔야 한다고 느꼈습니다. 혼자서는 아무것도 할 수 없기 때문입니다. 저는 숙제를 하거나 어떤 과제를 끝내는 것에는 능숙했습니다. 하지만 오후 내내 '생각하기 위해[30] 자유롭게 있을 때면 내적으로 하느님 안에 깊이 '잠겨 있곤' 했습니다.

저는 집에서 매우 엄격하게 자랐습니다. 손톱과 발톱은 항상 깔끔하게 정리해야 했고, 늘 머리띠를 착용해야 했습니다. 말은 적당히 하고 큰 소리로 웃지 말아야 했으며, 끔찍하다고 느낄 정도로 얌전해야 했습니다. 하지만 그렇게 얌전히 있는 것이 힘들었습니다. 마침내 자유를 얻었을 때 시끄럽게 떠들고 싶었던 것은 아니었지만, 내면으로는 회오리바람이 일고 있었습니다.

2시가 되면 저를 자유롭게 해 주며 "할머니께 가 보렴."이라는 말을 들었습니다. 이제 4시간의 자유를 얻었습니다! 할머니 댁으로 가는 길에 나무와 구름을 보며 이렇게 외쳤습니다. "이제 나는 자유야!" 할머니 댁에서는 굳이 하느님을 생각할 필요가 없었습니다. 그저 단순히 하느님과 함께하고, 그분을 바라보는 것으로 충분했습니다. 저는 원하는 대로 하느님을 바라볼 수 있었습니다. 사실 집에서는 항상 이런 방해를 받곤 했습니다. "아드리엔, 똑바로 서지 못해?", "아드리엔, 왜 그렇게 조용해?" 저는 언

---

30 아이와 같은 아드리엔의 관상 방식인 '생각하는 것'에 대해서는 《젊은 시절의 신비 *Geheimnis einer Jugend*》(유고집 중에서 제7권)를 참조하라.

제나 혼났습니다. 하지만 할머니 댁에서는 완전히 평화롭게 지낼 수 있었습니다.

새로운 가정교사인 피셔 선생님은 이전의 가정교사들보다 훨씬 더 나빴습니다. "아드리엔, 네가 똑바로 서 있지 않은 것을 알아야 해." 하지만 그 선생님이 떠났을 때, 이전보다 더 많이 울었습니다. 그를 사랑하지 않은 것에 양심의 가책을 느꼈기 때문입니다. 심판의 날에 하느님께서 그의 영혼에 대해 물으실 것 같은 예감이 들었습니다.

피셔 선생님을 생각하면 좋지 않은 기억이 떠오릅니다. 그의 머리카락은 흰색이었고, 눈은 툭 튀어나와 있었습니다. 그는 제가 선물로 받은 것을 게걸스럽게 먹어 치웠고, 나쁜 양심을 일깨우는 데 일가견이 있었습니다. 선생님은 작은 일로도 '문제'를 일으킬 줄 아는 사람이었습니다. 저는 그의 태도가 너무 불쾌해서 그를 '조용히 시키기' 위해 초콜릿 같은 것을 주곤 했습니다.

그 당시 저와 하느님의 관계는 조금 혼란스러웠습니다. 첫째, 하느님께서는 제가 넘어지지 않도록 아무것도 하지 않으셨습니다. 둘째, 그분께서는 제가 피셔 선생님을 싫어하지 않도록 도와주지 않으셨습니다. 셋째, 선생님은 자신이 아는 불우한 이들에 대한 이야기를 많이 했습니다. 그래서 저는 하느님께서 이 사람들에게 조금 더 관심을 가지셔야 한다고 생각했습니다. 이렇게 해서 제 마음속에 이전과는 다른 생각이 생겼습니다. 이제는 하느님께서 아이들에게나 어른들에게 똑같은 분이시며, 어른들도 아이들처럼 모든 것을 이해할 수 없는 가능성을 가지고 있다고 여기게 되었습니다.

열두 살이 되었을 즈음, 저는 하느님이 단순히 다르다는 것을 강하게 느끼기 시작했습니다. 이것은 하느님의 탓이 아니었고, 우리 쪽에서 지은 죄 때문도 아니었습니다. 어딘가에 기본적인 소통이 부족한 것일 뿐이었습니다. 분명 하느님께 어떻게 응답하는지 아는 사람들이 있을 것입니다. 하지만 그런 사람들은 그 사실을 충분히 강하게 말하지 않습니다. 이 순간부터 사람들의 모든 물음, 운명, 슬픔은 하느님을 가리키는 표지이자 그분을 향해 이끄는 길이 되었습니다. 이러한 것들은 하느님의 사랑, 힘, 요청을 드러내는 근거가 됩니다. 모든 것이 하느님을 찾도록 초대합니다. 이러한 추구는 제 삶에서 새로운 경험이었습니다. 하느님께서 우리와 함께 일치하며 살고 싶어 하신다는 것은 분명합니다.

하지만 이 기쁨과 조화가 실현되기 위해서 우리도 무엇인가를 해야 한다는 점은 더욱 분명합니다. 나, 너, 우리 모두 그렇게 해야 합니다. 특히 특별한 은총을 받은 사람들도 있습니다. 저는 하느님께서 당신을 더 많이 생각하도록 허락하신 아이 중 하나입니다. 이렇게 해서 책임감이 생깁니다. 기도할 특혜를 받은 우리가 다른 이들을 위해 기도하지 않고 그들을 이끌어 주지 않는다면, 하느님의 말씀을 전혀 듣지 못하고 그분에 대해 전혀 모르는 사람들은 어떻게 해야 할까요? 그래서 책임감이 일깨워진 것입니다.

저는 가난한 사람들을 위해 친척들의 동정심을 얻어 그들에게 줄 수 있는 것을 요청했습니다. 하지만 저녁 기도를 하는 밤이 되면, 밤의 슬픔이 느껴졌습니다. 마치 낮과 밤이 반대되듯이 말입니다. 낮에는 돈이나 옷과 같은 것들을 지원받기 위해 열심히 노력했습니다. (그것을 가난한 사람들에게 가져다주는 것은 꺼렸고, 꼭 필요할 때만 그렇게 했습니다.) 하지만 밤에 기도할 때면 이런 옷과 음식들이 중요하지 않은 것으로 느껴졌습니다. 그들에게는 결국 물질보다 기도가 더 절실하다는 것을 깨달았습니다.

3) 하느님 사랑의 강렬한 체험

하느님께서 우리를 사랑하신다는 것을 강하게 느끼는 순간이 있었습니다. 그것은 한 마디로 말할 수 없는 확신이었습니다. 때로는 이러한 확신이 저를 압도할 때도 있었습니다. 그 사랑은 그 어떤 것과도 비교할 수 없었습니다.

그런데 그 사랑을 표현하고 나누고 싶을 때면, 마치 비눗방울처럼 사라지고 말았습니다. 아무것도 붙잡을 수 없는 느낌이랄까요? 그것은 아무도 보지 못하는 환상처럼 느껴졌습니다. 그래서 다른 사람에게 제 경험을 전달하는 것이 어려웠습니다. 하지만 가톨릭 신자가 된 후에는 그 비눗방울이 터지지 않고 계속 같은 색으로 남아 있게 됩니다. 또한 성체성사를 통해 그 사랑을 표현하고 나눌 수 있게 됩니다.

어딘가에서 궁극적인 진리를 놓치고 있다는 사실을 확실히 알고 있는 한, 제가 하느님의 현존 가운데 누리는 행복은 덧없는 것이었습니다. 물론 저는 이 행복을 알고 있었고, 몇 번이나 새롭게 느낄 기회를 허락받았던 것도 인지하고 있었습니다. 하지만 그 행복을 온전히 지킬 수 없었고, 아무것도 '구할' 수 없는 날이 많았습니다. 이 모든 것이 환상은 아닐까 하는 약간의 의구심이 남아 있기도 했습니다. 하느님의 사랑이 제 안에서 그리고 저를 통해 지속될 수 있도록, 그리고 이 세상에서 현실이 되도록 무언가를 하고 바꿔야 한다는 의식이 점점 더 강해졌습니다.

하지만 성체성사와 고해성사 없이 하느님의 사랑에 대한 우리의 지식은 매우 불완전합니다. 이 성사들은 하느님께서 우리에게 주신 눈에 보이는 선물이기 때문입니다. 사랑의 구체적인 표지 없이 하느님의 사랑을 누군가와 이야기하기는 어렵습니다. 영혼의 상태나 체험만으로는 충분하지 않습니다. 고해성사와 성체성사 없이 하느님을 향한 열정을 일으킬 수 없습니다. 하지만 고해성사와 성체성사가 어떤 의미인지 어느 정도 보여 줄 수는 있습니다. 예를 들어, 누군가가 개신교 신자이고 가톨릭 성사가 무엇인지 정확히 알지 못하더라도, 제가 성사에 대해 설명하지 못하더라도 그는 저를 통해 무언가 특별한 존재가 있음을 느낄 수 있을 것입니다. 제가 개종한 후 제 삶에서 근본적인 변화가 일어났다는 사실을 감지할 수 있어야 합니다. 성사의 힘이 우리 안에서 분명히 드러나야 하기 때문입니다.

가톨릭 신자가 되기 전에는 "이것은 다르다!"라는 고통스럽고 초조한 생각이 항상 저를 따라다녔습니다. 하지만 이 생각은 절대 '구멍'[31]과 혼동될 수 없습니다. 자극의 원인도 서로 완전히 다르게 나타납니다. 가톨릭 신자가 아닌 사람이 "이것은 다르다!"라고 깨달았을 때, 그 안에는 분노가 담겨 있습니다. 반면 가톨

---

[31] 아드리엔은 하느님께 버림받은 신비 체험을 '구멍Loch'이라고 불렀다.

릭적인 '구멍'에서는 분노를 찾을 수 없습니다.

개종한 이후, 이웃 사랑은 완전히 다른 풍요로움과 견고함 그리고 일관성을 갖게 되었습니다. '비눗방울' 같은 특성은 사라졌고, 모든 것이 이전보다 훨씬 더 저 자신에게서 독립적이 되었습니다. 이제 교회에 대한 의지와 준비를 매우 강하게 느낄 수 있습니다. 교회는 현재의 사명에 언제나 '예'라고 응답합니다. 저는 교회에 속해 있기 때문에 이러한 사명은 더 이상 저의 재량이나 취향에 속하지 않고 오직 교회에 속합니다. 교회에서 멀어진 일부 가톨릭 신자들이 이 점을 부인하더라도 상황은 달라지지 않습니다. 이 사명의 충만함은 참된 평화와 위대함에 있습니다. 이제 사도직은 객관적이고 참된 종교에 참여하게 됩니다. 개종은 자기 자신의 유익뿐만 아니라 다른 사람들의 유익을 위한 것입니다.

물론, 하느님께서는 이전과 마찬가지로 계속해서 행복한 순간을 선사하십니다. 하지만 이제는 무엇보다도 하느님께서 원하시는 것을 행하는 것이 중요하기 때문에, 비록 그 길이 미리 보이지 않더라도 하느님에 대한 평온한 지식을 얻게 됩니다. 이 지식은 전적으로 객관적이고 현실적이며, 어떤 방식으로든 행복을 특별히 드러낼 필요가 없습니다. 우리는 객관적인 사랑 또한 선물로 받을 수 있다는 것을 알고, 그 사랑을 객관적인 방식으로 실천하려고 노력할 수 있습니다.

이러한 객관성은 대학에서 수년간 공부하고 의료 활동을 하면서 어느 정도 깨달았습니다. 그 당시 저는 환자를 돌보고 여성으로서의 역할을 통해 하느님을 사랑하고 이웃을 하느님께 더 가까이 데려가고자 실질적으로 노력했습니다. 하지만 하느님을 모든 은사를 주시는 분으로 언급하려고 애쓰지는 않았습니다. 하느님에 대해 아는 것이 많지 않았기 때문입니다.

사실 하느님에 대해 알고 있었지만, 제가 아는 것은 하느님은 다르고 위대하신 분이라는 것이었습니다. 그래서 저의 지식을 다른 사람들에게 강요하고 싶지 않았습니다. 어릴 때와 10대 시절에는 제 곁에 오는 모든 사람을 개종시키려고 했습니다. 하지만 시간이 지나면서 '어떤 하느님을 위해서인가?'라는 질문이 떠올랐습니다. 만일 하느님께서 정말 다르고 위대하시다면, 다른 사람의 믿음을 제가 지닌 하느님의 이미지에 고정시켜서는 안 된다는 생각이 들었습니다.

하지만 이러한 의혹은 가톨릭 신자가 되면서 사라졌습니다. 이제 사명은 제 견해보다 더 중요해졌습니다. 저는 사명 안에서 하느님에 대해 훨씬 더 객관적으로 말할 수 있게 되었습니다. 또한 개인적으로 믿는 사람보다 훨씬 더 많은 것을 알고 있는 교회의 믿음으로 살게 되었습니다. 그 결과, 다른 사람들과 대화할 수 있는 접점을 더 많이 갖게 되었습니다.

9. 아드리엔과 성경

어린 시절, 저는 성경과 많은 시간을 보냈습니다. 주로 이야기 형식의 책을 읽었는데, 예를 들어 《어린이의 친구 예수님*Jésus, l'ami des enfants*》이나 《구약과 신약 성경의 가장 아름다운 이야기*Les plus belles histoires de l'Ancien et du Nouveau Testament*》 같은 책이 있었습니다. 당시에는 구약 성경의 이야기를 별로 좋아하지 않았습니다. 그 이야기들이 서로 연결되지 않았고, 엄밀히 말해 결론이 없었기 때문입니다. 특히 이사악의 희생 이야기는 정말 끔찍하게 느껴졌습니다. 그 이야기에 나오는 하느님은 너무도 무자비하신 분으로 보였습니다.

하지만 《어린이의 친구 예수님》은 아주 천천히 그리고 많이 읽었습니다. 그때에는 책을 습관처럼 읽고 있었고, 오랫동안 이 책이 저를 일종의 관상으로 인도해 주었다고 생각합니다. 당시 저는 여덟 살 정도였고, 이미 많은 책을 읽은 상태였습니다. 보통 저녁을 먹기 전에 책을 읽었고, 그 후 곧바로 자러 가야 했기 때문에, 자러 가기 전에 늘 한 문장, 한 단어 정도 더 읽곤 했습니다.

더 나아가 할머니는 흥미로운 방식으로 주님의 이야기를 들려주셨습니다. 어느 날은 빨간 망토 이야기를 해 주시고, 다른 날에는 성경 이야기를 해 주셨습니다. 저는 그 차이점을 전혀 눈치채지 못했습니다. 할머니는 매우 신중하게 이야기를 들려주셨고, 그 이야기는 언제나 '대중적'이었습니다. 할머니는 신심이 깊으셨지만(할머니의 신심은 아마도 제 신심과 비슷했던 것 같습니다), 자신이 신심이 깊다는 것을 어떤 방식으로도 드러내지 않으셨습니다. 저나 언니가 잘못된 행동을 해도 할머니는 전혀 화를 내지 않으셨고, 단지 그것으로 인해 주님의 마음을 아프게 할 수 있다고 우리에게 경고하셨습니다.

제가 네 살에서 여섯 살 정도였을 때, 오후 1시 반부터 6시까지 할머니와 함께 지내는 시간은 매우 중요했습니다. 할머니 댁에는 저만의 '둥지', 즉 저만을 위한 공간이 있었습니다. 할머니는 늘 이렇게 말씀하셨습니다. "너는 혼자 있어도 되고, 이 할머니는 그래도 괜찮다고 생각한단다. 하지만 우리는 언제나 하느님께 속해 있고, 하느님을 보지 못했기 때문에 모두 그분의 피조물인 사람들에 속해 있지. 그러니 혹시 네가 다른 아이들을 초대할 때, 모두가 바쁜 경우가 아니라면 그들을 혼자 두지 말아야 한단다." 그래서 저는 숨바꼭질을 해서 아무도 찾지 못하게 숨어 있어도 되냐고 할머니에게 여쭤보았습니다. 그러면 다른 아이들도 바쁠 테니 말입니다. 그러자 할머니는 "오후 내내 찾을 수 없을 정도로 꼭꼭 숨어 있는 사람을 찾는 것이 좋을까?"라고 대답하셨습니다. 할머니는 자신이 원하는 것은 무엇이든 이야기해 주셨고, 저는 그것이 싫지 않았습니다.

잔느 고모도 성경 이야기를 읽어 주곤 하셨습니다. 고모가 읽어 주신 책에는 다양한 그림이 있었는데, 그중에서도 구약 성경의 그림은 특히 아름다웠습니다. 하지만 고모는 절대 설명을 해 주지 않고, 그저 책을 맡기며 그림을 보여 주셨습니다. 어떤 면에서 저는 할머니와 고모의 책에 나온 그림을 보면서 관상하는 법을 배울 수 있었습니다.

제가 성경을 제대로 읽은 것은 할머니가 돌아가신 후였습니다. 당시 저는 열한 살이었습니다. 할머니는 저와 엘렌 언니에게 성경을 물려주셨습니다. 그 성경은 큰 글씨로 인쇄되었고, 저는 이 큰 글씨가 성경에 꼭 필요하다고 느꼈습니다. 그 후 저녁마다 저와 언니는 이 성경을 읽곤 했습니다. 할머니가 좋아하셨던 구절은 "나에게 사랑이 없으면 나는 아무것도 아닙니다."(1코린 13,2)였습니다. 반년 동안 동화책을 한쪽에 제쳐 두고 주로 성경을 읽었습니다. 하지만 코린토 신자들에게 보낸 서간만 여러 번 읽었고, 다른 책은 읽지 않았던 것 같습니다. 그 시절에는 성경을 읽는 것에 충분히 만족하고 있었습니다. 이 독서를 통해 할머니를 생생하게 떠올리곤 했기 때문입니다.

이 일은 1914년 여름까지 계속되었습니다. 그 후 6개월 동안, 그해 11월까지 저는 신약 성경 전체를 읽기 시작했습니다. 하지만 체계적으로 읽지는 않았습니다. 그때 제 안에는 고통이 깃들기 시작했고, 무언가 잘못되었다는 느낌이 들었습니다. 또한 그 시기는 종교 교육 시간에 유노 목사님에게 계속 반론을 제기하던 때이기도 했습니다. 목사님은 저를 '거룩한 아이'로 여겼습니다. 한번은 할머니의 정원 아래쪽에서 목사님은 제가 가톨릭 교회가 옳다는 증거가 될지 궁금하다고 말했습니다(그 장소가 눈앞에 떠오르는 지금에야 이 이야기가 기억납니다). 저는 그저 미소만 지었고, 어떻게 받아들여야 할지 알지 못했습니다. 이 상황은 아주 이상하게 느껴졌습니다. 당시에는 가톨릭 신자가 된다는 것이 무엇을 의미하는지 조금도 생각하지 못했기 때문입니다.

체계적이지 않은 성경 읽기는 1917년 성령 강림절에 엘렌 언니가 견신례堅信禮[32]를 받을 때까지 계속되었습니다. 그 당시에는 공동 교육이 끝난 후, 견신례를 앞두고 아이들이 각자 주임 목사와 대화하는 시간이 있었는데, 이를 '르 카르 되르le quart d'heure'라고 불렀습니다. 저는 그 자리에서 매우 중요하고 결정적인 일이 일어나야 한다고 생각했고, 견신례 준비자가 완전히 변화된 상태로 돌아와야 한다고 믿었습니다. 또한 그것이 아주 은밀하고 말할 수 없는 일이라고 여겼습니다.

하지만 엘렌 언니가 '르 카르 되르'에서 돌아왔을 때, 언니는 아무런 변화가 없는 상태였습니다. 이 점을 눈치챈 저는 며칠 후 언니에게 그 만남이 어땠는지 물어보았습니다. 언니는 처음에는 매우 비밀스러운 태도를 보였지만, 곧 마음을 열었습니다. 목사님은 언니에게 교육 때 들은 대로 평생 살아야 한다고 말했고, 아이들이 어떻게 세상에 태어나는지 아는지, 자신에게 물어볼 것이 또 있는지 말했다고 합니다. 저는 매우 실망했습니다. 그리고 저 자신에게 이렇게 말했습니다. "목사님은 성경의 맛을 잃게

---

[32] 세례를 받은 이가 신앙을 확고히 하겠다는 의지를 공식적으로 선언하는 개신교의 예식으로, 가톨릭의 견진성사와 유사하다. — 편집자 주

할 거야." 성경 읽기를 중단한 후에는 "이제부터는 나 혼자서 하느님과 대화를 나누겠어."라고 생각했습니다.

유노 목사님은 또 한 가지 실수를 저질렀습니다. '르 카르 되르' 시기에 목사님은 아이들의 부모를 찾아가 아이에 대한 인상을 물어보곤 했습니다. 목사님은 어머니에게도 찾아와서 엘렌 언니와 함께하는 것이 기쁘다고 하면서, 언니는 정말 신심이 깊고, 그런 여동생이 있는 것은 당연하다고 말했습니다. 어머니는 이 말을 매우 기분 나쁘게 받아들이셨고(저도 마찬가지였습니다), 저는 다시 한번 목사님들이 한 사람의 인생을 망치는 것 같다는 느낌이 들었습니다.

레상에서는 불편한 종교 교육 때를 제외하고는 성경을 가끔 읽었습니다. 하지만 대부분 우연히 성경을 열어 보게 된 구절만 읽었습니다. 특히 기도할 내용이 바닥날 때 그렇게 했습니다.

이후에 의학을 공부할 때 다시 한번 신약 성경을 읽으려고 노력했습니다. 성경을 더 많이 알고 이해하고 싶었고, 환자들을 위해 성경을 더 자주 인용할 수 있기를 바랐습니다. 하지만 항상 성경 전체를 이해할 적절한 열쇠를 갖고 있지 않다는 느낌이 저를 괴롭혔습니다. 성경은 진리를 말했지만, 그것을 어떻게 풀어야 할지 몰랐습니다.

그로부터 한참 후인 1936년부터 1939년 사이에 저는 다시 구약 성경을 읽기 시작했습니다. 하지만 기꺼이 읽은 것은 아니었고, 언젠가는 빛을 보게 될 것이라는 희망을 품고 읽었던 것입니다. 반면, '주님의 기도'에 대한 문제 때문에 신약 성경에는 접근할 수 없는 상태였습니다. 당시 제가 읽은 내용을 기억하지 못하지만, 그 과정을 통해 아무것도 깨닫지 못했다는 것만은 분명히 알고 있습니다.

저는 완전히 어둠 속에 머물고 있었기 때문에 책 전체를 읽는 일이 거의 없었습니다. 어떤 때에는 1시간 반 정도 책을 읽기도 했지만, 별 의미가 없어 보였습니다. 물론, 다윗 임금은 용감했고 솔로몬 임금은 지혜로웠으며 예언자들은 유능하고 현명했습니다. 하지만 하느님을 만나지 못했습니다. 사실, 오직 신약 성경의 빛 아래서 구약 성경을 약속으로 올바르게 읽을 수 있습니다. 그리고 바로 이것이 제게 완전히 부족했던 것입니다.

가톨릭으로 개종한 이후, 저는 미사의 독서를 통해 성경을 읽었습니다. 그리고 자주 그렇게 했습니다. 요한 주해를 하기 전에 복음서를 읽었는지는 기억나지 않습니다. 구약 성경은 예전과 마찬가지로 항상 저를 두렵게 했습니다. 그래서 시편을 제외하고는 구약 성경을 읽는 것을 시도하지 않았습니다. 성무일도(시간 전례)에 나오는 시편에는 익숙했기에, 성무일도에서는 시편만 읽고 다른 본문은 읽지 않았습니다.

1945년 겨울, 저는 매일 아침 성경에서 적어도 시편 한 편을 읽었고, 1946년에는 구약 성경 전체를 순서대로 읽을 수 있었습니다. 개종 시기에는 코린토 신자들에게 보낸 첫째 서간을 다시 읽었지만, 그 외의 바오로 사도의 서간이나 요한 묵시록은 읽지 않았습니다. 마르코 복음서는 제가 세운 공동체에 묵상해야 할 요점을 제공해야 할 때 읽었습니다.

'주님의 기도'를 더 이상 드릴 수 없었던 시절, 요한 묵시록을 읽으려고 한두 번 시도했지만 큰 공포에 사로잡혀 즉시 덮었습니다. 가톨릭 신자가 된 이후에도 다시 그 성경을 펼치지 않았습니다. 사도행전도 읽은 적이 없었습니다.

저는 성경이 하느님의 말씀이라는 것을 항상 알고 있었습니다. 하지만 올바른 접근 방법을 찾지 못했습니다. 늘 열쇠가 부족하다고 생각했기 때문입니다. 오늘날 제게 분명한 점은, 하느님의 말씀을 가톨릭적인 관점으로 읽는지 아니면 개신교적인 관점으로 읽는지에 따라 그 말씀이 다르게 들린다는 것입니다.

성경 주해를 시작한 이후로는 성경을 거의 읽지 않았습니다. 저는 하느님을 향해 열려 있어야 합니다. 사랑 이야기를 읽으며 신랑을 어떻게 맞이해야 할지 배우고 싶지 않았습니다. 하느님을 앞지르고 싶지도 않습니다. 그분께서는 제가 알아야 할 것을 제게 보여 주셔야 합니다. 여기서 저는 일종의 거부권을 행사하고 있음을 느낍니다. 성경의 모든 말씀이 다른 사람들과 마찬가지로 저를 향하고 있다는 것을 잘 알고 있지만, 성경 주해를 시작할 때는 하느님의 관점에서 그 책을 설명하기 위해 그분과 단둘이 많은 시간을 보내야 합니다.

10. 예비된 것

아드리엔은 자서전에 대한 부록으로 자신의 생애 가운데 몇 가지를 자세하게 이야기했습니다.

1) 김나지움에 다니던 시절

아드리엔은 자신이 '김나지움'에 다니던 어린 시절, '무언가 일어날 것'이라는 분명한 예감을 가지고 있었습니다. 동시에 그는 그런 순간에 어떻게 행동해야 할지도 알고 있었습니다. "저는 늘 준비하고 있어야 합니다. 하지만 그것이 제게서 나올 수는 없습니다. 그리고 제가 감당할 수 없는 일들이 있습니다. 비록 노력한다고 해도 할 수 없을 것입니다." 아드리엔은 '그 죄'를 짓는 것이 불가능하다는 사실을 분명히 알고 있었으며, 그 불가능함이 자신의 의지와는 무관하다는 것도 인식하고 있었습니다. 또한 그것이 '자신의 공로'가 아님도 깨닫고 있었습니다.

학창 시절, 아드리엔은 자신이 할 수 있는 것과 할 수 없는 것을 정확히 알고 있었습니다. 그는 학급 전체에서 발생하는 어떤 일에 대해 자신이 할 수 없는 것의 한계를 분명히 인식하고 있었습니다. 이는 하느님을 향한 책임감에서 비롯된 것이 아니었습니다. 교실에서 어떤 일이 발생했을 때, 선생님이 누가 그랬는지 물으면 아드리엔은 주저 없이 대답했습니다. "제가 그랬습니다!" 하지만 그는 선생님이 자신의 말을 믿지 않을 것이라는 사실도 알고 있었습니다. 그럼에도 선생님은 그의 말에 반박하지 않고, 오히려 가볍게 미소를 지으며 벌을 주었습니다.

2) 작은 사건

한번은 아드리엔이 열두 살에서 열네 살 정도였을 때, 학교의 난로 배출구 위에 서서 따스한 공기로 치마를 부풀린 적이 있었습니다. 마침 선생님이 지나다가 그 모습을 보고는 점잖지 못한 행동이라며 그를 호되게 야단쳤습니다. 아드리엔은 그 이유를 이해하지 못했습니다. 비록 그런 행동이 왜 잘못인지 알 수는 없었지만, 그는 '사람'이 해서는 안 되는 일이 있다는 것을 깨달았습니다. "그 후로는 더 이상 치마를 풍선처럼 부풀게 하는 곳에 서 있을 수 없었습니다. 이것은 모든 여자애에게도 해당됩니다. 하지만 어쩌면 제가 그것을 이해하지 못한 이유는 '다른 무언가' 때문일지도 모릅니다. 어떤 것이 무언가를 위해 예비되어 있습니다." 그러고는 이 일을 금방 잊어버렸습니다.

하지만 '어떤 것이 무언가를 위해 예비되었다'는 감정은 계속 이어졌습니다. 첫 결혼을 앞둔 마지막 며칠 동안, 아드리엔은 이 감정을 무척 예민하게 느꼈습니다. 결혼 생활과 다른 여러 순간에서도 이 감정은 드러났습니다. 아버지가 라쇼드퐁에서 돌아가셨을 때도 분명하게 나타났습니다. 아드리엔은 방과 집 현관에서 모두 울었습니다. 그럼에도 그는 다음과 같은 사실을 알고 있었습니다. "저는 이 상실감 속에서 계속 살아갈 힘이 없는 것처럼 행동할 수 없습니다. 언젠가 제게 다가올 일을 시작하지 않았기 때문입니다. 제가 아는 것은 가족이 저를 신뢰한다는 것입니다. 비록 어머니와는 잘 맞지 않지만 말입니다. 하지만 저는 가족들이 의지할 수 있는 사람입니다."

아드리엔은 또 이렇게 말했습니다. "어린 시절부터 저는 이미 먼 미래를 내다보고 있었습니다. 모든 것이 제게만 달려 있는 것이 아니라, 제가 알지 못하는 어떤 일이 언젠가는 정해진 방향으로 진행되어야 한다고 느꼈습니다. 이 모든 것은 인생에서 무엇이 되고 무엇을 이루기 위해 세우는 계획과는 구별되어야 합니다. 학창 시절에는 반 친구들과 미래를 위한 계획을 이야기했습니다. 그때 남자아이들이 종종 물었습니다. '너는?' 그러면 저는 큰 소리로 대답했습니다. '으리으리한 병원을 세우고 싶어.' 하지만 절대 그것을 이루지 못할 것이라는 사실을 알고 있었습니다. 저는 '다른 무언가'를 해야 했기 때문입니다. 그럼에도 크고 넓은 제 병원을 묘사하는 것은 어렵지 않았습니다. 반면, '다른 무언가'에 대해서는 단 한 마디도 할 수 없었습니다. 그것은 부끄러웠기 때문이 아니라, 이 모든 영역이 완전히 분리되어 있었기 때문입니다."

11. 열다섯 살 소녀와의 대화

아드리엔은 제게 다음과 같이 설명했습니다. "제가 나쁜 일을 하려고 하면, 외부에서 그렇게 하지 말라는 목소리가 들려왔습니다. 하지만 그것은 제 양심의 소리가 아니었습니다."

아드리엔은 고행 실천에 관해서도 이야기했습니다. 그는 자신을 꼬집거나 자신의 발을 밟았고, 아플 때 약을 먹지 않았습니다. "저는 가난한 사람들을 위해 이 고행을 합니다. 그들을 위해 할 수 있는 일이 이것밖에 없기 때문입니다."

언젠가 아드리엔은 제게 이렇게 물었습니다. "신부님도 두려우신가요? 저는 종종 기도할 때 두렵습니다."

저는 아드리엔에게 물었습니다. "무엇이 두려운가요?"

아드리엔은 다음과 같이 대답했습니다. "혼자 있는 것은 두렵지 않습니다. 누군가와 함께 있으면 두렵습니다. 하지만 제가 이렇게 말하는 것은 사실이 아닙니다. 사물의 한 부분만을 보기 때문입니다. 저는 누군가가 아니라 '무언가'가 두렵습니다. 그분, 즉 다른 분께서는 전체를 보십니다. 저는 그저 작은 부분만 볼 뿐입니다. 아마도 너무 두려워해서 작은 부분만 보는 것일지도 모르겠습니다."

저는 이렇게 말했습니다. "우리는 두려움에 '예'라고 말해야 합니다."

그러자 아드리엔은 다음과 같이 답했습니다. "알고 계시나요?

선생님들은 우리가 지나치게 따지기 좋아한다고 늘 말합니다. 하지만 저는 그런 사람이 아니며, 있는 그대로 받아들일 수 있습니다. 더 이야기하자면, 제가 할 수 있는 것이 아니라 하나의 요구와 같은 것입니다. 만일 '저희에게 잘못한 이를 저희가 용서하듯이 저희 죄를 용서하시고' 하고 기도한다면, 그것은 대단한 일입니다. 우리가 모든 사람을 용서할 수 있는 태도를 지닌다면 말입니다. 우리 중 많은 사람, 아마 수십만 명, 수천만 명이 이렇게 기도할 것입니다.

하지만 용서받기를 원하면서 정작 자기 자신은 용서하지 않는 사람들도 많습니다. 그들은 그렇게 할 생각조차 하지 않습니다. 기도를 드릴 때, 종종 이 점이 두렵습니다. 제가 아주 작은 부분만 볼 수 있다는 것을 압니다. 만일 따지기 좋아하는 사람이었다면, 모든 것을 제대로 찾아내려고 했을 것입니다. 또한 많은 사람에게 정말 용서하기를 원하는지 물었을 것입니다. 그들이 용서하지 않는다는 것을 안다면 이들로 인해 두려웠다는 것을 분명히 알게 될 것입니다. 하지만 바로 이것이 제가 할 수 없는 일입니다. 저는 모든 것을 있는 그대로 두어야 합니다."

12. 확신

제 일생 동안, 특히 1920년에서 1930년 사이에, 초자연적이지 않으면서도 합리적으로 설명할 수 없는 확실한 일들이 일어났습니다. 그때 저는 갑자기 저를 인도할 수 있는 것들을 발견하게 되었습니다. 이전에는 전혀 알지 못하고 생각조차 하지 않았던 것들이 분명한 형태로 드러났습니다. 종종 그것은 아주 사소했습니다.

저는 병원의 병실을 지나다가 갑자기 한 환자에게 돌아서서 딱 한 마디를 했습니다. 그 말은 그날 그 환자에게 정말 필요한 것이었습니다. 환자는 "아, 그렇게 말씀해 주시다니 정말 감사합니다. 완전히 절박했거든요."라고 대답했습니다.

하지만 저는 그 환자가 예의를 차리려고 했던 것인지, 아니면 진심으로 그렇게 느낀 것인지 알지 못했습니다. 사실, 그것을 깊이 생각해 본 적이 없습니다. 그런 것에 대해 지나치게 고민하지 말아야 한다는 것을 알고 있었기 때문입니다.

우리가 그런 것들을 깊이 생각하게 되면, 다른 세계의 것들을 자연 세계로 끌어들이게 됩니다. 이것은 존재할 수는 있지만 탐구할 수 없는 의미를 사물과 저 자신에게서 빼앗는 행동입니다.

그리고 그렇게 되면 보호가 필요한 것들이 파괴될 수 있습니다. 자연 그대로 남아 있는 것들이 있으며, 그런 것들은 그대로 두어야 합니다.

초등학교 4학년 때였던 것으로 기억합니다. 당시 저는 한 소녀와 함께 구석에 있었습니다. 그를 위로하기 위해 열심히 노력했는데, 시간이 흘러 오후가 되자 더 많이 위로해 줘야겠다는 생각이 들었습니다.

저는 남의 시선을 의식하면서, 그 소녀에게 줄 수 있는 모든 것을 학교 책가방에 챙겨 넣었습니다. 왜 그렇게 행동했는지 잘 몰랐지만, 그에게 하느님의 풍성한 위로를 약속했습니다. 그리고 이 약속을 믿을 수 있도록 인간적인 위로도 많이 주고 싶었습니다.

쉬는 시간이 끝나고 선생님은 왜 그 소녀와 구석에 있었는지 물었습니다. 저는 그를 위로하기 위해서라고 대답했습니다. 그러자 선생님이 다시 물었습니다.

"무엇 때문에?"

저는 그 이유를 몰랐습니다.

"무슨 이야기를 나누었니?"

"하느님에 관해 이야기했어요."

"그렇구나. 그렇다면 그 아이가 네게 무슨 이야기를 했니?"
"특별한 것은 없었어요."
사실, 그 소녀는 아무 말도 하지 않았습니다.
"아, 그렇다면 천사가 지나갔나 보구나."

선생님은 제가 그 소녀에게 한 행동이 얼마나 옳은지 잘 모르면서도, 마치 천사가 속삭여 준 대로 실천한 것 같다고 말하려는 것 같았습니다. 그로부터 한참 후, 병원에서 일할 때 그 선생님의 말이 다시 떠올랐습니다. (나중에야 그 소녀가 아버지에게 학대받았다는 사실을 알게 되었는데, 이는 전문가로서의 소견을 법원에 제출해야 했던 제 아버지를 통해 알게 된 것입니다. 선생님도 이 사실을 알고 있었습니다. 아버지가 그 사실을 전해 주셨을 때, 그 소녀의 아버지가 자기 딸을 아내처럼 대했다고 조심스럽게 말씀하셨습니다. 그때 저는 그 말의 의미를 이해하지 못했습니다.) 천사에 대한 표현은 제 기억에 남아 있습니다. 실제로 벌어진 일은 미지의 영역에 속합니다. 어렸을 때 수호천사와 이야기를 나눈 기억은 없었을 것입니다.

그로부터 한참 후, 하느님께서 주시는 '팁'이란 것이 무엇인지 정확히 정의할 수는 없지만, 확실히 그런 것들이 있다는 것을 알게 되었습니다. 그분께서는 어떻게든 여기저기서 작은 도움을 주어야 한다고 가르치십니다. 하느님께서 당신을 드러내는 일이 복잡할 수 있다는 생각이 듭니다. 아마 그곳에 믿음이 충분히 강하지 않거나 다른 장애물이 존재할 수도 있습니다.

목사님이 성경 구절을 가져가거나 수녀님이 '작은 상본'을 들고 가는 것은 적절하지 않을 수 있습니다. 오히려 주님의 위대한 사명에 포함된 작은 사명, 즉 심부름처럼 한 마디의 말을 전하는 것이 더 낫습니다. 그렇게 할 때 고통받는 이들에게 진정으로 하느님께서 주시는 말씀, 그들이 버림받지 않았다는 생각을 심어 줄 수 있습니다. 또한 거부감 없이 받아들일 수 있는 그분의 말씀을 전해 줄 수 있습니다.

제게는 그것이 복잡하거나 강제적인 것이 아닙니다. 단순히 더 큰 의무 안에 포함된 작은 역할일 뿐입니다. 그리고 그것은 사람이 완전히 홀로 남겨지지 않았다는 신호와 같습니다. 열이 조금만 나도 언젠가는 병원에 가야겠다고 스스로 생각하는 것처럼, 열의 원인을 알아야 합니다.

병원에서도 비슷한 일이 종종 발생합니다. 예를 들어, 위독해 보이지 않던 환자가 다음 날 밤에 사망하는 경우가 있었습니다. 그 환자가 죽는다는 것을 미리 알고 있었을 수도 있고, 몰랐을 수도 있지만, 어쨌든 그 환자에게 가서 하느님에 대해 조금이라도 이야기하고 준비시켜야 했습니다. 그렇게 하지 않으면, 얼마

지나지 않아 그들이 의식을 잃거나 잠에서 깨어나지 못해 더 이상 대화를 나눌 수 없게 되는 경우가 있었습니다.

13. 아드리엔이 받은 세 가지 커다란 은총

1947년 케른스Kerns에서 피정하는 동안 아드리엔에게 자신의 일생에서 가장 큰 신비로 여기는 것이 무엇인지 물어보았습니다. 이에 아드리엔은 다음과 같이 대답했습니다.

1) 어린 시절과 청년 시절의 큰 신비

제가 무언가를 위해 예비되어 있다는 사실은 항상 인식하고 있었습니다. 어떤 순간에는 그것이 하느님의 신비일 것이라는 의식이 있었습니다. 또한 하느님께서 저를 보호해 주신다는 강한 감각도 느꼈습니다. 제 주위에 얼마나 많은 죄가 도사리고 있는지 알지 못했지만, 나중에야 그 사실을 깨닫게 되었습니다.

여기서는 두 가지를 강조하고자 합니다. 첫째는 제가 육체적으로 예비되었다는 것이고, 둘째는 특별히 현시를 경험한 후에 하느님의 어머니께서 저의 동반자가 되어 주셨다는 것입니다.

당시 저는 성모님께서 제게 당신의 신비를 선사해 주셨음을 알고 있었습니다. 그렇다고 해서 그것을 더 자세히 탐구할 필요는 없었습니다. 여기에는 순명이 필요했습니다. 저는 레상에서처럼 끊임없이 질문하고 삶과 실재에 더 깊이 접촉하고자 했던 깨어 있는 아이였습니다. 하지만 생명의 순수함은 오직 하느님의 어머니를 통해서만 설명될 수 있는 선물이었기에, 그 신비에 의문을 부치지 않고 있는 그대로 받아들여야 했습니다.

오늘 제 사명에 필요하다면 신부님은 제 기억을 소환하실 수도, 지우실 수도 있습니다. 시작은 성모님에 대한 현시였습니다. 저는 이 현시를 통해 하느님께서 주신 선물 안에서 살아가는 법을 배웠습니다. 또한 주어지지 않은 것을 찾거나 생각하지 않는 법도 배웠습니다. 이 모든 것은 여전히 이름도 없고 정의되지 않은 상태였습니다.

보호받는다는 모든 경험은 두 가지 현시, 즉 우리의 거룩한 스승님(이냐시오 성인)과 성모님에 대한 현시 사이에 있습니다. 당시 제게는 고통의 무거운 짐도 '부과'되었습니다. 그 고통의 짐은 성찰 없이 받아들이고 현재로 들어가기 위한 훈련이었습니다. 그것은 저의 젊은 시절의 '성금요일'이었으며, 적극적인 참회 활동이 아니라 고통으로 받아들여야 했습니다. 이는 당시 제 나이에 걸맞은 하느님의 요구였습니다.

2) 하느님을 찾는 여정의 시작

저는 주일 학교를 다니고 교리를 받던 시절부터 하느님을 끊임없이 찾았습니다. 이 시기에는 무언가 이상하다는 느낌, 달라야 한다는 감정을 가졌습니다. 사방에서 가톨릭을 알리는 신호가 나타났고, 저는 그 낯선 신호에 부합하는 삶을 살기 위해 노력했습니다. 이후 의학을 공부하고 결혼 생활을 하게 되었을 때도 하느님을 찾았습니다. 카슬라노Caslano의 호수에서 하느님을 관상하며, 무언가를 이해할 때까지 의식적으로 질문하고 주제에 머무르며 내면의 장소를 발견하는 시간을 가졌습니다.

이탈리아에서 방문한 수많은 성당과 그곳에서 드린 기도 그리고 남편 에밀의 죽음으로 인해 생겨난 죽음의 의미에 대한 질문은 모두 하느님을 향한 탐구로 이어졌습니다. 이러한 경험은 '다르다'는 불안한 지식을 내포하고 있었습니다.

저는 언제나 하느님에게서 멀어지는 것 같은 기분이 들었습니다. 마치 잘못된 관점에서 수많은 문제를 바라보는 것처럼 말입니다. 이 점을 뚜렷하게 느낄 수 있었습니다. 매번 돌파구를 찾았다고 생각할 때마다 새로운 질문이 떠오르며 다시 원점으로 돌아갔습니다. 이 모든 것은 나중에 더 빠르게 나아갈 수 있도록 제게 준비된 은총이었을 것입니다. 그 사이 레상에서, 한때 가톨릭 사제였던 카발리에리Cavallieri 목사님을 통해 하느님을 알고도 잊어버리는 것이 가장 큰 죄라는 것을 깨달았습니다.

3) 개종을 통해 받은 은총

어린 시절부터 준비해 온 긴 여정은 가톨릭으로 개종하면서 그 의미를 발견하게 되었습니다. 그동안 저는 마치 닫힌 방처럼 살았습니다. 그 방 안에는 가구들이 진열되어 있었으며 최대한 깨끗하게 유지되고 있었습니다. 하느님께서는 제가 그 방으로 들어가는 순간을 위해 모든 것을, 심지어 현시와 같은 특별한 경험까지 준비하셨던 것입니다. 어린 시절과 청년 시절에 있었던 우리의 거룩한 스승님(이냐시오 성인)과 성모님의 발현은 "미리 이루어진 현시"로, 특히 하느님의 어머니께서 제가 절망하지 않고 순명할 수 있도록 이끌어 주기 위한 일종의 서약과 같았습니다.

제가 개종할 때의 결정적인 순간은 신부님이 "주님의 기도 전체를 읊으십시오."라고 말씀하신 때였습니다. 신부님은 이렇게 말씀하셨습니다. "자신의 힘이 아니라 은총에 의지하십시오." 우리는 하느님과 내기를 할 수는 없습니다. "하느님, 당신께 기도로 말씀드리는 것을 완수할 수 있습니다. 할 수 없는 것은 말씀드리지 않겠습니다." 바로 이 순간이 저 자신을 내려놓을 수 있었던 중요한 전환점이었습니다. 여기에서 세례성사, 고해성사, 성체성사를 향한 길이 열렸습니다. 성사를 받는 '나'는 제가 생각하는 '나'와는 다른 존재가 되었습니다.

14. 개종하기 이전에 기도에 대해 아드리엔이 지녔던 태도

1) 어릴 때

언제나 강렬했던 것은 아니었지만, 제가 늘 하던 기도가 있었습니다. 그 기도는 마치 영혼의 한 부분을 감싸고 타고 올라가는 담쟁이넝쿨 같았습니다. 저는 그 기도 안에 둘러싸여 있다고 느꼈습니다. 어떤 부분은 아주 단단하게 감겨 있었고, 다른 부분은 조금 느슨하게 감겨 있었습니다. 더 많이 감겨 있는 부분도 있었습니다. 저는 가끔 하느님을 생각했고, 때로는 가난한 이들을 떠올렸습니다. 또 어떤 때에는 다양한 바람을 품고 있기도 했으며, 기쁨이나 슬픔을 느끼기도 했습니다. 하지만 이 모든 것은 언제나 기도 중에 이루어졌습니다. 그것은 단순한 '기분의 상태'가 아니라, 깊은 '동반'이었습니다.

사람들이 읊었던 기도문, 특히 개신교의 공식 기도문은 저를 불편하게 했습니다. 아주 드물게 아버지가 저희와 함께 어린이 기도를 드린 적이 있었지만, 단 한 마디도 이해하지 못했습니다. 또한 주일 학교에서 함께 기도했던 것도 저를 괴롭혔습니다. 그곳에서 들려준 성경 이야기는 기꺼이 듣곤 했지만, 기도는 따라 할 수 없었습니다. 저는 주님의 기도를 귀로만 듣고 기계적으로 외우게 되었습니다. 예를 들어, '소시외saucieu'라는 말을 전혀 알아듣지 못했습니다(아드리엔은 '하늘에 계신 우리 아버지'인 '부 에트 오 시외Vous êtes aux cieux'에서 '오 시외aux cieux'를 '소시외saucieu'로 알아들었던 것입니다). 또한 "그리고 당신께서 저희에게 주신 것을 축복하소서."(식사 때 하는 전통적인 개신교 축복)라는 기도문도 스무 살 때 처음 알게 되었습니다.

저는 아무것도 이해할 수 없었기 때문에 불이 꺼진 밤에야 제대로 기도하려고 시도했습니다. 어른들이 바치는 기도를 반복하려고 노력했지만, 아무 소용이 없었습니다. 그나마 관상은 잘 되었습니다. 예를 들어, "우리 아버지"라는 말을 반복하며 아버지, 하늘, 천사 그리고 이 땅에서 일어나는 모든 것을 보시는 하느님을 상상하곤 했습니다. 또한 하느님과 함께 모든 사람, 특히 흑인들을 바라보려고 했습니다. 저는 하느님의 구름이 지상에 내려오는 모습을 상상하며, 그곳에 있는 것과 구름에 압도당하는 것이 두려웠습니다. 어린 예수님을 떠올리지는 못했지만, 아이들의 친구인 예수님은 그려 볼 수 있었습니다. 이러한 생각은 여덟 살 또는 열 살이 될 때까지 계속 이어졌습니다.

그 후에는 땅이 하늘까지 들어 올려진다는 생각이 떠올랐습니다. 할머니가 돌아가신 후, 할머니처럼 세상을 떠나는 모든 사람이 땅의 일부를 하늘에 가져간다고 믿었습니다. 저는 하늘과 땅이 서로 다른 두 세계라는 생각을 할 수 없었습니다. 이 둘은 하나가 되어야만 했습니다.

2) 에밀과의 결혼 생활

제가 개종하기 전 기도의 마지막 폭풍은 아마도 결혼하기 전에 보낸 나날에 일어났을 것입니다. 저는 기도하면서 모든 것을 동원하여 격렬하게 저항했습니다. 숨을 쉴 수 없을 것 같은 끔찍한 두려움이 저를 덮쳤습니다. 비록 숨을 쉴 수 있다고 해도, 그 숨 쉬는 사람은 저와는 다를 것이며, 하느님과 조화를 이루고 있다고 생각했던 모든 믿음이 무너질 것만 같았습니다.

결혼 초기인 1931년까지 저는 매우 불행했으며, 제 기도를 완전히 바꾸었습니다. 물론 매일 기도하며 많은 지향을 드렸습니다. "저의 하느님, 제발 이것은 해 주시고 저것은 막아 주세요." 저와 에밀이 1930년 스위스의 발리스Valais와 테신Tesino에 있을 때 (1929년과 1931년에는 프랑스의 포르케롤Porquerolles섬에, 1933년에는 이탈리아의 리치오네Riccione에 있었습니다)를 제외하고는, 일종의 적막 속에서 관상이 이루어졌습니다. 그 당시에는 다시 새롭게 하느님을 관상하며 그분과 함께 긴 산책을 할 수 있었습니다.

1931년 포르케롤섬에서 저는 인생과 하느님, 아내로서의 운명을 포함해 모든 것과 화해하게 되었습니다. 물론 저와 에밀 사이에는 사소한 말다툼조차 없었습니다. 우리가 함께한 7년 동안 단 한 번도 거칠게 말하거나 상처를 주는 말을 한 적은 없었습니다. 하지만 1931년이 되어서야 비로소 에밀을 진정으로 사랑하게 된 것 같습니다. 그 사랑은 다른 사람을 사랑하는 방식과 달랐습니다. 저는 언제나 에밀을 세심하게 보살폈고 그의 행복을 위해 전념했지만, 내면의 열정을 불러일으키지는 못했습니다.

저와 에밀은 포르케롤섬에서 오에리와 함께 있었습니다. 저는 오에리가 이미 가톨릭 신자임을 알고 있었지만, 당시 에밀은 신앙과는 거리가 멀었습니다. 소나무 숲을 산책하면서 저는 에밀에게 이렇게 말했습니다. "하느님께서 계시지 않는 것은 상상할 수 없고, 그분께서 각 피조물에게 특별한 계획을 갖고 계시지 않는 것도 더욱 상상할 수 없어요. 하지만 지금 모든 것은 지독한 어둠에 둘러싸여 있어요."

그 후 오에리와 함께 항구를 따라 산책하는 중, 그는 갑자기 이렇게 말했습니다. "선생님은 하느님의 존재에 관심이 있으시군요. 저 역시 확고하게 믿습니다. 저는 어린아이 같은 신앙을 가지고 있어요." 그 말을 듣고 에밀이 오에리에게 무언가를 이야기했음을 알게 되었습니다.

그 후 모든 상황이 편안해졌습니다. 저는 제 신앙이 에밀에게 중요하다는 것을 깨달았습니다. 하지만 몹시 피곤했고 더 이상 힘이 남아 있지 않았습니다. 게다가 지난 4년간의 짐이 저를 짓눌렀습니다(설상가상으로 그날 물랭Moulin 씨가 익사하는 비극이 일어났습니다).

당시 저는 침대에서 울고 있었고, 에밀이 방에 와서 침대에 함께 앉아 제가 울도록 내버려 두었습니다. 그는 이 4년이 얼마나 큰 희생이었는지 완전히 이해하고 있었습니다. 가끔 고맙다는 말이나 짧은 한 마디를 건네곤 했습니다.

그때부터 저는 에밀을 사랑하게 되었고, 예전의 기도도 다시 할 수 있게 되었습니다. 하느님과 다시 친밀한 관계를 맺게 되었고, 더 이상 저항할 필요가 없었습니다. 이전에는 끔찍한 오해가 하느님과 저 사이를 가로막고 있었습니다. 마치 하느님께서 귀중한 액체가 담긴 그릇을 건네신 후, 계속해서 그릇을 쳐서 그 내용물을 쏟아 버리시는 것 같았습니다.

이제 다시 하느님을 관상할 수 있게 되었습니다. 강, 풍경 전체, 하늘까지 우뚝 선 소나무, 한없이 펼쳐진 바다……. 이 모든 아름다움이 하느님을 생각하게 하는 새로운 계기가 되었습니다. 마치 터널에서 빠져나오듯, 지난 4년간의 세월에서 벗어난 기분이었습니다. 저를 감동시키고 기쁨을 준 모든 것이 다시 하느님 안에서 중심을 잡게 되었습니다.

저는 소리 기도를 많이 바치지 않았습니다. 하루에 서너 번 '주님의 기도'만 드렸을 뿐입니다. 그리고 환자와 함께 어떤 일을 시작할 때는 반드시 기도한 후에야 했습니다. 1929년에는 여성 병원에서 아이들에게 세례를 베풀기도 했습니다. 저는 1931년부터 에밀이 세상을 떠난 1934년까지 기도할 수 있었습니다. 그리고 결국 가장 소중한 선물인 에밀을 하느님께 돌려 드려야 했습니다. 집으로 돌아오는 아그노Agno 근처의 길에서 이제 하느님께 남편을 돌려 드려야 한다는 것을 분명하게 이해했습니다.

3) 1934년부터 1940년까지 어두움의 단계

에밀이 성녀 글라라 병원에 입원한 이틀 동안, 저는 경당에서 미친 사람처럼 기도했습니다. "아버지의 뜻이 이루어지소서." 하지만 사실 제 뜻이 이루어지기를 바라고 있었습니다. 마음속 깊은 곳에서 저는 이렇게 기도했습니다. "하느님, 당신께서는 제게서 모든 것을 가져가셔도 됩니다. 제가 무척 사랑하는 의사직도 가져가셔도 괜찮습니다. 하지만 제발 에밀만큼은 빼앗지 말아 주세요."

하지만 에밀이 세상을 떠난 후, 주님의 기도를 드리려 할 때 저는 공포에 질리고 말았습니다. 마치 하느님 앞에서 가면이 벗겨진 위선자처럼 느껴졌습니다. 에밀이 세상을 떠나기 이틀 전에는 필사적으로 반항했지만, 그 후에는 더 이상 반항할 힘이 남아 있지 않았습니다. 하느님께 온전히 충실할 수 없다는 의식과 동의할 수 없다는 절망감만이 남았습니다. 당시 제게 완전히 부족했던 것은 하느님께서 당신의 은총으로 우리의 무능함을 채워 주실 수 있다는 신뢰였습니다. 저는 그것을 몰랐고, 오히려 제 힘으로 '예'라고 해야 한다는 생각이 너무 강하게 자리 잡고 있었습니다.

이 시기 내내 저는 매일 여러 번 소리 기도를 드렸습니다. 하지만 모든 기도는 저를 주님의 기도로 다시 인도해 주었고, 거기서 멈췄습니다. 게다가 신앙의 문제에 대해 지적으로 깊은 관심을 가졌습니다. 참된 믿음에 이르고, 그 믿음을 받아들여야 한다는 필요성이 저를 사로잡고 있었습니다. 저는 참된 믿음이 가톨릭 신앙이라고 생각했고, 그 믿음으로 살아갈 때 하느님과의 관계가 다시 좋아질 것이라 믿었습니다. 다른 한편으로는 저와 하느님 사이의 관계를 바로잡는 것이 이러한 참된 믿음에 이르기 위한 전제 조건으로 보였습니다.

여기서 어려움이 있었습니다. 저는 일이 진행되게 해 줄 외적인 사건이 일어나기를 계속 바랐습니다. 도약해야 했지만, 지적 능력만으로는 그 도약을 이룰 수 없었습니다. 또한 특별한 봉사와 사명이 있다는 것을 잘 알고 있었고, 그 사명을 의식하면서도 그것을 경험하지 못한 채 살아야 했습니다.

이제 관상은 예전처럼 쉽고 단순하게 이루어지지 않았습니다. 관상 안으로 들어가려면 스스로를 밀어붙여야 했습니다. 언제나 변함없이 하느님을 생각하고, 제 사랑과 봉사를 드릴 준비가 되어 있다고 말하는 방식으로 진행되었습니다. 저는 손을 모으고 하느님을 흠숭하며 이렇게 기도했습니다. "오직 당신의 것이 되기를 원합니다. 당신께서 원하시는 대로 저를 쓰소서."

그리고 저는 다시 주님의 기도와 마주하게 되었습니다. 이제는 1927년부터 1931년까지의 시기처럼 힘들지 않았습니다. 그때는 결혼으로 인해 끔찍한 실수를 저질렀고, 하느님과의 모든 관계가 파괴되었다는 생각이 저를 지배했습니다. 하지만 이제는 더 그렇지 않습니다. 오히려 "아버지의 뜻이 이루어지소서."라는 기도에 대한 일종의 오해가 해결될 것이라고 믿고 있었습니다.

언젠가 M. 목사님에게 제 어려움을 이야기한 적이 있습니다. 목사님은 다른 방식으로 기도할 수 있다고 조언했습니다. 하지만 저는 그 목사님에게 제 문제를 제대로 설명할 수 없었습니다. 그러자 목사님은 주님의 기도를 드리지 않고도 온전한 그리스도인이 될 수 있다고 말했지만, 그것은 제게 원하는 해결책이 아니었습니다.

또 다른 경우에는 St. 폰 목사님에게 전화해서 이야기를 나눌 수 있는지 물었습니다. 그러자 목사님은 이 문제를 전화로 해결할 수 있다고 말했습니다. 이후 H. 목사님을 찾아갔지만, 목사님은 질문할 기회조차 주지 않았습니다. 이러한 일이 있은 후, 성 안토니오 성당에서 몹시 울었습니다.

저는 스페인과 이탈리아, 프랑스의 여러 가톨릭 교회에서 기도를 드렸습니다. 그곳이 마치 집처럼 편안하게 느껴졌습니다.

에밀이 세상을 떠난 후 1934년에 파리에 있을 당시, 저는 매일 미사에 참례했습니다. 그 후 놀디Noldi가 견신례를 받고, 좀 더 후에 니기Niggi가 받을 때, 그 예식에 참례한 적이 있습니다. 첫 번째 예식에 대해서는 기억이 나지 않지만, 1938년에 있었던 두 번째 예식에서는 그것이 완전히 잘못되었고, 배신당한 느낌마저 받았습니다.

에밀이 아직 살아 있을 때, 우리 둘은 가톨릭 신자가 되는 것을 진지하게 고려했습니다. 에밀은 1931년부터 하느님과 구원을 믿기 시작했습니다. 그 이전에는 엄밀한 의미에서 믿음이 없었습니다. 우리는 종교에 대해 많은 이야기를 나누었고, 이탈리아에 있을 당시 에밀은 거의 매일 저와 함께 미사에 참례하고 성당에서 기도했습니다. 에밀은 자신이 개신교와는 완전히 끝났으며, 그의 믿음이 가톨릭으로 강하게 기울고 있다고 말했습니다.

저와 에밀은 뢰라흐Lörrach의 가톨릭 사제인 할러Haller 신부님과 우정을 나누었습니다. 1929년에 첫 아이에게 세례를 주었을 당시, 제대로 세례를 준 것인지 확신할 수 없었습니다. 그때 저는 에밀과 함께 할러 신부님과 길게 이야기를 나눴습니다. 신부님이 우리를 방문할 때나 우리가 뢰라흐에서 신부님을 방문할 때마다, 항상 종교적인 대화를 나누었습니다. 물론 그렇게 특별히 고상한 수준의 대화를 한 것은 아니었지만 말입니다.

베르너Werner와 처음 종교적인 대화를 나눈 것은 에밀이 세상을 떠난 직후였습니다. 베르너는 제가 신자가 아니라고 생각했고, 제 상황을 매우 안타까워했습니다. 저는 그에게 더 이상 기도할 수 없다고 설명하며, 에밀의 죽음으로 인해 하느님과의 관계가 크게 흔들렸다고 말하고 싶었습니다. 몇 주 후, 그가 저를 잘못 이해한 것 같다고 하면서, 하느님을 믿고 있지만 그분께서 어디에 계시는지 모른다고 말했습니다. 한편 저는 종교적인 신앙을 고백하지 않았지만, 반드시 가톨릭 신앙으로 나아갈 것으로 믿었습니다. 이 대화는 베르너와 결혼하기 전에 이루어졌습니다.

베르너는 가톨릭 신학자인 카를 아담Karl Adam의 《가톨릭 사상의 본질Das Wesen des Katholizismus》을 읽어 보라고 제게 권했습니다. 1934년부터 1940년까지 저는 가톨릭으로 개종하는 것이 유일한 해결책이라는 것을 확신했지만, 기회가 생기지 않았습니다. 신부님과 대화하려던 시도도 모두 실패로 돌아갔습니다.

그러던 1940년 봄, 발타사르 신부님과 만나 대화를 나누게 되었습니다. 저는 신부님에게 가톨릭 신자가 되고 싶다고 말했습니다. 그러자 신부님은 제 기도에 관해 물으셨습니다. 저는 주님의 기도를 드리는 데 어려움을 겪고 있다고 설명했습니다. 그리고 신부님에게 함께 이 기도를 해 달라고 청하고 싶었습니다. 하지만 결국 신부님이 저를 위해 모든 걸림돌을 없애 주셨고, 덕분에 저는 밤에 침대 옆에서 무릎을 꿇고 이 기도를 바칠 수 있게 되었습니다.

15. 사람들의 부족함에 대해 아드리엔이 지녔던 태도

자신의 잘못으로 인해 거의 모든 것이 망가진 것처럼 보이는 사람들이 있습니다. 이런 사람들을 한 문장으로 표현한다면, 가장 먼저 그들의 결점이 떠오를 것입니다. 사람들은 종종 자신을 그렇게 소개합니다. 그리고 나서 사랑으로 다른 사람들에게 가까이 다가가지 못했다는 사실에 깜짝 놀라곤 합니다. 대부분 이러한 잘못은 절대 심각한 죄와 관련된 것이 아닙니다. 따라서 사람들에 대한 이미지를 새롭게 형성하기 위해 다른 접근 방식을 모색할 수 있습니다. 그 방법을 발견하면, 잘못된 부분이 통합되어 더 이상 이전처럼 거슬리지 않게 됩니다.

대부분의 무서운 죄는 육안으로 서서히 드러납니다. 하지만 이러한 죄들은 초자연적인 방식으로 갑자기 나타날 수도 있습니다. 이것은 보통 사람들을 도와주기 위해 일어납니다. 많은 그리스도인들은 이렇게 말할 것입니다. "이웃의 눈에서 대들보를 발견하게 되면, 무엇보다도 저 자신에 대한 양심 성찰로 시작합니다. 그리고 저를 정화하고 거룩하게 하려고 노력합니다."

하지만 불행히도 제 머리에는 이런 생각이 떠오르지 않습니다. 아마도 이 부분에서 너무 가볍게 처신하기 때문일지도 모릅니다. 만약 제가 단순하게 이해하지 못하는 잘못을 발견했다면, 우선 그것이 가능하게 된 배경을 살펴보고 상대방의 입장에서 생각해 보려고 노력합니다. 물론 이것이 죄의 쾌락에 빠져 산다는 의미는 아닙니다. 단지 저는 내면에서 상황을 시각화하려고 합니다. 그러면 상황이 더욱 분명해집니다. 그렇게 되었을 때 비로소 관련된 사람과 이야기할 수 있습니다.

사람들은 자주 거짓말을 합니다. 그리고 거짓을 담아 설명할 때 상당히 불안해합니다. 하지만 제가 인식하는 정상 참작 사유는 사람들의 죄보다 훨씬 더 광범위합니다. 이러한 사유들이 우리가 미처 짐작하지 못한 영역에서 비롯된 것일지라도 말입니다. 몇몇 특정한 경우에는 처음부터 그것을 '꿰뚫어 보기도' 합니다. 하지만 이러한 능력이 경험을 통해 얻어진 것인지, 아니면 더 일찍 자연스럽게 제게 분명해졌는지는 확실하지 않습니다.

잘못을 명확하게 인식하고 동시에 이해할 수 있습니다. 저는 사과보다는 이해하는 말을 하는 것을 더 선호합니다. 제가 죄를 용서할 수 있는 고해 사제가 아니기 때문입니다. 거짓말은 가증스럽지만, 거짓말을 하는 사람은 그의 죄로 인해 제게 낯선 사람이 되지 않습니다. 저는 그가 왜 거짓말을 했는지, 거짓말을 하지 않기 위해 얼마나 힘들었는지, 진실을 위한 투쟁에 얼마나 준비가 되어 있지 않았는지를 알 수 있습니다. 그렇다고 해서 그 사람을 대신해 저도 그렇게 했을 것이라고 말하는 것은 아닙니다. 이것도 너무 가볍게 처신하기 때문일지도 모릅니다. 솔직히 저는 정말로 이해하지 못할 때만 저 자신을 투영하고, 그렇지 않을 때는 그 상황에서 벗어나 있습니다.

사실 이해하기 힘든 것이 있습니다. 바로 '잔인함'입니다. 저는 이것을 감지할 수 있지만, 정말로 이해할 수는 없습니다. 하느님을 거스르는 일종의 잔인함이 모든 죄에 존재하는 것은 사실입니다. 하지만 보통은 그것을 의도하지 않습니다. 제가 이해하지 못하는 것은 계획된 잔인함입니다. 잔인함은 공격적으로 다가오고, 저를 쫓으며 일상 속에서도 놓아주지 않습니다.

사람은 잘못을 꾸짖고 다른 이들에게 그것을 분명히 알려 줍니다. 하지만 동시에 다른 사람들을 사랑하고 그들을 마음에 가까이 두고자 합니다. 지금 당장 부드러워질 수 없다면(예를 들어, 자녀 앞에서) 그것은 권위를 드러내야 하기 때문입니다. 나중에는 자녀들과 기도할 때 그들을 부드럽게 대합니다. 저는 진료실에서 '자녀'보다 환자들에게 더 부드럽게 대할 수 있습니다.

다른 사람의 잘못을 자신에게 투영해서는 안 됩니다. 그렇게 하면 죄를 비교하며 상대화하게 됩니다. 죄는 항상 변하지 않는 기준을 지녀야 합니다. 다른 사람의 죄를 자신에게 투영해 자신이 얼마나 죄를 잘 지을 수 있었는지를 관찰하는 '자기 인식'은 결국 오만함으로 이어집니다. 이러한 방식으로 죄를 성찰하더라도 객관성을 얻을 수 없습니다. 모든 살인이나 잔혹 행위를 내면화하는 것은 건강에 해롭습니다. 결국 외부 세계가 존재하며, 제가 이웃을 사랑한다고 해도 그리스도께서 제 안에 사시는 것처럼 그가 제 안에서 살 필요는 없습니다.

'대리 고해'는 완전히 다릅니다.[33] 저는 이 고해에서 어떤 것도 측정하거나 판단할 수 없기 때문입니다. 정확히 말해, 고해성사는 개인적인 것이므로(제가 당신을 위해 고해합니다), 다른 이의 죄

---

33 이와 관련해서는 《고해성사 *Die Beichte*》(1960년)를 참조하라.

를 제 안으로 가져와서 그것을 '시험'해서는 안 됩니다. 이는 마치 사전 준비 없이 행동하는 것과 같습니다. 예를 들어, 고해성사를 보고 3주 후에 다시 고해성사를 봐야 한다는 것을 깨달은 후, 3주 동안 내가 어느 시점까지 여전히 깨끗한지, 언제, 어떻게 먼지가 쌓여 '가득 차게' 되었는지를 확인하기 위해 매일 나 자신을 확인하는 것과 같습니다. 이는 잘못된 접근입니다.

이 점에서 아기 예수의 데레사 성녀가 참회자가 되고 그렇게 여겨지기를 갈망하는 것은 이해할 수 있습니다. 성녀는 가르멜회에 입회할 때, 고해 사제가 자신이 넘어지지 않았다는 것을 알도록 총고해를 하는 것을 원하지 않았습니다. 이러한 익명성은 전적으로 맞습니다. 이는 다른 사람들을 대표하는 참된 고해성사의 형태입니다. 성녀가 한 번만 넘어졌는지 아니면 백 번 넘어졌는지는 드러나지 않습니다.

또한 프란치스코 성인이 자신은 모든 죄를 지을 수도 있었을 것이라고 말할 때, 이는 어떤 바리사이적인 흔적도 없는, 전적으로 그리스도교적인 발언입니다. 이를 면밀히 분석해야만 자신의 본성과는 무관하고 가능성의 영역에 속하지 않는 죄를 발견할 수 있습니다. 제가 스포츠를 싫어한다고 해서 축구 선수가 범한 부정행위를 제게 씌울 수는 없습니다. 오직 감각적 죄와 교만한 죄와 같은 죄를 전체적으로 제 위에 지울 수 있습니다.

만약 제가 '구멍'에 있다면, 모든 관점이 왜곡될 수 있습니다. 하지만 그곳에서는 저의 관점, 여러 죄에 대한 저의 '성향'이 모두 주님에 의해 형성될 것입니다.

16. 아드리엔과 고해성사

저는 아르스의 본당 신부님(요한 마리아 비안네 성인)이 매우 흥미로운 분이라고 생각합니다. 신부님은 죄와 구원, 첫 번째 아담과 두 번째 아담, 십자가와 부활 사이에 정확히 서 있습니다. 마치 활화산 위에 서 있는 듯한 그 자리에서 신부님을 바라봅니다.

제가 매우 사랑하고 하느님께서도 아시는 우리의 위대한 스승님(이냐시오 성인)이 정말 훌륭하다고 느낍니다. 스승님의 지성과 겸손은 정말 대단합니다. 하지만 아르스의 본당 신부님은 제가 되고 싶어 하는 자리, 즉 권위의 직분을 갖고 싶은 그 자리에 앉아 있습니다. 신부님의 자리는 영적 삶의 중요한 장소입니다. 그곳에는 고해성사를 향한 시선이 있으며, 고해성사가 이루어집니다. 은총의 빛은 죄인들의 고백과 사제의 용서 사이를 정확히 비추어 줍니다.

저는 매번 고해성사를 볼 때마다 육체적인 충격을 받습니다. 많은 감정을 견딜 수 있지만, 용서받는다는 것, 심지어 그 순간을 기대하는 것조차도 견디기 어렵습니다. 물론 제 죄 때문일 수도 있지만, 솔직히 저는 제 죄에 대해서는 크게 관심을 두지 않습니다. 놀라운 사실은, 여러분이 그것을 고해성사로 가져올 수 있다는 것입니다. 그리고 다른 이가 저지른 것도 함께 가져올 수 있습니다.

제가 사랑하지 않았다고 고백할 때 저는 항상 거짓말을 하고 있다고 느낍니다. 하지만 아닙니다. 분명 거짓말이 아닙니다. 정말로 사랑했기 때문입니다. 거짓말은 현재 사랑의 부족에 사로잡혀 있다는 데 있습니다. 어떻게 표현해야 이 사실이 드러날 수 있을까요? 엄밀히 말해, 이렇게 고백해야 했습니다. "저는 하느님을 사랑하지 않았고, 경건하게 흠숭하지도 못했습니다. 저와 우리의 이웃이 그에 상응하는 사랑을 받지 못했습니다." 끔찍한 것은 제가 사랑하지 않았다는 것이 아니라, 하느님께서 사랑받지 못하셨다는 것입니다!

그러므로 하느님을 충분히 사랑하지 않았다고 고백한다면, 이는 무엇보다도 제가 하느님을 사랑하지 못했다는 것을 의미합니다. 하지만 저는 하느님을 더 사랑할 가능성을 전혀 알지 못합니다. 기껏해야 몇 가지 사실만 알고 있습니다. 분명한 것은 사랑의 부족함 한가운데에 서서 그 부족함을 목소리로 고백하고 있다는 것이며, 이 고백을 수십만 명의 다른 사람들이 같은 순간에 같은 말로 할 수 있다는 점입니다. 그래서 모든 사람은 그들의 고백을 통해 서로에 대한 공동 책임을 느끼게 됩니다.

주님께서 십자가 위에서 제정하신 고백 행위는 모든 사람, 믿는 이와 믿지 않는 이에게 모두 주어진 일종의 십자가 표지입니다. 또한 하느님께서 새겨 주신 식별 표시이기도 합니다. 이 표지는 고백하러 오는 사람들에게서 어떤 식으로든 드러납니다. 하느님 아버지께서는 이 표지로 모든 것을 아십니다. 즉 성자의 십자가와 희생, 신자들 각자가 지닌 책임을 아십니다. 하느님께서는 개별 인간의 사랑을 아십니다. 그뿐만 아니라 수많은 사람들이 사랑하지 않거나 반목하며 반항하는 것도 아십니다. 이 안에서 그분께서는 '빠진 조각'이 무엇인지 아십니다. 누군가 고해성사를 볼 때, 하느님께서는 이렇게 말씀하실 수 있습니다. "이제 증거를 갖게 되었다! 나의 아들이 고통을 받았고, 그 이유를 안다. 이제 나는 왜 내가 세상을 창조했는지, 삼위일체 하느님의 진리가 무엇인지 이해하게 되었다!"

만일 아르스의 본당 신부님에게 가서 고해성사를 본다면, 분명 '이행된 행위opera operatum'가 있습니다. 하지만 놀라운 것은 제가 신부님에게 무언가를 말하면, 신부님은 하느님의 이름으로, 십자가에 매달리신 성자의 이름으로, 아버지께 버림받으신 아드님의 이름으로 전혀 다른 대답을 할 것이라는 점입니다. 신부님은 제가 한 고백의 진정성과 진실성을 알고 있습니다. 또한 제 영혼의 전체적인 태도도 파악하고 있습니다. 신부님은 저의 진실하지 못함, 미지근함, 모호함을 꿰뚫어 보시며, 제가 숨긴 조각을 손가락으로 즉시 가리킬 수 있습니다.

이것이 바로 하늘에 계신 하느님을 감동시키는 것입니다. 주님께서는 죄를 지은 여인이 향유가 든 병을 들고 오는 모습을 보시거나, 야곱의 우물가에 있는 사마리아 여인을 보시거나, 심지어 나타나엘을 보실 때 크게 감동하십니다. 이는 죄인이 자신을 열어젖히고 자신을 부수는 가운데 빛으로 들어가는 순간입니다. 이것이 바로 그리스도교의 폭발적인 힘이며, 그 중심에는 아르스의 본당 신부님이 있습니다.

17. 고해성사에 대해 아드리엔이 지녔던 태도

1) 고해성사에 자신을 내어놓음

저의 고해성사에서 가장 두드러진 점은 거의 언제나 저 자신을 내어놓겠다는 의지가 하느님께서 취하시는 행동으로 강하게 나타난다는 것입니다. 이러한 의지는 엄밀히 말하자면 고해성사 이전부터 시작됩니다. 무언가가 더 이상 완전히 신선하지 않고 정화가 필요하다는 느낌이 들 때 생길 수 있습니다. 또는 완전한 고백과 함께 저 자신을 내어놓길 바라는 하느님의 요구에 응답하는 것일 수도 있습니다. 어쩌면 요구받은 것이 무엇인지 아직은 분명하지 않을 수 있습니다. 어쨌든 이렇게 자신을 내어놓는 것이 바로 출발점입니다.

하지만 고해성사를 보는 동안 저의 내어놓음이 갑자기 하느님께서 취하시는 존재로 바뀌는 것을 자주 경험합니다. 그 결과 최종적으로 말하는 것은 원래 말하려고 했던 것과 다르게 됩니다. 비유하자면, 제가 지갑을 열어 누군가에게 자선을 베풀기로 결심했지만, 하느님께서 지갑 자체를 가져가시는 것과 같습니다.

하느님께서는 고해성사를 준비하는 동안에도 제가 말하고 싶은 것과 저 자신을 내어 드리는 방법을 선택하지 못하게 하시고

"나는 이것이 더 좋단다."[34]라고 말씀하시는 경우가 많습니다. 저는 제 기대에 부응하지 못하는 요구에 응답합니다. 대부분 분명히 고백하고 싶었던 잘못이 있었지만, 고백하는 순간 그 잘못이 더 이상 보이지 않게 됩니다. 무릎을 꿇는 순간, 제 영혼의 완전히 다른 약점이 드러납니다. 불안한 순간이 계속 이어지며 "하지만 고백하고 싶은 것이 또 있었는데……."라는 생각이 떠오릅니다. 그리고 그다음에는 제 사랑의 부족함만 보입니다.

고해성사에서 드러나는 이 벌거벗음은 두 가지 방향을 가리킵니다. 하나는 십자가에 달리신 주님의 벌거벗음이고, 다른 하나는 천상에서 갖게 되는 벌거벗음입니다. 하지만 이 두 가지 벌거벗음은 모두 우리의 선택과는 관계가 없습니다. 이제 저는 셔츠나 스카프로 저를 가리듯이 죄를 고백하는 것으로 저를 덮을 수 없으며, 오히려 더 벌거벗은 상태에 놓이게 됩니다. 그때 참회자는 모든 죄의 진흙탕에 빠져들게 됩니다. 이것은 성사의 분위기에 내재된 요소입니다.

이러한 이유로 저 자신을 벗기려는 시도를 포기해야 합니다.

---

34 또 하나의 비유다. 아드리엔은 죄 용서를 받은 후에 어떤 보속을 해야 하는지 내게 물어본 적이 있었다. 나는 이렇게 대답했다. "고행을 하지 않는 고행을 하십시오." 이는 아드리엔에게 그 반대보다 훨씬 더 어려운 일이었다.

저는 목까지 온통 진흙으로 덮여 있습니다. 그리고 여러분은 저를 볼 때, 적어도 한순간은 저와 공통점이 없다고 생각했던 모든 죄로 덮인 저를 보게 될 것입니다. '나의 친척이나 내가 아는 사람이 아직 가톨릭 신자가 되지 않았거나 특정 죄를 지었다면, 결국 그건 내 잘못일지도 모른다.'라고 생각하지만, 한편으로 '어떤 아프리카 부족의 추장이 가톨릭으로 개종하지 않은 것은 내 잘못이 아닐 것이다.'라고도 생각하게 됩니다.

하지만 이러한 단계들은 고해성사의 특정한 과정에서 주어지지 않습니다. 어떤 사람은 완전한 죄책감에 직면하게 됩니다. 저는 기도를 조금밖에 하지 못했고, 사랑을 충분히 베풀지 못해서 교회와 주님께 아무것도 남기지 않았습니다. 제 기도가 부족하지 않았다는 것을 절대 증명할 수 없습니다.

따라서 죄의 진흙으로 덮인 상태는 다른 벌거벗음의 성격을 갖게 됩니다. 예전에는 제 죄가 드러날 때 벌거벗은 느낌이었지만, 하느님께서 제가 드러내려고 했던 것보다 훨씬 더 많은 것을 드러내실 때 더욱 벌거벗겨집니다. 이제는 이 진흙에서 무언가를 끌어내기 위해 특별히 주의를 기울여야 합니다. 그렇지 않으면 이 진흙과 맺는 관계가 분명하지 않을 것입니다. 저는 진흙과 접촉하는 이 부분을 드러내야만 합니다.

그래서 저는 고백 전체가 더 이상 제 시야에 들어오지 않는 요구의 틀에 갇혀 있다는 느낌을 받았습니다. 처음에는 제가 아는 모든 것, 즉 제 눈으로 포착할 수 있는 모든 것을 말할 준비가 되어 있었습니다. 하지만 여기서 '모든 것'은 실제로 무엇을 의미할까요? 그것은 비유적인 수량에 불과하며, 제가 알거나 상상할 수 있는 모든 것을 의미할 수 있습니다. 아니면 하느님께서 제게서 듣고 싶어 하시는 모든 것을 의미할 수도 있습니다.

그렇다고 해서 이것이 진실이 아닌 것은 아닙니다. 오히려 제 진실은 하느님의 더욱 위대한 진실로 나아가는 것입니다. 만약 하느님께서 제가 인색하다고 고백하기를 요구하신다면(제 양심에 따르면 그렇지 않습니다), 그것을 고백할 것입니다. 이 순간 인색이라는 개념은 무한히 확장되어 더 이상 제가 가진 좁은 개념과는 전혀 상관이 없기 때문입니다.

하느님께서 인색을 바라보실 때, 아직 인식하지 못한 것들이 그 안에서 분명해집니다. 그러고는 이 벌거벗은 모습에서 지금까지 보지 못했던 것을 발견하게 됩니다. 그것은 마치 제 몸의 어딘가에 보이지 않던 반점이 있는 것과 같습니다. 하느님께서는 제 옷을 벗기며 이렇게 말씀하십니다. "네가 고백해야 할 오점이 바로 여기 있다."

마지막 세부 사항까지 모든 것을 보여 주고 싶어도, 고해 사제가 한쪽 양말만 벗는 것으로 충분하다고 말할 수도 있습니다. 이것은 이해할 수 없는 슬픈 선택으로 저를 놀라게 합니다. 만약 하느님께서 원하신다면 그런 선택을 하실 수도 있습니다. 시간이 조금 더 흐른 후에, 어쩌면 왜 그렇게 선택하는 것이 옳았는지 이해하게 될 것입니다.

하지만 고해성사를 보는 동안 우리가 주도권을 잃고, 더 이상 우리가 오는지 가는지조차 모르는 상태가 되는 것은 오히려 좋은 일입니다. 우리는 스스로 모든 것을 만들어 낼 수 없다는 것을 경험해야 합니다. 고해성사는 바로 우리가 결심하는 방식에 따라 나 자신을 만들어 내는 장소입니다. 이 모든 것에는 기대치의 반전이 뒤따를 수 있으며, 바로 이 반전이 나중에는 우리에게 옳고 분명하게 보일 수 있습니다.

그렇습니다. 고해성사에는 십자가에 못 박히신 성자와 함께 성부께서 서 계신 지점이 존재합니다. 참회자는 이 지점을 모르고 그것을 상상할 수도 없습니다. 하지만 객관적으로 말하자면, 이것은 사실입니다. 성자께서 세상의 죄를 짊어지신다면, 그분께서는 당신이 보시는 대로가 아니라 (죄로 인해 모욕받으신) 성부께서 보시는 대로 그 죄를 짊어지십니다. 성자께서는 성부께서 죄로 인해 어떻게 영향을 받는지 성부보다 더 잘 알고 싶어 하지 않으십니다. 십자가에서 드러난 성자의 벌거벗음은 성자께서 변하지 않은 진리 안에 서 계심을 의미합니다.

고해성사는 죄로 인해 진리를 잃고 벌거벗은 채로 살았던 아담에게까지 거슬러 올라갑니다. 아담은 벌거벗은 상태에서 진리 가운데 살았습니다. 하지만 십자가에 달리신 성자와 고해성사를 받는 죄인에게서 이 순응이 사라졌습니다. 따라서 고해성사에는 자신이 더 이상 아무것도 알지 못하는 순간, 스스로 움직일 수 없는 순간이 존재합니다. 고해성사는 그 과정을 예측할 수 없는 대화와 비슷합니다.

그럼에도 고해성사를 보기 위해서는 준비가 필요합니다. 그렇지 않으면 하느님께서 고해성사를 통해 우리를 변화시킬 수 없기 때문입니다. 그분께서는 우리가 스스로 준비하도록 도와주십니다. 우리가 자신을 그분께 내어놓길, 적어도 자신을 내어놓는 시도라도 하기를 원하십니다. 이러한 내어놓음은 그분께서 우리를 받아들이기 위한 전제 조건이기 때문입니다. 여기서 저는 항상 충분히 준비하지 못했다는 것을 고백하고 싶습니다. 하지만 일종의 수동적인 준비도 있으며, 이는 적극적인 준비와 함께 이루어집니다.

고해성사는 우리가 생각하는 것보다 훨씬 더 많은 면모를 지닌 무궁무진한 성사입니다. 고해성사를 완전히 이해하는 데는 평생의 시간도 부족할 것입니다.

2) 고해성사의 태도를 일상생활로 옮기기

죄에 대한 고백을 통해 하느님의 요구에 응답하려는 것이 고해성사의 기본 태도입니다. 하지만 그것이 전부는 아닙니다. 죄의 용서를 통해 새로운 일이 주어지며, 무엇보다도 고해성사의 태도를 지속하고 동일한 준비 상태를 유지하는 것이 중요합니다. 이 준비 상태는 사제의 권고를 통해 형성되고 지속될 수 있습니다.

제가 진보하는 여정에 있다고 가정해 봅시다. 7주 전에는 7번, 5주 전에는 5번, 3주 전에는 3번……. 만약 여기에 진전이 있다면, 과거의 일곱 가지 거짓말보다 현재의 세 가지 거짓말에 대해 더 깊이 뉘우칠 것입니다. 죄가 줄어들수록 뉘우침은 점점 커져야 하고, 영혼의 가장 깊은 곳을 더 많이 차지해야 합니다. 고해성사를 받는 동안에는 이를 제대로 인식하지 못할 수 있지만, 일상생활에서는 이를 분명히 인식해야 합니다.

한편으로는 고해성사를 받았던 기억이 있지만, 다른 한편으로는 고해성사의 은총을 다른 이에게 전해야 한다는 것도 알고 있습니다. 물론, 이미 주어진 은총이 아니라 고해성사 자체가 가져온 개방성 안에서 은총을 전해야 합니다.

따라서 이 은총을 다른 이에게 전할 때, 저 자신도 함께 전해야 합니다. 그것은 고해성사의 선물이므로 그 선물에 맞는 태도로 전해야 합니다. 그리고 제 죄를 고백하듯이 열린 자세를 유지할 준비가 되어 있어야 합니다. 더 정확히 말하자면, 제가 그렇게 유지되는 이유는 죄 때문이 아니라 고해성사 자체가 선물이며 경험이기 때문입니다.

일상생활에서의 개방성은 중요합니다. 고해성사에서 고해 사제는 공식적인 권위를 가지고 행동합니다. 사제는 교회의 이름으로 활동하기 때문에 모든 고해성사에서 중요한 역할을 맡고 있습니다. 하지만 일상생활에서는 교회가 고해 사제보다 훨씬 더 두드러지게 나타납니다. 저는 교회의 성사를 받음으로써 교회 앞에서 직무와 그 효과를 통해 전달된 새로운 의무를 제 삶에서 맡게 되었습니다.

하지만 사제는 직무자일 뿐만 아니라 하나의 인격체이기도 합니다. 교회가 사제의 직무에 완전하게 현존할 때, 이는 사제 개인과 분리되어 일어나지 않습니다. 성자께서 십자가에서 구세주로서의 직무를 수행하실 때, 그분께서는 자신의 인격 전체로 그렇게 하십니다. 마찬가지로 사제는 고해성사를 받으러 온 죄인을 위해 고해 사제가 됩니다. 더 나아가 그는 자신에게 오는 이 죄인에 대한 책임을 지기 위해 사제가 된 것입니다.

고해 사제와 참회자의 관계는 완전히 공식적이고 교회적인 것입니다. 그렇다고 해서 고해성사 이후의 일상생활에 개인적인 측면이 전혀 없는 것은 아닙니다. 이후의 일상생활에서는 직무가 물러나고 교회 안으로 다시 흡수됩니다. 이제 교회는 이웃 안에서 공동체로서 더 강하게 나타나게 됩니다.

고해성사의 비밀이 고백과 사죄의 폐쇄적인 과정을 암시하는 것처럼 보일 수도 있지만, 고해성사는 절대 사적인 것이 아닙니다. 절대로 그렇지 않습니다. 고해성사의 비밀이 지속적으로 유효하려면 그 열매가 모두에게 속해야 합니다. 이는 보속을 통해 이루어지는 것이 아닙니다. 그럼에도 크나큰 은총에 비추어 볼 때 이것이 우리가 할 수 있는 최소한의 일임을 이해해야 합니다.

남편과 아내 사이의 성행위가 비밀로 유지되어야만 그 결과로 임신과 출산이 이루어집니다. 이와 마찬가지로, 고해성사의 비밀(성행위처럼 고해성사의 비밀도 외부에 스스럼없이 이야기할 수 없습니다)에서도 분명한 결실이 나와야 합니다. 이 은총을 우리 안에서 깨달아야 합니다. 이를 인식하지 못한 채 가톨릭 신자로 살아가고자 한다면, 우리는 강도와 다를 바 없을 것입니다.

3) 천상의 상태로 옮겨 가기

천상에 있는 모든 사람은 최종적이고 결정적인 고해성사, 즉 심판과 연옥에서의 고백을 통해 영원히 남는 고백의 태도를 간직합니다. 그들은 완전히 벌거벗겨져 심판의 불 속에서 죄의 용서를 체험했으며, 더 이상 최후의 심판을 받을 은총을 잃을 수 없습니다. 하느님의 심판이 요구하는 것들로 인해 그들은 모든 것이 드러나고 명확해질 때까지 오랫동안 단련되었습니다.

이 과정의 열매는 천상에만 국한되지 않습니다. 천상에 있는 성인들의 태도가 지상으로 불러오는 은총이 있기 때문입니다. 죄인인 우리는 아직 완전한 정결에 이르지 못했기 때문에 이 은총을 잘 인식하지 못합니다.

하지만 이 땅에서 우리가 죄를 뉘우치며 다른 사람의 죄를 짊어질 때, 이 은총이 구체적으로 나타납니다. 천상에 있는 이들의 도움이 없다면 지상에 있는 사람들에게는 너무나 힘든 일이 될 것입니다.

오직 주님만이 완전한 고독 속에서 당신의 십자가를 지셨습니다. 주님을 따라 자신의 십자가를 지는 모든 이는 천상에 있는 성인들의 통공 속에서 십자가를 함께 지고 가는 것입니다.

18. 아드리엔과 성인

제가 성인들을 처음 접했을 때부터 그들은 제게 중요한 존재가 되었습니다. 그렇지 않았다면 어떻게 그들에게 가까이 다가갔을지 모르겠습니다. 제 어린 시절과 청소년 시절 동안 성인들은 제가 품었던 문제에서 어떤 역할도 하지 못했습니다. 그 문제는 하느님이 개신교 신자들이 생각하는 하느님과는 다르다는 것이었습니다. 성인의 이름이 언급될 때마다 거의 예외 없이 성인을 깎아내리는 발언이 뒤따랐습니다. "가톨릭 신자들은 하느님께 감히 다가가려고 하지 않고, 자신과 하느님 사이에 신격화되고 거룩하다고 부르는 성인들을 둔다. 그리고 성인들에게 자신의 것이 전혀 아닌 것을 기대한다. 가톨릭 신자들은 하느님을 직접 바라보지 않기 위해 그렇게 한다."

이 반론이 제게 당혹스러웠다고 말할 수 없습니다. 사실 이 반론은 그 어떤 의문으로도 이어지지 않았습니다. 하느님의 어머니를 얻게 되었을 때(성모님을 보고 공경의 예를 드렸을 때, 저는 그분을 사랑했고 그분의 역할을 이해하게 되었습니다), 비로소 성인들이 제게 다가오기 시작했습니다.

신부님이 하느님의 어머니는 회심에서 항상 특별한 역할을 하신다고 말씀하셨던 것을 기억합니다. 그때 처음으로 저는 성모님과의 관계가 있다는 것을 알게 되었습니다. 이전에는 성모님을 가톨릭 신자로서 믿어야 하는 것의 일부로만 생각했습니다. 즉 특별한 의문 없이 다른 것과 함께 '삼켜야 하는 것'으로 여겼던 것입니다. 하지만 신부님을 통해 성모님과의 관계가 진정으로 살아 있는 관계임을 깨달았을 때, 다른 성인들에 관한 질문도 처음으로 제게 심각하게 다가왔습니다. 하지만 어머니와 성인들에 관한 질문은 이미 답이 있을 때, 즉 다른 사람에 의해 인식될 때만 불타오르는 것처럼 보였습니다.

이 관계는 의심할 여지 없이 존경심을 가지고 바라보는 관계로 이루어져 있습니다. 저는 특정 성인들이 다른 성인들을 드러내는 것 같다는 인상을 받았습니다. 예를 들어, 아기 예수의 데레사 성녀는 아마도 저를 예수의 데레사 성녀에게로 데려다줄 것입니다. 아기 예수의 데레사 성녀는 처음부터 아주 분명하게 다가왔습니다.

그렇다고 해서 이러한 분명함이 아기 예수의 데레사 성녀가 지닌 부족한 부분을 간과해야 한다거나, 때때로 성녀가 저를 괴롭히지 않았다는 것을 의미하지는 않습니다. 그럼에도 성녀는 놀랍도록 선합니다. 이 선함은 제가 덜 뛰어나다고 생각하는 다른 것들을 보호하는 망토 아래로 감싸 줍니다. 이렇게 모든 것이 빠르게 지나가고 흐르는 가운데 서로 보완되는 모습이 이루어집니다.

이것은 각 성인에게도 적용되지만, 서로 다른 성인들 간의 관계에서도 특별한 역할을 합니다. 어떤 성인은 다른 성인을 '삼킬 수 있도록' 해 줍니다. 순전히 지적으로 말하자면, 예수의 데레사 성녀가 없었다면 가르멜 수도회도 존재하지 않았을 것입니다. 따라서 예수의 데레사 성녀는 아기 예수의 데레사 성녀를 이해하는 데 필수적입니다. 아기 예수의 데레사 성녀의 성성聖性 가운데 일부는 예수의 데레사 성녀에게서 비롯된 것입니다.

성인들 앞에서 단순히 무릎을 꿇지 못하는 것이 제 성격 때문인지, 아니면 일정한 거리를 두고 비판하는 것이 제 사명의 일부인지 잘 모르겠습니다. 사명과 성격을 구분하는 것은 종종 매우 어렵습니다.

성인들이 제 눈에 하느님의 거룩함을 진정으로 반영한다면,

그들을 공경할 준비가 되어 있습니다. 하지만 저는 위대한 학자를 존경하는 것과 유사한 감정을 성인에게도 느낍니다. 예를 들어, 어떤 세균을 발견한 학자가 제게 큰 감명을 주었습니다. 저는 그 학자가 자신이 발견한 세균과 관련하여 준비한 강연을 매우 듣고 싶어 하며 큰 기대를 품습니다. 하지만 개인적으로 그와 함께하고 싶은 마음은 없습니다. 아마도 그에게서 불쾌한 냄새가 나거나 그가 손을 씻지 않을 수도 있기 때문입니다. 그렇다고 해서 학자로서 그에게 깊은 인상을 받는 것을 막을 수는 없습니다. 어쩌면 그 학자가 발견한 세균에 대해 더 많이 알기 위해 연기 냄새가 진동하는 담배 같은 것을 참을 수도 있을 것입니다.

한편, 저는 로욜라의 이냐시오 성인과 비슷한 사고방식을 가지고 있습니다. 성인과의 관계가 아주 밀접하여, 자연스럽게 친교를 이루는 것 같습니다. 이냐시오 성인의 특징은 끊임없이 하느님을 가리킨다는 점입니다. 성인과 같이 가르치고 발견하는 모든 것이 하느님과의 관계에서 비롯된다는 강한 인상을 주는 인물은 드물다고 생각합니다. 제가 보기에 이냐시오 성인은 모든 성인 중 가장 바리사이적이지 않습니다.

아시시의 프란치스코 성인은 사랑스럽고 제게 큰 감명을 줍니다. 하지만 프란치스코 성인은 이냐시오 성인처럼 예리한 통찰로 하느님을 가리키지 않습니다. 현재는 그 통찰에 집중하고 있습니다. 이냐시오 성인은 총명함을 타고났지만, 초자연적인 방식으로 하느님과 깊은 관계를 맺고 자신의 사명을 완수하기 위해 끊임없이 하느님과 일했기 때문에 더욱 총명했다고 할 수 있습니다. 반면, 그가 학구적이었다고는 생각하지 않습니다.

요한 사도에 대해서는 굳이 말하고 싶지 않습니다. 신부님은 제가 요한 사도에 대해 어떻게 생각하는지 충분히 아십니다. 마리아 막달레나 성녀는 제게 매우 소중합니다. 하느님 은총의 역사를 구체적으로 보여 주었기 때문입니다. 죄에 굴복한 이 여인은 어떤 식으로든 선물을 주고 싶어 했고, 그러다가 갑자기 용서라는 선물을 온전히 받게 되었습니다.

저는 요한 세례자도 매우 좋아합니다. 요한 세례자에 대해 살펴보는 것은 흥미롭습니다. 그는 자신의 사명을 이해하기도 전에 세례를 베풀며 사명을 수행했습니다. 예수 그리스도께서는 먼저 요한 세례자를 따르셨고, 요한 세례자는 아무런 인간적인 안전장치 없이 임무를 시작했습니다. 그는 하느님의 초자연적인 카드 한 장에 모든 것을 걸었습니다.

또한 저는 시에나의 가타리나 성녀를 존경합니다. 교황님들에게 감히 생각할 수도 없는 편지를 보낸 성녀의 용기는 참으로 대단합니다. 가타리나 성녀가 그런 방식으로 그들을 나무란 것도 엄청난 용기입니다. 제가 오늘 교황님에게 다른 방식으로 일해야 한다는 편지를 보낸다고 상상해 봅시다. 교황님을 비롯해 여러 주교님과 장상들에게 그런 글을 쓴다면, 정말 큰 용기가 필요할 것입니다.

신부님은 제가 요한 마리아 비안네 성인에게 은밀한 애정을 품고 있다는 것도 아십니다. 교회의 교부들과 관련해서, 그들의 신앙이 정말 놀랍다고 생각합니다. 교부들은 신앙 전체가 일치된 모습을 보여 주려고 했고, 온 힘을 다해 그 신앙에 뛰어들었습니다. 하지만 이제는 감히 건방지다고 할 수 있는 말을 하려고 합니다. 저는 어떤 면에서 교회의 교부들과 매우 닮았다고 느낍니다. 근본적인 진리에 완전히 던져진 다음, 그 안에서 헤엄치고 있기 때문입니다. 이는 이른바 모든 주해를 해야 하는 사명에서 그렇습니다. 마치 지금 주해하는 복음의 충만함을 늘 살아야 하는 것처럼 느껴집니다.

어떤 면에서는 이것이 상당히 원초적이라고 할 수 있습니다. 이러한 충만함 안에서 이해하고 경험한 것을 단순히 이야기하기 때문입니다. 하지만 주석을 하는 사람들은 여러 해 동안 연구하고, 책을 뒤지며 자료를 수집하고, 각각의 의견을 대조하는 가운데 확인하고 숙고해야 합니다. 저의 경우에 주해하는 것은 약간의 사랑과 순명, 믿음 한 방울과 같은 것입니다. 재미있는 점은 여기에는 경험이 실천적이라는 느낌이 있고, 말하는 것이 영혼과 육체, 믿음과 희망, 사랑이 수반된 경험에 바탕을 두고 있다는 것입니다.

사람은 자신의 고유한 인격으로 대가를 냅니다. 우리가 말하는 모든 것은 언제나 선물로 받고 경험한 것, 자신이 목숨을 걸고 하려는 것과 연결되어 있습니다. 그것은 언제나 개인적인 것이며, 주관적인 것과 객관적인 것이 묘하게 섞여 있습니다. 사명에 대한 응답으로 말하는 모든 것은 실제로 객관적으로 주어지지만, 그럼에도 그것을 주관적으로 받아들이고 적절하게 적용해야 합니다. 그래야 비로소 작은 열매를 얻게 되는 것입니다.

저는 헝가리의 엘리사벳 성녀도 사랑합니다. 성녀의 가난한 사람들에 대한 사랑, 가난한 이들 가운데 계신 주님을 발견할 수 있는 능력 때문입니다. 엘리사벳 성녀는 아무리 받아들이기 힘든 일이라도 놀라거나 겁먹지 않았습니다. 그것이 바로 극기와 자기희생의 모습입니다.

또한 성녀를 지도한 신부님이 그의 발가락에도 닿지 않았다고 느끼지만, 성녀는 그 신부님이 자신을 지도하게 해 주었습니다.

그는 신부님이 자신에게 대하던 태도에 전혀 상관하지 않았고, 그런 것에 관심이 없었습니다. 이런 점에서 엘리사벳 성녀는 이냐시오 성인을 떠올리게 합니다. 그는 더 이상 존재하지 않으며, 오직 하느님의 나라와 하느님의 영광만 존재할 뿐입니다.

엘리사벳 성녀는 할 수 있는 한 최선을 다해 하느님의 나라를 선포했습니다. 성녀는 완전히 사라졌고, 자신이 여전히 존재한다는 사실이나 특별한 보호나 영예를 주장할 수 있다는 사실을 전혀 생각하지 않습니다. 그리고 절대 뒤돌아보지 않습니다. 성녀의 그런 점이 특히 마음에 듭니다. 예를 들어, 예전에 자신이 어땠는지, 지금은 어떤지에 대한 생각에 빠지지 않는 모습이 인상적입니다.

저는 빙엔의 힐데가르트 성녀를 참 좋아합니다. 특히 성녀의 강인함, 침착함, 유능함이 제 마음에 듭니다. 그가 자신의 모든 능력을 하느님을 섬기는 데 두는 모습은 정말 아름답습니다. 하느님께서 그의 인간적인 능력에 거룩함이라는 성품을 부여하시는 것도 인상적입니다. 성녀는 두 가지 삶이 아닌 하나의 삶을 살고 있으며, 직업적인 관심사와 신심 사이에서 선을 긋는 사람들과는 정반대의 모습입니다.

힐데가르트 성녀는 하느님께서 자신에게 주신 것이 무엇인지 잘 알고 있습니다. 그리고 자신의 모든 능력을 하느님께 드렸습니다. 바로 이 점이 아름답다고 생각합니다. 그는 하느님께 복잡한 기도나 특별한 신심이 필요하다고 생각하지 않습니다. 오히려 자신의 능력이 자신의 소유물이라고 여기지 않으며, 그 능력을 특별히 중요하게 생각하지도 않습니다. 성녀는 자신이 무엇을 할 수 있는지 알고 있었고, 그것은 자연스럽게 그에게 다가왔습니다. 그리고 하느님께서는 그를 축복해 주셨습니다.

저는 힐데가르트 성녀가 최선을 다해 자신의 직업과 관련해 진전을 이루었지만, 초자연적인 은총과의 관계 안에서 그렇게 했다고 생각합니다. 이냐시오 성인과 엘리사벳 성녀와 마찬가지로, 힐데가르트 성녀는 자기 자신을 전혀 중요하게 여기지 않는 모습이 인상적입니다.

요한 보스코 성인 역시 하느님을 섬기기 위해 자기 자신을 잊었습니다. 그에게서 무엇보다 가장 비참한 사람들을 돕고 싶어 하며, 인간적인 필요를 통해 주님의 필요를 더 잘 알게 되는 방법을 봅니다. "내가 헐벗었을 때에 (너희는) 입을 것을 주었다."(마태 25,36) 언제나 요한 보스코 성인을 내적인 필요의 신비로 인도한 것은 외적이고 눈에 보이는 필요인 것 같습니다.

알로이시오 곤자가와 스타니슬라오 코스트카 성인도 제가 좋아하는 성인들입니다. 이 두 성인은 마지막까지 어린아이와 같은 순수함을 유지했습니다. 저는 그들에게 기꺼이 자문하고, 함께 즐겨 대화하고 싶습니다. 그들은 "재주가 많은 작은 천사 Purzelengel"[35]와 많은 공통점을 갖고 있습니다. 알로이시오 곤자가 성인은 무례한 말을 듣는 것을 견디지 못했다고 합니다. 나중에는 그것을 완전히 무시할 수 있었다고 말하는 것이 더 정확할 것입니다.

알로이시오 곤자가 성인은 부적절한 것을 뒤로하고, 하느님 앞에서 항상 같은 순수함으로 자신의 사명을 수행했습니다. 두 성인은 탄력성이 있어 항상 둥글게 돌아가는 고무공과 같습니다. 그들은 모든 나쁜 경험을 즉시 하느님께 내어 드리고 더는 그것에 대해 생각하지 않았습니다. 절대적으로 필요한 것보다 더 오래 어려움에 머물러 있지 않았고, 하느님께서 원하시는 대로 남아 있을 수 있는 능력이 있었습니다. 그리하여 스스로 활력을 되찾을 수 있었습니다.

가타리나 라부레 성녀는 많은 점에서 저를 매료시킵니다. 그는 하느님의 어머니께서 계신 곳에 가야 한다는 이야기를 들었

---

35 이와 관련해서는 《일기 *Tagebuch*》를 참조하라.

을 때, 이를 특별하게 여기지 않았습니다. 가타리나 성녀 역시 자신을 중요하게 여기지 않았습니다. 그리고 완전한 순명에 대한 특별한 재능을 지니고 있었습니다.

가타리나 성녀가 처한 환경은 좋지 않았습니다. 하지만 하느님의 어머니께서 갑자기 자신을 부르신 것은 어떤 동료 수녀가 자신에게 경당에 가라고 말하는 것보다 더 놀라운 일이 아니었습니다. 베르나데트 성녀와의 차이점이라면, 가타리나 성녀는 이미 수녀원에 대한 경험이 있었고 신비에 관한 몇 가지 사안을 알고 있었다는 것입니다.

가타리나 성녀의 아름다운 점은 자신에게 벌어진 일을 지성으로 이해하려고 하지 않고, 일어나야 할 일이 일어나도록 온전히 자신을 내어 맡긴 것입니다. 저는 알로이시오 곤자가 성인, 스타니슬라오 코스트카 성인, 가타리나 라부레 성녀와 함께 학교에 가서 그들의 근심 없는 어린 시절을 나누고 싶습니다. 이 성인들과 함께하는 시간이 정말 소중할 것 같습니다.

19. 아드리엔, 성인 그리고 사명

1) 성인을 통한 하느님에 대한 관심

어렸을 때 성인들은 특별한 인상을 주지 못했습니다. 이냐시오 성인은 제게 강하게 다가왔지만, 그가 '성인'으로서 깊은 인상을 남겼다고는 말할 수 없습니다. 하지만 이냐시오 성인은 제 마음 안에 하느님에 대한 질문을 일깨워 주었고, 제가 하느님께 나아가도록 도와주었습니다. 나중에는 가톨릭 신자들이 운이 좋다고 생각하게 되었습니다. 도움이 필요할 때마다 부를 수 있는 특별한 성인이 있기 때문입니다. 예를 들어, 저는 지금도 무언가를 잃어버리면 파도바의 안토니오 성인에게 전구를 청합니다. 가난한 이들을 위한 돈을 기부하기로 약속하면 성인은 언제나 저를 도와줍니다.

저는 이냐시오 성인 덕분에 도움을 청하는 성인들이 항상 하느님께 이끌어 준다는 사실을 알게 되었습니다. 그때는 이것이 꽤 실용적이고 합리적인 시스템이라고 생각했습니다. 그러다가 어느 순간, 스스로에게 물었습니다. '이런 전구가 하느님에 대한 내 이미지를 훼손할까?' 아니면 '안토니오 성인에게 기도하는 것과 같은 사소한 일로 하느님께서 성인을 통해 더 가까이 다가오시는 걸까?' 당시에는 이 질문의 답을 찾지 못했습니다. 하지만 성인들은 존재한다는 사실은 결코 잊어서는 안 된다고 생각했습니다.

그때 저는 스무 살이었습니다. 그 시절에는 세상을 다시 그리스도교화하기 위한 사명을 수행해야 한다는 것을 알고 있었고, 이 임무를 위해서는 성인들이 꼭 필요하다고 느꼈습니다. 제 질문의 바탕에는 언제나 이냐시오 성인이 있었습니다. 성인은 제가 좋아하는 브로치와 같았습니다. 저는 이렇게 생각했습니다. '언젠가 이 브로치에 어울리는 드레스를 입고 싶다.' 만약 서점에서 이냐시오 성인에 관한 책을 우연히 발견했다면 바로 그 책을 구입했을 것입니다.

2) 성인에 대한 아드리엔과의 대화

저는 아드리엔에게 물었습니다. "언제부터 성인들이 중요해지기 시작했나요?"

아드리엔은 이렇게 대답했습니다. "그게 중요한가요? 그들이 성인이라는 사실보다 그들의 거룩함을 사랑합니다. 그들이 거룩하다는 것은 하느님의 거룩함을 밝히 드러내는 것이며, 하느님께서 저희에게 당신의 거룩함을 부여하신 것에 대한 응답이라는 것을 잘 알고 있습니다. 물론 이 응답에는 어느 정도 장점이 있습니다. 하지만 '당신들은 거룩하고 훌륭합니다. 하지만 우리도 해야 할 일이 있고, 당신들의 거룩함만 바라보며 시간을 보낼 수는 없습니다.'라고 말하는 순간이 올까 봐 두렵습니다. 다소 거칠게 표현했지만, 그 안에는 진실이 담겨 있습니다. 우리는 모두 하느님의 어머니께서 입으신 옷자락에 속해 있을 뿐입니다."

제가 또 물었습니다. "성인들에게서 어떻게 하느님의 거룩함을 보나요?"

아드리엔은 이렇게 대답했습니다. "인간의 삶에 얼마나 많은 장애물이 있는지 그리고 성인들이 그런 장애물을 어떻게 극복했는지를 알게 될 때, 그 극복을 통해 하느님의 거룩함이 어떻게 드러나는지 볼 수 있습니다."

제가 다시 물었습니다. "당신의 사명이 성인들보다 더 소중한가요?"

아드리엔은 이렇게 대답했습니다. "이상한 질문이군요. 얼마나 제 사명을 사랑하는지 잘 모르겠습니다. 단지 그것이 제게 한없이 중요하다는 것만 알 뿐입니다. 분명 이런 중요성에 사랑이라는 이름을 붙이고 싶을 때도 있었지만, 때때로 제 사명을 미워할 뻔한 날도 있었습니다. 가끔은 분노를 느끼기도 합니다. 하지만 절대 무관심하지는 않습니다.

저는 영원히 원을 그리며 돌고 있다는 느낌을 받을 때가 있습니다. 완전히 지쳐 있고, 발전하지 않는 사명 때문에 더 많은 사람들이 제게 등을 돌리고 있습니다. 차라리 이 모든 것을 자루에 담아 불 속에 던지고 싶기도 합니다. 아닙니다. 제 사명을 언제나 사랑한다고 말할 수는 없습니다. 하지만 제 사명이 다른 무엇보다도 중요하다는 사실은 변함없습니다.

혹시 이것이 제 삶에서 드러나는 하느님의 현존이 아닐까요? 이 일을 수천 배 더 잘할 수 있는 사람이 있을 텐데 하는 생각도 들곤 합니다. 하지만 결국 그것이 무슨 상관일까요? 저는 제 사명을 포기하느니 아무것도 하지 않고 멈출 것입니다. 그리고 그 사명을 잃는다면, 더 이상 숨 쉴 가치도 없을 것입니다."

20. 아드리엔의 내적 태도

1) 하느님 앞에 머무름

제가 어렸을 때 천사가 있었습니다. 그 천사는 저를 아주 강렬하게 하느님께로 이끌어 주었습니다. 얼마나 많은 천사를 보았는지는 더 이상 기억이 나지 않지만, 몇 년 후 어리석은 행동을 하거나 어떤 일에 '잡혀서' 하느님에게서 멀어졌을 때, 곧바로 하느님께 이렇게 말씀드렸습니다. "하느님, 죄송해요. 당신을 잊고 싶지 않았어요. 당신께서 여기 계셔서 기뻐요."

'잡혔다'라는 표현을 설명하고 싶습니다. 그것은 학교에서 시작되었습니다. 비록 학교에 가는 것을 좋아했지만, 학교는 제 생각을 일정한 방향으로 유도했습니다. 그래서 학교에 가는 것이 내적 삶을 크게 침해당하는 것으로 느껴졌습니다. 초등학교는 물론이고 '김나지움'에 들어갈 때까지, 쉬는 시간마다 하느님을 다시 찾아야 했습니다. 쉬는 시간에는 하고 싶은 대로 할 수 있었고, 제 생각과 행동으로 그 시간을 채울 수 있었습니다. 엄밀히 말하자면 그것은 기도가 아니었지만, 그 바탕에는 항상 기도가 있었습니다.

그래서 쉬는 시간은 수업 시간보다 훨씬 더 많은 '봉사'를 해야 한다는 것을 의미했습니다. 하지만 저는 종종 '잡혔습니다.' 친구들이나 다른 일에 신경을 쓰느라 '하느님께 미소를 짓는' 기회를 잃어버렸던 것입니다. 그러다가 하느님께 돌아가는 순간이 있었습니다. 지금 돌이켜 보면, 이 모든 것은 마치 천사에게 교육을 받은 것처럼 느껴집니다. 제게는 그저 습관이 되었을 뿐입니다.

그로부터 한참 후, 종교 교육 시간에 모든 것이 잘못되었고 달라져야 한다는 느낌을 강하게 받았습니다. 그래서 저는 이런 습관에서 점점 더 멀어졌습니다. 하느님을 그렇게 빨리 찾기에는 모든 것이 너무 많은 문제로 가득 차 있었습니다. 단계가 너무 멀었습니다. 어떤 순간에는 하느님을 찾고 하느님 안에서 쉬며, 기도를 모으는 시간이 있었지만, 그 사이에는 아무것도 없었습니다.

물론, 학교에서 친구들과 해야 할 일이 있었습니다. 하지만 하느님께로 돌아가는 것, 그분을 다시 찾는 것은 이전보다 드물었습니다. 하느님이 너무 달라졌기 때문에 그분을 찾기가 더 어려워졌습니다. 그래서 하루에 두세 번, 아침과 오후, 밤에 제대로 기도할 수 있게 되었을 때 기뻤습니다.

남편 에밀이 세상을 떠난 이후, 기도 시간은 두려움과 탐색, 절망과 극심한 불안정, 고통의 시간이었습니다. 저는 기도하고 싶었지만 할 수 없었습니다.

그리고 1940년, 저는 발타사르 신부님을 만나게 되었습니다. 그 후, 항상 기도하며 살 수 있다는 것을 깨달았습니다. 어린 시절에 하느님께로 되돌아가기 위한 노력이 그렇게 필요하지 않았던 것처럼, 이제는 하느님 안에 지속해서 머물기 위해 애쓰지 않아도 됩니다. 물론 아침에 묵상하거나 삼종 기도, 묵주 기도와 같은 특별한 기도 시간이 있기는 하지만, 이러한 기도는 제가 드리는 모든 기도를 요약한 것에 가깝습니다. 그리고 밤에 소리 기도를 할 때면(항상 그런 것은 아니고 말없이 기도하기도 합니다), 그 기도는 하루의 모든 것을 합친 것과 같습니다.

2) 성사

저는 일생 동안 고해성사를 열망해 왔습니다. 하지만 개신교에서 거행하는 '주님의 만찬' 예식은 매번 저를 슬픔으로 가득 차게 했습니다. 이 길이 아니라는 것을 점점 더 강하게 느꼈습니다. 아마도 개신교의 만찬 예식에 대한 부정적인 마음 때문에 참된 영성체에 대한 갈망이 약했던 것 같습니다.

그 외의 다른 성사에 대해서는 생각조차 하지 못했습니다. 사람들이 세례성사에 대해 이야기하지 않았기 때문에, 그 성사를 이해하지 못했습니다. 하지만 개종하기 전 몇 달 동안 받은 교육을 통해 성체성사에 대한 문제를 해결했다는 것을 깨달은 후, 비로소 주님과 일치하기 위한 영성체에 대한 갈망이 생겨나기 시작했습니다.

물론, 저는 성체가 주님의 선물이라는 것을 알고 있었지만 개종하기 전 마지막 몇 주가 되어서야 그것이 정말 주님의 살이라는 것을 깨달았습니다. 이론적으로 주님께서 성사 안에 '현존하신다는 것'을 알고 있었지만 '살과 피'는 완전히 새로운 개념이었습니다.

신부님에게 가톨릭에 대한 교육을 받기 전에 신부님의 강론을 들은 적이 있습니다. 그때 가장 인상 깊었던 것은 주님께서 제 안에 계신다고 말씀해 주신 것입니다. 그때부터 고해성사를 보기 전까지 영성체는 가장 중요하고 갈망하는 일이 되었습니다. 가톨릭에 입교하기 몇 달 전에 저는 일종의 예비 고해성사를 본 적이 있었습니다. 그때부터 주님을 향한 깊은 열망이 시작되었습니다.

개종을 통해 세례성사, 고해성사, 성체성사는 그 기원에서 일치를 이루었습니다. 이 세 성사는 저를 성사의 분위기로 이끌어 주었고, 그때부터 성사적인 태도와 성사를 기꺼이 받으려는 마음을 통해 천상이 지상에 현존하게 된다는 것을 더욱 강하게 느꼈습니다. 성사에는 언제나 우리가 생각하는 것보다 더 많은 것이 있습니다. 이는 또한 성사가 그것을 받는 순간, 시간을 통해 확장하고 시간으로부터 영원의 조각을 만드는 힘이 있다는 것을 의미합니다.

제가 죄를 용서받는 순간, 저는 엄밀히 말해 시간의 밖에 있습니다. 그래서 용서는 과거와 미래에 영향을 미칩니다. 마지막으로 본 고해성사는 효력을 계속 발휘하며, 다음 고해성사는 이미 그 효력을 발휘하고 있습니다. 이 앞선 효과와 뒤따르는 효과를 파괴하기 위해서는 의도적으로 죄를 저질러야 할 것입니다. 즉 나의 죄가 하느님의 은총보다 훨씬 강하다는 것을 증명하려는 의지로 말입니다.

제가 받았던 병자성사와 그에 따라 육체에 대한 작별 인사를 하면서 '카시나에서의 죽음'이 어떤 면에서 제게 새로운 육체를 선물해 주었다고 확신합니다. 또한 제가 순명하에 설명할 수 있었던 부부 관계에 대한 경험도 병자성사를 받지 않았다면 절대 이루어질 수 없었을 것입니다.

성사는 마치 그물과 같습니다. 하느님의 부르심이 살아 숨 쉬는 공간과 같은 것입니다. 우리가 이 세상에 사는 것이 조금 힘겨워질 때, 성사의 세계는 천상에서 오는 힘을 우리에게 줄 수 있습니다.

3) 고행

고행은 기도와 묵상에 도움을 줍니다. 종종 우리는 지상에서 주는 즐거움(맛있는 식사, 친근한 대화, 공연 관람 등)에 빠져 있다가 하느님의 영역으로 돌아가길 열망합니다. 이때 고행이 바로 전환을 가져옵니다. 이를 통해 우리는 더 빨리 분리되어 완전히 자유롭게 됩니다. "이 세상의 것을 좀 더 즐기고 싶어."와 같은 유혹을 받을 수도 있습니다. 예를 들어, 우아하고 수준 높은 대화가 오가는 파티에 가게 되면, 그런 분위기에 계속 머물고 싶어질 것입니다. 하느님께 충실하지 못하다는 의식이 없는 이러한 순간에도 고행은 매우 자연스럽고 필요한 것이 됩니다.

고행은 무언가에 참여하기 위해서도 필요합니다. 그것은 기도와 같습니다. 어떠한 지향을 두고 기도하기 시작하면 그 기도는 주님의 지향으로 바뀌게 됩니다. 만일 순명을 통해 고행의 한계가 명확하게 정해지지 않았다면, 주님의 고통이 너무 크게 다가와 개인적인 고행이 무의미해 보이고 지나치게 많은 것을 짊어지는 순간이 항상 찾아올 것입니다.

또한 구체적인 지향 없이 고행이 이루어지기도 합니다. 즉 명확한 무언가로 시작하지 않고, 주님의 자루에 무언가를 바로 던지며 아무런 결단을 내리지 않은 채 익명으로 고행하려고 합니다. 일반적으로 저는 사람들이 익명으로 고행한다는 느낌을 받습니다. 하지만 지향이 확실하더라도 우리는 다른 많은 사람과 함께 고행할 뿐입니다. 정확히 지금 누가 고행하는지는 중요하지 않습니다.

제3부

아드리엔 폰 슈파이어의
기도문

이 장에서는 슈파이어가 전하는 일상에서 드릴 수 있는 기도문을 소개한다. 독자들은 이 기도문을 활용함으로써 우리의 지상 여정에서 마주치는 여러 순간에 효과적으로 기도하고 주님께 마음을 올릴 수 있는 방법을 발견하게 될 것이다.

슈파이어는 아침에 드리는 기도로 시작하며, 미사를 시작할 때 드리는 기도, 강론을 듣기 전에 드리는 기도, 영성체 후에 드리는 기도, 부활하신 주님께 드리는 기도 등을 가르쳐 준다. 이러한 기도들은 우리에게 적절한 자세로 미사에 참례하도록 돕고, 특별한 전례 시기에 어떤 은총을 청해야 할지를 알려 준다.

이 밖에도 밤에 드리는 기도, 감실 앞에서 드리는 기도, 한 해의 마지막 시기에 드리는 감사 기도, 질병으로 고통받을 때 드리는 기도, 피로할 때 드리는 기도 등도 있다. 어려운 순간에 초연함을 잃지 않도록 은총을 청하는 기도와 죽음을 앞둔 순간에 드리는 기도도 가르쳐 준다. 이 장에는 아드리엔이 존경했던 로욜라의 이냐시오 성인의 '받으소서'를 통해 드리는 기도도 포함되어 있다.

제1장

지상의 기도

1. 아침에 드리는 기도

하늘에 계신 아버지, 당신께서는 낮과 밤이 저희에게 경고와 기쁨이 되도록 낮을 밤에서 분리하셨습니다. 이는 우리가 당신을 생각하고 모든 면에서 당신을 섬기는 기쁨을 느끼게 하시기 위함입니다. 또한 밝아 오는 날이 당신께 속하기를 빕니다. 이날이 당신의 교회의 날, 당신 자녀들의 날이 되기를 바랍니다. 이날은 아직 모든 것이 순수하고 무엇이든 만들어질 수 있는 가능성으로 가득 차 있습니다.

저희는 당신께서 '날'을 창조하셨기에 그것이 당신께 속한다는 것을 알고 있습니다. 저희는 당신께 순명하면서 이날을 값지고 선택된 날로, 모든 순간과 모든 곳이 당신께서 계실 수 있는 공간으로 만들어야 한다는 것을 깨닫고 있습니다. 당신께서 완전히 채워 주시는 공간은 또한 저희가 당신의 사명을 수행하도록 내어놓아야 하는 공간이기도 합니다. 저희가 순수해지도록 도와주시고, 저희에게 선한 영을 주시어 기쁘게 봉사할 수 있게 하소서.

하늘에 계신 아버지, 당신께서는 낮과 밤을 나누셨지만, 저희가 좋아하는 일과 번거롭게 느껴지는 일을 나누지 않게 하소서. 오히려 낮이 가져다주는 모든 것을 당신의 손에서 오는 것으로 기쁘고 감사하게 받으며, 그 안에 내적으로 참여하고 당신께서 미리 예견하신 일이 되게 하소서. 저희의 귀를 맑은 낮처럼 밝혀 주시고, 당신을 향해 투명하게 하소서. 낮이 흐리고 모호할 때, 저희는 결정을 내리기 어렵게 만드는 것이 저희의 불안정한 본성과 무지에서 오는 것임을 알고 있습니다.

당신께서는 태초부터 나누셨을 뿐만 아니라 언제나 결정하셨습니다. 저희도 당신께서 바라시듯이 소임에 임하고 결단하게 하소서. 당신께서는 사랑으로 낮과 밤을 가르셨습니다. 저희가 당신의 사랑으로 살아가게 하시고, 그 사랑이 저희 안에서 일하게 하소서. 저희가 당신 아드님과 함께 매일 그 날 해야 할 일 하나하나를 당신께 봉헌하게 하소서. 당신의 영께서 그 일들을 완성으로 인도하시기를 기도드립니다. 아멘.

2. 미사를 시작할 때 드리는 기도

주님, 저희는 당신의 집에 있습니다. 저희가 단지 외적인 표징 때문에 당신의 집에 있다고 여기지 않게 하소서. 제발 당신의 영을 느끼게 하시고, 당신께서 저희에게 보여 주려 하시는 모든 것을 받아들일 준비를 하게 하소서. 변화되어 당신 앞에 무릎 꿇게 하시고, 당신과 양립할 수 없는 모든 것을 내려놓게 하소서. 저희가 당신의 집에 들어가 저희 뒤로 문을 닫듯이, 이 세상에 속한 것과 당신에게서 멀어지게 하는 모든 생각을 잊게 하소서.

당신의 사랑에 속하지 않는 모든 것과 당신을 섬길 수 없는 모든 것을 잊게 하소서.

주님, 저희가 얼마나 나약하고 불완전한지, 오늘 당신께 오기 위해 얼마나 많은 수고로 결단했는지를 알고 계십니다. 모든 장애물을 얼마나 중요하게 여겼는지, 얼마나 당신의 길과는 다른 길을 가려고 열망했는지도 알고 계십니다.

주님, 이제 이 완고한 마음을 저희에게서 없애 주소서. 저희가 순수한 생각을 일구게 하시고, 성령 안에서 당신과 함께 있음을 깨닫게 하소서. 저희가 당신을 기다리고 있음을, 당신께서 저희 안에 머무르실 것을 약속하신 것을 발견하게 하소서. 이 시간을 축복하소서. 저희뿐만 아니라 이곳에 함께 있는 모든 사람을 위해 이 시간을 축복하소서. 미사를 봉헌하는 사제를 위해, 오늘 미사를 봉헌하는 세상의 모든 사제를 위해 그리고 미사를 봉헌하는 데 어려움을 겪는 사제를 위해 이 시간을 축복하소서. 모든 신자를 위해, 모든 성인의 통공을 위해 이 시간을 축복하소서.

또한 당신을 향한 여정에 있는 모든 사람, 아직 신앙의 선물을 받지 못한 이들, 당신 앞에 자신을 드러내고자 간절히 희망하는 이들을 위해 이 시간을 축복하소서. 저희의 조국과 선교 지역, 사람이 존재하는 모든 곳에서 열매를 맺을 수 있도록 이 시간을 축복하소서. 자신으로부터 해방된 저희가 모두 당신 앞에 머무는 가운데, 오직 당신만을 바라보게 하소서. 저희를 이끌어 주시고, 당신께 인도하는 여정을 시작하게 하소서.

주님, 이 시간, 저희가 당신과 전혀 상관없는 모든 것을 생각하지 않게 하시고, 당신께서 저희에게 보여 주시는 것을 위해 기도하게 하소서. 당신께서 저희에게 당신의 영을 열어 주시니 저희가 열린 영으로, 겸손한 마음으로, 사랑하는 영혼으로 저희를 이끌어 주소서. 저희를 축복해 주시고, 저희의 마음을 열어 주시며 사랑을 선사해 주소서. 아멘.

3. 강론을 듣기 전에 드리는 기도

    주님, 지상에서 설교하실 때, 당신께서는 듣는 이들의 마음에 닿을 수 있는 거룩한 말씀을 발견하셨습니다. 당신의 진리는 그들을 관통하였고, 그들이 당신을 따르며 당신을 위해 살도록 움직였습니다. 주님, 이제 사제의 강론을 축복하소서. 사제가 당신과 당신의 가르침을 유일하고 참되게 전할 수 있도록, 자신의 미지근함과 이루고자 하는 성공을 잊게 하소서.

    주님, 사제가 듣는 이들이 기다려 온 말씀을 전하며, 이 세상의 지혜가 아니라 당신의 지혜로 충만하여 당신의 사랑이 실린, 실제로 당신에게서 오는 것을 말하게 하소서. 사제가 성령으로 충만하게 하시어, 그가 당신의 말씀을 전하는 참된 중개자가 되게 하소서. 그리고 사제의 말을 듣는 저희가 참으로 당신의 말씀을 이해할 수 있도록, 저희에게 선한 영을 허락해 주소서.

    주님, 비판에만 집중하려는 저희의 집착으로 인해 선포된 내용이 저희에게 와닿지 않더라도 분노하지 않게 하시고, 사제의 부족한 표현으로 인해 당신의 말씀과 영이 아닌, 사제와 그의 나약함만을 바라보는 일이 없게 하소서.

주님, 이 시간이 거룩한 시간이 되게 하시며, 말씀을 전하는 이와 듣는 이가 당신의 영 안에서 하나 되게 하소서. 당신의 말씀을 살아 있는 하느님의 말씀으로 받아들일 수 있게 하시고, 저희 안에서 활동하게 하소서. 저희가 사는 교회가 저희의 일상 속에서도 머물 수 있도록 그 말씀을 집으로 가져갈 수 있게 하시고, 저희의 하루가 오늘 저희에게 선사하시는 당신의 은총으로 가득 차게 하소서.

주님, 저희가 들은 것을 잊지 않고 자라날 수 있게 하소서. 그렇게 들은 말씀이 성장하는 데 필요한 사랑을 저희에게 선사해 주소서. 이 사랑이 저희 안에서 활동할 수 있게 하소서. 저희 날들의 빛으로 머무르시고, 저희 사랑의 목표가 되어 주소서. 이 강론을 통해 새로운 신앙의 삶, 즉 당신의 사랑 안에서 기도와 일을 동시에 할 수 있는 새로운 신앙의 삶을 선사해 주소서. 아멘.

4. 영성체 후에 드리는 기도

  하느님 아버지, 당신께서는 저희에게 살아 계신 당신 아드님을 선사해 주셨습니다. 그분께서 성체 가운데 언제나 새롭게 저희에게 오게 하소서. 당신께서는 단순한 생명이 아니라 당신의 생명에서 나온 생명으로 그분을 저희에게 주셨습니다. 그분께서 당신 자신을 내어 주심으로써 간직하신 거룩한 힘 속에서 저희가 그분을 모시게 하소서. 그분께서 당신의 영 안에서 활동하실 수 있도록, 저희가 그분 앞에서 겸손히 작아지게 하소서. 저희의 부족함과 나약함에도, 그분께서 저희 안에 당신의 집에 계신 것처럼 느끼게 하소서.

  하느님 아버지, 저희 마음에서 당신께서 원하시는 것을 이끌어 내시고, 당신 아드님께서 저희로 인해 좌절하거나 속상해하시는 일이 없게 하소서. 저희가 한계를 두지 않게 하시고, 그분을 경계하거나 두려워하는 일이 없게 하소서. 저희가 최선을 다해 그분을 닮고 따르게 하소서. 많은 사람이 오늘 당신의 아드님을 모실 수 있는 은총을 받게 하소서. 이들이 모두 자신 안에 다른 이들을 간직하게 하소서. 그분을 모시지 못하는 이, 그분을 모시도록 허락되지 않은 이, 아직 온 마음을 다해 그분을 끝까지 열망할 정도로 알지 못하는 이들을 자신 안에 간직하게 하소서.

  하느님 아버지, 당신 아드님께서 인간이 되게 하시고 그분께 십자가의 희생과 제대의 희생을 허락하심에 감사드립니다. 저희가 모두 당신 아드님을 통해 경험하는 은총에 감사드립니다. 저희 안에 이 은총에 대한 갈증이 타오르게 하소서. 저희 자신을 위해서뿐만 아니라 당신 아드님께서 십자가 위에서 돌아가셨으며 그분과 함께 삼위일체적인 권능 덕분에 부활할 이들을 위해 언제나 이 은총을 갈망하게 하소서.

하느님 아버지, 모든 영성체를 축복하소서. 성찬례의 의미가 당신의 교회 안에서 더욱 생생하게 드러나게 하소서. 이러한 생기가 저희의 인식과 원의의 한계에 묶이지 않게 하시고, 거침없이 그 원천인 영원한 생명에서 자유롭게 솟아나게 하소서. 저희는 감사하는 행위에서 당신을 알고, 당신 아드님의 사명이 지닌 은총을 경험할 수 있는 모든 이와 일치합니다. 또한 감사에 대한 증거로 당신께 자신의 생명을 봉헌하는 지향을 시작하는 모든 이와 일치합니다. 저희에게 감사할 힘을 주소서. 그리하여 그 감사 안에서 당신께서 당신 아드님의 행위를 볼 수 있게 하소서. 저희가 드리는 감사의 정신 안에서 당신의 성령을 알 수 있게 하시며, 당신께서 원하시는 것을 위해 저희를 이용하소서.

하느님 아버지, 당신 아드님의 준비된 태도를 통해 저희도 준비된 이가 되게 하소서. 그리고 그분께서 자신의 사명을 완수하는 데 바탕이 된 그 사랑으로 저희도 사랑하게 하소서. 그 사명은 완전한 순명 가운데 당신을 사랑하는 데 있습니다. 그럼으로써 저희를 구원하시고 당신께 인도하소서. 아멘.

5. 밤에 드리는 기도

주님, 밤이 오는 걸 바라보는 당신의 자녀들이 하루의 수고를 마쳤습니다. 그들에게 평화와 쉼을 선사하소서. 당신에게서 오는 쉼이 그들을 동반하고, 하루의 무게와 근심, 번민을 없애 주시며, 그들을 온전히 새롭게 하소서. 그들에게 좋은 생각과 풍성한 기도를 허락하소서. 당신께서 곁에 가까이 계심을 그들이 알게 하시고, 당신의 선하심을 느끼게 하소서. 그들이 당신을 생각하며 잠들게 하시고, 잠에서 깰 때 당신께서 자신 곁에 계셨음을 알게 하소서. 또한 당신께서 다가오는 하루를 새롭게 계획하셨고 그들을 홀로 버려 두지 않으시며, 오히려 그들의 도움이 될 것임을 깨닫게 하소서. 오직 당신께서만 새로운 힘과 사물을 다르게 볼 수 있는 눈을 선사해 주실 수 있습니다. 그들이 새롭게 시작할 수 있도록 은총 내려 주소서.

주님, 잠든 이들과 함께 머무르소서. 또한 잠들지 못하는 이들과도 함께 하소서. 그들이 걱정에 짓눌려 잠들지 못한다면, 그들의 걱정을 덜어 주소서. 만약 고통 때문에 잠들 수 없다면, 당신께서 고통에 부여하신 의미를 그들에게 보여 주셔서, 그들이 지금 겪어야 하는 고통을 통해 당신의 현존을 느끼게 하소서. 아주 힘든 고통의 순간조차도 받아들일 수 있도록 그들에게 풍부한 생각을 선사하소서.

주님, 오늘 밤에 죽어 가는 이를 당신의 은총으로 받아 주시고, 그를 당신의 형제로 아버지께 데려가소서. 그의 죄를 눈감아 주시고, 영원히 이어질 새로운 생명을 그에게 선사하소서. 그리고 당신의 교회와 함께 머무르소서. 이 밤에 비워진 모든 어두운 교회에 머무르소서. 오직 당신께서만 그곳에서 작은 감실등과 함께 밤을 지새우고 계십니다. 당신의 현존으로 모든 공간을 채우소서. 그리하여 이른 아침에 그곳에 들어가는 이들이 새로운 기도의 힘을 선물로 받게 하소서.

주님, 당신의 신부인 교회와 함께 머무르소서. 당신의 교회가 어떠한 유혹을 받아도 타락하지 않고, 당신의 신부로서 생기 있게 하소서. 무엇보다도 당신을 당신의 어머니와 결합해 준 이 사랑을, 성모님께서 당신의 신부가 되게 해 준 사랑을 교회에 선사하심으로써, 오늘 거룩한 교회 전체가 당신의 신부가 되게 하소서.

주님, 당신 아버지의 피조물을 거룩하게 하소서. 구원에 대한 확증으로서, 당신 아버지의 작품이 좋다고 하시는 표징으로, 구원의 증명으로 당신 아버지께서 창조하신 모든 것 안에 머무르소서. 당신의 성령께서 세상에 가득 차게 하시어 세상이 회개하고, 아버지께서 구원하신 온전한 피조물로 아버지께 돌아가게 하소서. 아멘.

6. 감실 앞에서 드리는 기도

주님, 당신의 현존에 감사드립니다. 이 집에서 당신 아버지의 집을 보게 하시고, 그 집에 살고 계심에 감사드립니다. 그것은 성부와 성령과 함께 저희에게서 숨어 멀리 계시기 위함이 아니라, 저희 가운데 아버지께로 인도하는 길로 계시기 위함입니다. 저희는 이 길을 통해 성령을 소유할 수 있습니다. 여기 이곳에 성체의 신비 속에 계심에 감사드립니다. 당신께서는 숨어 계시지만 분명히 현존하시며, 저희에게 기도하는 법을 가르치시어 저희가 살아갈 수 있도록 도와주십니다. 당신의 현존이 저희에게 선사해 주는 신앙의 확신, 저희 가운데 머무르는 당신의 사랑을 나누기 위해 이렇게 왔습니다.

주님, 당신께서는 저희가 나약하고 당신에게서 등을 돌리는 것을, 당신보다 다른 것들을 더 중요하게 여긴다는 것을 알고 계십니다. 하지만 저희가 변화되기 위해 언제나 당신께서 머무르시는 이곳으로 되돌아오게 하소서. 주님, 그리하여 당신의 영이 저희를 사로잡게 하소서. 저희가 걷는 여정에서 당신께서 함께하심을 느끼고, 당신의 도움과 응답을 알게 하소서. 저희가 당신을 낯선 군주로 흠숭하지 말게 하소서. 저희에게 당신은 언제나 저희와 함께하는 형제이자 연인이십니다. 저희가 이 사랑을 향해, 당신을 아버지와 성령과 하나가 되게 하는 이 사랑을 향해 살게 하소서. 저희가 모든 곳에서 이 사랑을 느끼거나, 적어도 예감하게 하소서. 그리하여 저희가 더 이상 성령의 활동에 걸림돌이 되지 않고, 당신 은총에 투명한 존재가 되게 하소서.

주님, 지극히 투명한 모습으로 저희가 당신의 도우심을 받아 당신을 섬기며 당신의 일을 위해 수고하게 하소서. 저희가 당신을 사랑하는 새로운 사람들을 당신께 데려가게 하소서. 그리하여 성부와 성령이신 당신을 만나길 원하는 이 세상에서 사랑이 넘치게 하소서. 이곳의 당신 현존은 저희에 대한 당신 사랑의 현존입니다. 당신의 현존은 모든 상태와 사랑의 의식을 그 안에 간직한 사랑의 행위입니다.

주님, 당신께서 사람이 되시고 저희 가운데 아이로 사셨을 때, 당신 곁에는 당신의 어머니께서 계셨습니다. 그분께서는 당신께 가장 순수한 사랑을 선사하셨습니다. 또한 성모님께 이 사랑은 당신 현존의 선물입니다. 그것은 당신의 길을 평탄케 하고, 당신께 봉사한 모성적인 사랑이었습니다. 그 사랑은 성자 안에서 성부를 흠숭하며 오직 아드님에 대한 염려로 가득했습니다. 당신께서는 어머니의 사랑을 형성하셨고, 그것은 그분께서 저희에게 본보기가 되기 위함이었습니다. 저희가 당신 어머니를 바라보도록 가르쳐 주소서. 그분의 사랑에서 출발하여 당신을 사랑하고, 그분과 함께 당신을 흠숭하며, 같은 사랑의 봉사 가운데 그분과 함께 당신을 기쁘게 해 주소서. 아멘.

7. 부활하신 주님께 드리는 기도

주님, 당신의 부활에 감사드립니다. 당신께서 돌아가시고 지옥에 내려가신 후, 버림받으심을 철저히 맛보신 다음 다시 저희에게 돌아오심에 감사드립니다. 저희의 작은 버림을 기억하시고 당신의 충만한 현존으로 이를 극복하심에 감사드립니다. 비록 저희 죄의 무게로 인해 죽음을 겪으셨지만, 당신께서는 저희에게 구원의 선물과 함께 저희의 형제로 돌아오셨습니다.

주님, 당신께서는 십자가를 지게 한 것에 대한 대가를 내지 않게 하시고, 저희가 당신의 기쁨에 참여하게 하시며 저희를 다시 만나셨습니다. 당신께서는 마치 저희가 한 번도 불충하지 않았던 것처럼, 저희가 항상 당신을 믿음과 신뢰 속에서 기다렸던 것처럼 저희를 대해 주셨습니다. 당신께서는 저희를 구원해 주셨지만, 계속 저희의 형제로 남아 계십니다.

주님, 저희가 마음을 다해 감사하게 하소서. 이제부터는 당신과 당신의 어머니께 드려야 하는 감사가 저희와 함께하게 하소서. 저희가 봉사하는 모든 곳에서 저희의 감사가 열매를 맺고 그것을 느낄 수 있게 하소서. 저희가 당신의 구원으로 온 삶을 가득 채우고 언제 어디에서나 당신과 함께하며, 당신께서 아버지의 뜻을 이루셨듯이 저희도 그렇게 당신의 뜻을 이루려는 이가 되게 하소서.

주님, 당신의 수난과 구원의 열매만 맛보는 것이 아니라, 당신께서 언제나 저희의 형제로, 참된 구세주로 저희 가운데 계시다는 것을 이해하도록 이끌어 주소서. 당신의 현존이 저희의 불충실함에 충실함으로, 저희 믿음의 부족함에 더욱 큰 은총으로 응답하셨음을 절대로 잊지 않게 하소서. 어렵기도 하고 평온하기도 한 하루하루가, 당신께서 저희를 구원하셨으며 아버지께로 돌아가는 당신의 여정에 저희도 데려가신다는 사실을 아는 기쁨을 간직한 날이 되게 하소서.

성부와 성령의 축복이 담긴 당신 부활의 축복을 저희에게 선사해 주시길 기도드립니다. 아멘.

8. 성령 쇄신을 위한 기도

사랑이신 주님, 당신께서는 저희가 어떻게 모든 것에 익숙해지는지를 잘 알고 계십니다. 저희를 온전히 당신께 내어 드리고자 확고한 뜻을 갖고 기쁘게 당신을 위한 사명을 받아들였던 때도 있었습니다. 하지만 하루하루를 반복하다 보니 기도조차 제대로 드리지 못하는 것처럼 느껴집니다. 저희는 기도를 저희 자신에게만, 정확히는 저희가 손에 쥐고 있는 사소한 일을 위해 필요한 것으로만 보려 합니다. 그래서 결국 저희의 영은 이 사소한 일로 가득 차게 되었습니다.

주님, 당신께 기도드리오니, 저희 자신을 좁히지 않게 하시고, 한 번 더 저희를 넓어지게 하소서. 성모님께서 말씀하신 '예', 하느님의 충만한 뜻을 위해 준비된 '예', 오랫동안 인내하며 처음 고백했으며 매일 새롭게 확인하는 이 '예'가 지닌 힘의 일부를 저희에게 선사해 주소서. 성모님께서는 기뻐하고 평온하거나 희망하실 수 있었으며, 매일의 수고로 인해 피곤하시거나 골고타 언덕으로 인도되실 수도 있었습니다. 하지만 성모님께서는 당신 앞에서 항상 처음의 모습 그대로 계셨습니다. 그분께서는 당신께서 말씀하신 모든 것에 순명하셨고, 당신께서 염원하신 모든 것을 하려고 희망하셨습니다. 당신께서 품으신 모든 열망, 아무리 작은 열망이라도 그 속에서 당신께서 충만히 완수하신 아버지의 무한한 뜻을 그분께서는 보셨습니다.

주님, 저희가 당신과 당신의 교회 그리고 저희의 사명이 요청하는 것을 언제나 새로운 성령, 성모님께서 간직하신 '예'의 영 안에서 관상하게 하시고 긍정하며 실현하게 하소서. 저희가 성령을 위해 언제나 기도하게 하소서. 저희는 당신께서 당신의 영을 보내시는 바로 그곳, 당신께서 계시는 그곳을 알고 있습니다. 성령께서는 당신을 당신의 어머니께 인도하셨고, 어머니께서 당신을 자신의 태중에 모실 수 있게 하셨으며, 당신을 낳고 돌보게 하셨습니다. 당신께서는 성모님 안에서 당신의 영을 다시 만나셨고, 성모님으로 인해 당신의 교회를 세우셨기 때문입니다. 그리고 당신께서는 저희가 이 교회 안으로 들어가도록 불러 주셨습니다.

주님, 저희 각자가 당신 교회의 영이 부는 장소, 당신과 성령의 도움으로 당신 아버지이자 저희 아버지의 뜻을 이루는 장소가 되게 하소서. 그리하여 저희가 당신과 함께 담대하게 "하늘에 계신 우리 아버지"라고 기도할 수 있게 하소서. 아멘.

9. 초연함을 위한 기도

주님, 당신께서는 제가 당신을 섬기기를 원하는 마음을 알고 계십니다. 또한 여전히 저의 일과 의견에 많이 매달리는 것도 알고 계십니다. 저는 모든 것을 제 관점에서 숙고하기 위해 계속해서 제 안으로 굽어 들어가고, 급히 제 안으로 숨어듭니다. 다른 것을 포기하기 위해 이렇게 하면서, 제가 싫어하는 것 대신에 원하는 것을 선택하게 됩니다. 하지만 당신께서는 지상의 모든 삶에서, 특히 십자가에서 다른 분의 뜻을 행한다는 것이 무엇인지 보여 주셨습니다.

주님, 당신께 이 다른 분은 아버지이셨습니다. 당신께서는 무엇보다 먼저 그리고 아무 망설임도 없이 이 완전하신 아버지께서 결정하신 모든 것을 완전한 것으로 숙고하고 받아들이셨습니다. 지속해서 숙고하여 얻은 이해가 아니라 단순히 사랑으로 얻은 이해로 그렇게 하셨습니다. 당신 안에서 아버지를 향한 당신의 사랑은 한 번으로 영원히 모든 검증의 장소를 차지하셨습니다.

주님, 당신께서는 이 사랑을 성인들에게 선사해 주셨습니다. 이냐시오 성인은 이 점에 대해 말하고 글을 썼습니다. 그리고 장상의 뜻과 성부의 뜻, 하느님의 뜻이 사랑하는 이에게 얼마나 확정적이고 결정적인지를 보여 주었습니다. 이제 당신의 자녀다운 힘을 저희에게 허락하시어, 당신께서 아버지를 사랑하듯 저희도 그분을 사랑하는 법을 배우게 하소서. 저희는 당신과 당신의 태도를 통해 아버지께 이르오니, 당신의 순명에서 시작하여 저희도 순명하는 이가 되게 하소서.

주님, 당신의 초연함을 통해 저희도 초연한 이가 되게 하소서. 저희가 저희의 것은 아무것도 찾지 말고, 저희를 사랑하는 이냐시오 성인과 함께 즉시 당신께 인도하시고, 저희 마음의 밑바닥에 이르기까지 초연하게 하소서. 그것은 저희가 당신과 세상 앞에서 무감각하기 위해서가 아니라, 마침내 당신과 성부를 성령 안에서 모든 만물 위에 사랑하려고 하기 때문입니다. 아멘.

10. 한 해의 마지막에 고해성사를 드린 후 바치는 감사 기도[36]

주님, 저희에게 고해성사를 선사해 주시고, 당신의 죽음으로 저희의 모든 죄를 없애 주신 것에 감사드립니다. 당신께서는 아버지 앞에서 자신을 온전히 드러내고, 그분 앞에서 준비된 태도를 간직하며, 그분의 뜻을 이루고, 당신께서 저희를 두신 그곳에 머무는 것이 진정한 고해성사에 속한다는 것을 저희에게 보여 주셨습니다. 이제 올해의 마지막에, 저희는 당신께 자주 잘못을 저질렀음을 되돌아봅니다. 저희는 당신의 뜻에 따라 이루어야 했던 일들을 방치하며, 당신의 음성에 귀 기울이지 않았고, 오직 당신만을 위해 살지 않았습니다. 저희는 모든 것 안에서 당신을 찾아야 했고, 당신에게서 오는 것처럼 기쁨을 누려야 했습니다. 또한 당신께서 원하시거나 허락하신 고통을 저희의 것으로 받아들여야 했고, 날마다 당신께서 저희에게 열어 주신 시간으로 달려가야 했지만 그렇게 하지 못했습니다.

하지만 주님, 지나간 올해를 슬프게 바라볼 필요는 없습니다. 모든 해처럼 올해도 당신 은총의 해였기 때문입니다. 올해는 당신께서 저희를 도와주시고, 언제나 저희를 격려해 주시며, 기쁨과 한없는 유익을 선사해 주신 해입니다. 저희가 모든 것에서 당신을 알아보지 못했거나, 당신의 기대에

---

[36] 1951년 12월 31일.

자주 부응하지 못했다면, 오늘 당신의 은총으로 저희 안에 있는 깨끗하지 못한 것들을 버릴 수 있게 하소서. 저희를 정화해 주시고 바로잡아 주시며, 저희와 함께 새로운 것을 창조하소서. 이 모든 것을 당신 십자가의 권능으로 이루소서. 당신께서는 성금요일에 이 십자가를 지셨으며, 저희의 실패에도 불구하고 당신의 부활에 힘입어 구원의 축제가 십자가의 뒤를 따르게 하셨습니다.

주님, 당신께서 저희에게 선사하시는 죄 용서는 충만하고 완전합니다. 당신의 영 안에서 성부와 함께 영원한 삼위일체적 순수함 가운데 새로운 순수함을 다시 선사해 주소서. 그리하여 저희가 불완전하고 쇠퇴한 것 위에 계속해서 세우지 말고, 당신께서 전해 주시는 당신의 고유한 완전함의 기초 위에서 새롭게 시작할 수 있게 하소서. 저희가 당신께서 세워 주시는 것에 함께하고, 당신과 함께 걸으며 희망하고, 당신과 함께 일할 수 있게 하소서. 그리하여 고해성사의 광채가 저희의 일상 삶을 비추게 하시고, 그로 인해 죄의 용서가 이루어지게 하소서. 고해성사가 광채로 빛나 기쁨을 선사하게 해 주소서. 이 기쁨의 기원은 당신의 십자가입니다. 이 기쁨은 지나는 해의 모든 날에 당신께서 저희에게 맡기신 일을 보여 주기에 충분했습니다.

주님, 저희의 형편에 따라 모든 것을 안배하심에 감사드립니다. 하느님 아버지, 당신 아드님께서 저희를 위해 사람이 되도록 허락하신 것에 감사드립니다. 성령님, 저희의 현존재 가운데 당신의 사명을 이루기 위해 끊임없이 활동하심에 감사드립니다. 아멘.

11. 현세에서 드리는 기도[37]

하느님 아버지, 당신께서는 지나가는 시간을 당신의 은총과 현존의 선물로 맡겨 주셨습니다. 당신께서 영원한 시간 속에 사시듯이, 저희는 지나가는 시간 속에서 살아야 합니다. 저희가 당신을 떠나지 않고, 당신과의 친교 가운데 창조의 시작부터 마련하시고 베풀어 주신 은총을, 당신 아드님의 오심을 통해 새로운 풍성함과 힘을 얻으며 살아가게 하소서. 비록 돌아오지 않은 채 흘러가는 햇수들이 저희를 통해 하루하루 지나가는 흐름의 연속이지만, 당신께서 저희에게 보여 주시는 것을 영원히 찾기 위해, 당신의 사랑을 언제나 새롭게 경험하기 위해, 모든 시간이 당신의 영원함에 계속 안기는 것처럼 이 해들을 보내게 하소서.

주님, 저희는 저희가 당신의 손에 있으며, 당신께서 모든 것을 만들어 내신다는 것을 알고 있습니다. 또한 저희에게서 다만 한 가지만을 청하신다는 것도 압니다. 즉 저희가 최선을 다해 확고하게 당신을 사랑하려는 지향을 갖는 것입니다. 저희가 고립된 당신을 사랑하는 것이 아니라, 영원의 원초적인 시작부터 보여 주신 일치 속에서 당신 아드님과 성령과 함께 당신을 사랑하게 하소서. 저희의 사랑은 응답하고 보답하는 사랑 이외에 다

---

37 이 기도는 어느 아픈 수녀를 위해 작성되었다.

른 것이 아닙니다. 한 분이자 세 분으로서 영원한 사랑이신 당신께서는 언제나 저희를 먼저 사랑하십니다. 이 응답이 저희 안에서 계속되게 하소서. 오히려 그 응답으로 당신의 빛이 저희를 끊임없이 비추게 하소서. 그 응답을 강하게 해 주소서. 아멘.

12. 성모님을 통해서 그리스도께로

성모님께 드리는 기도

어머니, 저희는 당신을 통해 당신 아드님께 이르렀습니다. 당신께서는 그분을 잉태하시고 태중에 모셨으며, 낳으셨고 그분의 일생 전체를 통해 동반하셨습니다. 이는 그분을 저희에게 데려오시고 선사하기 위함입니다. 또한 인간 존재가 얼마나 그분을 모실 수 있고 이해할 수 있는지를 보여 주시고, 자신의 삶을 얼마나 당신 아드님의 삶 속에 둘 수 있는지를 알려 주시며, 그로 인해 그분께 생명을 받을 수 있는지를 보여 주기 위함입니다. 아드님의 유년기 시절, 당신과 함께 보냈던 소중한 기억과 그분의 공생활, 수난의 선물을 저희에게 전해 주기 위함이기도 합니다.

어머니, 당신께서는 모든 것 안에서 지극히 현존해 계셨기에, 그분의 현존이 전해 준 모든 것은 당신에 의해 받아들여졌습니다. 이는 당신 자신을 위해서가 아니라 저희를 위해서입니다. 당신께서는 '예'를 통해 성부, 성자, 성령을 위해 당신 자신을 준비하셨습니다. 그리하여 한 분이며 세 분이신 하느님께서는 당신을 통해 저희에게 성자를 선사해 주셨습니다. 당신께서는 저희를 그분께로 이끄셨습니다. 하지만 당신께서는 언제나 하느님 안에 계셨고, 당신의 사명의 깊은 곳, '예' 속에 계셨으며, 모든 것에서 당신 자신을 선사하는 것이 아니라 중개하는 이로 드러내길 원하셨습니다. 이러한 중개는 당신의 선물, 겸손함이 저희에게 선사한 선물이 되었습니다. 그것은 저희를 위한 선물이자 또한 하느님을 위한 선물이기도 합니다.

어머니, 오늘 저희는 당신께서 저희의 삶을 구성하는 모든 것을 당신의 '예' 안에서 새롭게 받아 주시길 청합니다. 기쁨과 희생, 저희가 걷지만 예견할 수 없는 여정에 함께해 주소서. 그리하여 저희가 당신을 통해 아드님께 도달하고, 아드님의 뜻을 실행하는 법을 잘 이해하셨던 당신을 통해서 아드님의 뜻을 실현하게 하소서. 그리고 저희가 이제는 그분께서 아버지의 뜻 안에서 저희를 위해 미리 생각해 놓으신 모든 것을 새롭게 받아들이고 원하게 하소서. 그것이 그분의 뜻이기 때문입니다. 그러나 당신을 통해 새롭게 원하게 하소서. 당신께서 행하신 모든 것이 그분께서 허락하신 사명 안에서 이루어진 것에 대해 감사하는 가운데, 당신과 함께 새롭게 원하게 하소서.

어머니, 만약 치러야 할 희생이 저희가 생각했던 것보다 더 크고 견디기 힘들다면, 저희가 당신께서 그 어떤 희생 앞에서도 물러서지 않고, 모든 것을 '예'라는 대답의 기쁨 안에서 수행하셨음을 기억하게 하소서. 저희는 당신께서 아버지 곁에서, 당신 아드님 곁에서, 성령님 곁에서 저희를 변호해 주시기를 간구합니다. 그리하여 저희가 당신의 힘으로 살아가며, 진정으로 당신을 통해 당신 아드님께 이르고, 그분 안에서 당신께서 아드님을 위해 행하셨던 것을 저희도 그분 안에서 행하게 하소서.

그리고 만약 당신께서 천사를 보신다면, 어머니, 그 천사의 발현이 당신께서 걸어가야 할 길에 대한 확신을 주었다는 것을 기억해 주십시오. 당신에 대한 사랑 안에서 당신을 돌보셨던 것처럼 저희도 돌봐 달라고, 발현을 통해 믿음 안에서 모든 것에 '예'라고 답할 수 있는 힘을 당신께 선사했듯이 저희도 그 힘을 받을 수 있도록 천사에게 청해 주소서. 아멘.

주님께 드리는 기도

주님, 인간이 되고 고통으로 들어가시기 전에 당신께서는 당신의 어머니를 어머니로서 당신을 위해 봉사하도록, 당신과 함께 당신의 희생을 감내하도록 그리고 당신의 기쁨을 나누도록 초대하셨습니다. 당신께서 어머니께 선사하신 은총, 그분께서 당신의 어머니가 되게 해 주신 그 은총은 끝없이 위대합니다. 그래서 이 은총에는 당신을 찾는 모든 이, 믿음 가운데 자신의 희생을 당신께 드리려 하는 모든 이를 위한 공간이 있습니다. 그들이 드리려는 희생은 당신을 섬기는 가운데 드리려는 삶의 희생이며, 이러한 봉사를 위해 자신을 내어놓는 희생, 또는 예견하지 못했던 비천함과 고통을 감내하는 희생입니다.

주님, 당신께서는 어머니를 지극히 사랑하셨으며 그분께 당신을 향한 지극히 순수한 사랑을 선사하셨습니다. 그러므로 당신께 청하오니, 매일 저희를 이 은총으로 인도하시고, 당신께서 어머니와 맺으신 관계 속에 저희를 위한 자리도 마련해 주소서. 그 자리를 통해 저희가 그분의 모든 희생을 당신께 새롭게 봉헌하며, 당신과 함께 그분의 모든 기쁨을 안고 살아가게 하소서. 그리고 언제나 그분께서 저희에게 당신과 함께, 아버지와 함께, 성령과 함께, 천상의 모든 존재와 함께 바라셨던 것을 수행할 수 있도록 허락하소서. 저희에게 당신을 섬기는 기쁨과 은총을 이제와 영원히 선사해 주소서. 아멘.

13. 질병으로 고통받을 때 드리는 기도

주님, 아픈 이들을 축복하소서. 자신이 아프다는 것을 알거나 아프다고 느끼는 사람, 고통을 겪는 사람, 죽음을 앞둔 모든 이들을 축복하소서. 그들이 고통을 견딜 수 있을 뿐만 아니라, 당신을 위해 고통을 감내하고, 고통 속에서 은총을 보는 법을 배울 수 있도록 그들을 축복하소서. 모든 고통이 십자가에서 당신께서 겪으신 고통을 통해 의미를 갖게 되었음을 그들에게 보여 주소서. 그것은 성부를 통해 당신께서 겪으신 고통의 의미 안에서 받아들이고 하나가 되게 하신 의미이자, 세상의 구원을 위해 사용되는 의미입니다. 만일 그들이 당신의 이름으로 고통받을 준비가 되어 있다면, 고통과 질병이 많은 열매를 맺게 해 주리라는 것을 그들에게 보여 주소서.

주님, 당신께서는 다른 사람들을 도와주기 위해, 그들의 짐을 덜어 주기 위해, 다른 방식으로는 다닐 수 없는 길을 그들이 다닐 수 있도록 이 고통과 질병을 이용하실 수 있습니다. 그들에게 힘과 용기 그리고 인내를 주소서. 그리하여 마침내 그들이 자신들에게 요구되는 고통을 사랑할 수 있는 은총을 허락하소서. 오직 당신의 사랑에서 생길 수 있고 열매를 맺을 수 있는 사랑, 비록 이 열매가 그들의 눈에는 보이지 않고, 당신께서 그들의 고통에서 생겨나는 은총을 사용하고자 하는 곳이 어디인지 정확히 알 수 없다고 해도, 당신의 사랑과 일치하는 사랑을 그들에게 선사해 주소서. 당신의 은총으로 그들의 질병 속에서 많은 사랑이 빛을 발할 수 있게 하소서. 그리하여 다른 사람들에게도 이 사랑이 전염되게 하시며, 그들의 고통이 다른 이들의 고통을 변화하는 데 기여하게 하소서.

주님, 아픈 이들의 고통을 통해 그들을 돌보는 간호사와 의사들에게 그들이 아직 알지 못하는 것을 보여 주시고, 그들을 방문하는 이들 안에서 생명과 죽음의 의미를 새롭게 깨우칠 수 있도록 이끌어 주소서. 그리하여 그들이 모두 당신 안에서 성장하여, 모든 것을 당신의 손에서 오는 것으로 감사히 받아들이고, 모든 고통을 넘어서는 당신의 은총을 보게 하소서. 아멘.

14. 피로할 때 드리는 기도

　사랑하는 하느님, 당신께 기도를 드리기에는 너무 지쳤습니다. 당신께서는 십자가를 통해 피로가 얼마나 힘든 것인지 알고 계십니다. 당신께 청하오니, 당신의 모든 천사와 성인이 당신을 흠숭하게 하소서. 그리하여 당신을 흠숭하는 데 그 어떠한 공백도 생기지 않게 하소서. 아멘.

15. 어느 노수녀의 기도

　사랑하는 하느님, 저는 당신을 섬기기 위해 수도자가 되었으며, 이 결정이 제게 아주 쉽지만은 않았음을 당신께서 알고 계십니다. 그래서 당신께서는 제게 확고한 신뢰를 주셨습니다. 당신께서 저를 위해 이 길을 선택하셨음을 알고 있으며, 제 일생 전체를 통해 제 모든 것을 당신께 봉헌하기 위한 용기를 매일 새롭게 주셨습니다. 하지만 자신을 봉헌해야 하는 삶에서 일어나는 일을 당신께서는 잘 알고 계십니다. 크고 작은 희생을 규칙적으로 반복하며 여기에 어느 정도 익숙해지게 됩니다.

    주님, 이제 당신께서는 아주 큰 희생을 요청하십니다. 당신께서 제게 선사해 주셨듯이 수도 생활을 다시 새롭게 당신의 손에 맡겨 드려야 합니다. 저는 더 이상 걸을 수 없고, 일할 수도 없습니다. 온종일 당신께 봉헌할 수 있는 것을 더 이상 저 스스로 선택할 수 없습니다. 이제 희생은 다른 형태를 보이게 되었습니다. 단지 모든 것을 받아들여야 하며, 오직 저를 당신께 봉헌하고, 언제나 새롭게 모든 것이 당신의 뜻대로 이루어지기를 바랄 뿐입니다.

    주님, 이것을 어떻게 해야 하는지 보여 주시길 청합니다. 당신께서 기뻐하시고 제 안에서 당신의 봉사를 인정하시며, 이 봉사를 하는 이는 더 이상 제가 아니라 제 안에서 일하시는 당신이 되게 하소서. 당신의 어머니와 모든 성인과 함께 저희의 이 봉사가 많은 열매를 맺게 하시고, 당신의 삶에 있어 매 순간 이루어지는 풍부함에 참여하게 하소서. 비록 저희가 피곤함 가운데 있을지라도, 당신께 모든 것을 희생하는 데 지치지 않게 하소서. 그리고 당신의 교회를 위해, 당신께 인도해 주는 길을 찾는 모든 사람을 위해 이 고통을 축복해 주소서. 아멘.

16. 임종이 가까운 때에 드리는 기도

주님, 저희는 당신의 죽음을 너무 소홀히 다루며 거의 생각하지 않습니다. 또한 저희가 죽으리라는 생각도 저희 눈에는 낯설고 멀게만 느껴집니다. 비록 저희에게 죽음이 다가오고 있다는 징후가 있더라도, 저희는 어떻게든 이 생각을 억누르며, 지상에서의 삶이 절대 끝나지 않을 것처럼 여기며 살아가고 있습니다. 하지만 언젠가 저희는 죽음을 피할 수 없음을 알게 될 것입니다.

주님, 청하오니 저희가 아무런 준비 없이 그 날을 만나지 않게 하소서. 저희의 죽음을 당신의 죽음과 일치하는 가운데 이해하게 하시며, 당신께서 저희를 위해 돌아가셨고 저희의 죽음에서 당신과 함께 있을 것을 알게 하소서. 당신께서는 저희의 죽음이 의미하던 형벌을 미래의 영원한 생명의 은총으로 인도하시고 바꿔 주셨습니다. 그리고 저희가 당신의 선물로 기뻐할 수 있게 해 주셨습니다. 고통이 지배할 때에도, 두려움이 강렬해지고 불확실함이 저희를 사로잡을 때도, 당신께서 원하신다면 저희의 삶에서 무엇인가를 받을 수 있도록 이 고통이 생기게 하소서. 그것은 당신의 안배에 따라 늦게나마 열리는 결실입니다.

주님, 두려움 중에서든 극심한 고통에 시달리든, 잠을 잘 때든, 또는 매 순간 당신이 다가오심을 경험하면서이든, 당신께서 원하시는 대로 저희가 죽음을 맞이하게 하소서. 하지만 어떤 경우든, 더 이상 당신을 생각하지 않는 가운데 죽는 일은 없게 해 주시고, 모든 죽음, 비록 비참한 죽음이라고 해도 그것은 당신께 속하며, 그것을 통해 당신께서 십자가 위에서 죽으셨음을 알게 하소서. 저희가 신자로서 임종하게 하소서. 그리하여 저희 신앙의 빛이 저희의 죽음에 함께하는 다른 이들을 비추게 하소서. 그 빛이 그들에게 도움이 되게 하시며, 훗날 그들의 시간이 왔을 때 위로가 되게 하소서. 저희가 남겨 놓는 모든 이에게 당신의 현존을 보여 주시고, 애도하는 그들의 마음을 덜어 주시며, 마지막 날까지 그들과 함께 머무르소서. 아멘.

17. 이냐시오 성인의 '받으소서'

주님, 취하소서, 그리고 받으소서

주님, 제 모든 삶을 취하소서. 당신께 청하오니, 바로 이 순간 그대로 제 모든 삶을 받으소서. 제 삶이 간직한 모든 것, 저의 힘과 열망, 수고와 함께 받으소서. 또한 제 안에서 당신에게서 멀어지게 하는 모든 것, 저 자신을 위해 예비한 것과 함께 제 삶을 받으소서. 당신께 봉헌하는 것과 함께 이 모든 것을 취하소서. 모든 것이 당신의 것이 되게 하소서.

저의 자유를 취하소서

주님, 제 날들의 자유, 제 생각의 자유, 제 수고의 자유, 제 기도의 자유를 취하소서. 이 모든 자유를 당신의 자유를 위한 순수한 봉사로 만드소서. 저의 자유를 자유롭게 안배하소서. 그 안에서 오직 당신을 섬기고 싶은 제 열망만을 바라보소서. 이것이 제가 이루고자 하는 선택입니다. 제 모든 자유를 당신께 내어 드립니다.

주님, 저의 기억과 지성과 의지를 받으소서

주님, 저의 기억을 받으소서. 더 이상 제게 속하는 것으로 기억을 채우지 않고, 오직 당신께서 그 안에 두신 것만을 취하고자 비워지고 준비될 수 있도록 해 주소서. 지금껏 특정한 목적을 위해서만 썼지만, 이제는 당신께서 가르쳐 주시는 것에 쓰고자 저를 비우게 되었습니다. 이 세상의 많은 것에 사로잡힌 저의 지성, 당신의 것이 아닌 많은 것을 이해하려 했던 저의 지성을 받으소서. 저의 지성이 당신의 봉사를 이해하게 하시며, 당신께서 사용하시도록 준비되게 하소서. 저의 지성을 풍요롭게 하고자 당신께서 허락하시고 시작하시려는 것만을 받게 하소서. 그러므로 당신의 지향과 양립할 수 없는 모든 것이 저의 지성 안에서 가라앉게 하소서. 또한 저의 의지를 받으소서. 종종 제 의지는 너무나 완고했고, 끊임없이 당신의 뜻에서 멀어지곤 했습니다. 제게서 이 의지를 온전히 거둬 주시고, 언제나 성부의 뜻을 실현하려는 원의로 저를 변화시켜 주소서.

제게 있는 모든 것과 제가 소유한 모든 것은 당신께서 주신 것입니다

주님, 당신께서는 살아가는 데 필요한 모든 것을 주셨습니다. 매일의 양식, 소소한 것들, 가끔은 여분의 편안함과 더불어 생명을 주셨습니다. 또한 당신께서는 일하기 위한 낮과 쉬기 위한 밤처럼 고유한 시간으로 예비하신 시간을 선사해 주셨습니다. 당신께서는 생각과 기도를 선사해 주셨습니다. 마지막으로 저 자신 전부와 제가 소유하고 이룩한 모든 것을 선사해 주셨습니다. 모든 것은 당신의 선물이며, 제게는 그에 대한 아무런 권리도 없습니다. 또한 제게는 아무런 공로도 없고, 당신이 아닌 다른 그 누구에게서 받은 것은 아무것도 없습니다.

주님, 이 모든 것을 주님께 도로 바치나이다

주님, 저는 멸시나 거부하는 마음으로 바치지 않습니다. 가능한 한 손상되지 않은 상태에서, 당신께서 제게 선사하셨을 당시 그 모든 것에 부여하신 유일한 의미와 가치와 함께, 당신에게서 받은 그대로 당신께 돌려 드리고 싶습니다. 당신에게서 생생하게 받은 그대로 그 모두를 당신께 봉헌하고 싶습니다.

모든 것이 다 주님의 것이오니, 완전히 주님의 뜻대로 주관하소서

주님, 모든 것을 당신께 맡기오니, 누구에게 주실지 괘념치 마시고, 관대하게 다루지도 마소서. 그저 사용하시거나 방치하실 수 있는 무관심한 것처럼 다루소서. 당신께 청하오니, 그 모든 것이 제 손에 있는 동안 그것을 제 것으로 여기듯이, 당신도 그것을 당신의 것으로 여기소서. 아무것도 헤아리지 않고 염두에 두지 않은 채 그 모든 것을 당신께 내어 드리고 싶습니다. 장차 모든 것에서, 모든 낮과 밤에 오직 당신께 속하는 것, 당신께서 안배하신 것, 그 자체로 이미 새로운 의미를 받는 것만을 보길 원합니다.

제게는 주님의 사랑과 은총만을 허락하소서

주님, 당신의 사랑은 언제나 거룩한 삼위일체의 사랑이었습니다. 당신께서는 저희가 그 사랑에 참여하게 하셨으나, 저희는 경솔하게 죄를 저질러 그것을 잃었습니다. 이제는 당신의 사랑을 허락하시어 제가 이를 최고의 선으로 여기게 하시고, 저를 그 선물을 받을 자격이 없는 이로 드러내지 마소서. 숨을 쉬는 공기보다 제게는 당신의 사랑이 더욱더 필요합니다. 당신의 사랑이 제게 지극히 긴급한 것이 되게 하시어, 당신을 섬기기 위한 자극제가 되게 하소서. 모든 것과 함께 당신의 사랑 또한 당신께 봉헌되게 하소서. 당신께서 순명하신 아버지를 당신 친히 사랑하셨듯이, 그렇게 저도 당신의 사랑을 소중히 여기게 하소서.

이것으로 제게 족하나이다

주님, 제게는 이것으로 충분합니다. 제게는 차고 넘치며, 당신을 섬길 수 있게 해 줍니다. 믿고 희망하는 사람에게 필요한 모든 것은 당신의 사랑 안에 담겨 있기 때문입니다. 당신께서 사명을 완수하신 후에 아버지께 돌아가실 때처럼, 이 사랑은 저를 풍요하게 해 줍니다. 그것은 마치 당신을 받아 안으셨을 때의 아버지처럼 풍성하며, 당신과 하나가 되셨을 때의 성령처럼 넘칩니다.

주님, 당신의 삼위일체적인 사랑은 무한하여 모든 것을 품으시며, 너무나 풍요로워서, 하느님의 사랑과 은총으로 사는 피조물이 온갖 선으로 차고 넘칠 수 있습니다. 믿음은 열렬하게 영원한 사랑에 참여하는 것만을 바랄 뿐이기 때문입니다. 영원에서 오직 사랑만 당신의 삼위일체적인 충만함 가운데 자신을 사랑할 수 있습니다. 아멘.

18. 이냐시오 성인이 아드리엔에게 가르친 기도

그리스도의 성체여, 세 가지 형상 아래 당신을 흠숭하나이다.
아버지 하느님을 닮은 신적 형상 아래
인간과 희생과 십자가의 형상 아래
시작도 끝도 없이 동그란 성체의 형상 아래

당신께서 계신 곳, 그곳에는
성부께서 창조하신 모든 것을
성자께서 수난하신 모든 것을
성령께서 생기를 불어넣어 주시는 모든 것을
어루만지는 영원한 사랑이 있나이다.

제게 당신의 사랑과 은총을 허락하소서.
제게는 그것만으로 충분하고 차고 넘치나이다.
더 이상 아무것도 바라지 않나이다. 아멘.

Corpus Christi, aodor te tribus sub tuis formis,
sub forma divina, simili deo patri,
sub forma hominis, sacrificii et crucis,
sub forma hostiae rotundae, sine principio et fine.

Ubi es, est amor sempiternus,
omnia tangens quae creavit pater,
omnia quae passus est filius,
omnia quae vivificat spiritus.

Amorem tui cum gratia mihi dones,
ac dives sum satis nec quidquam ultra posco. Amen.

19. 공평의 선물을 청하는 기도

저희의 하느님이신 주님, 당신 자녀들에게 당신을 향한 사랑에 항구할 수 있는 은총을 허락하소서. 당신께서는 저희가 어떤지 잘 알고 계십니다. 당신께서 불현듯 저희에게 오실 때 저희는 당신의 선하심에 감동했습니다. 하지만 당신의 엄격한 요구가 분명히 드러날 때 저희는 그 엄하심에 어찌할 바를 모르겠습니다. 기쁜 나날과 힘겨운 나날에 대한 강렬한 체험 속에서 당신에게서 오는 것을 바라보며 당신을 생각합니다. 그러나 반대로, 매일의 삶에서 마주하는 단조로움 속에서 저희는 미지근해지며 당신을 잊어버리고, 저희의 생각과 행동에서 당신을 멀리합니다. 여러 사건이 분주히 일어나는 날에만 당신을 찾는 것 같습니다. 마치 저희가 당신을 마음대로 다루려는 듯이 말입니다.

주님, 당신께 청하오니, 이런 저희의 태도를 바꿔 주소서. 시간이 있는 동안 저희가 회개하게 하소서. 저희를 안배해 주시고 미지근함을 뿌리 뽑아 주소서. 불이든 냉기든 아니면 두 가지 모두로 저희의 미지근함을 대신해 주소서. 그러나 당신의 영이 저희 안에 불도록 허락하소서. 당신이 아닌 모든 것을 부숴 주시고, 그 중심에 당신께서 계시지 않은 어떤 생각도 품지 않게 하소서. 그리하여 저희가 지극히 생기 가득한 사랑을 향해 나아가게 하소서. 이 사랑은 고통이나 기쁨으로 가득 차는 것을 요구하지 않습니다.

오직 당신의 것만으로 영원히 가득하게 하소서.

주님, 당신께서 저희에게 선사하신 것을 내어 줄 수 있는 은총을 주소서. 오직 그것을 통해서만 이 쓸모없는 종이 아무런 열매도 맺지 못하는 신세를 면할 수 있을 것입니다. 저희 안에 있는 당신의 사랑을 축복하소서. 그리하여 당신께서 원하시는 열매를 맺게 하소서. 아멘.

20. 주님을 멀리하는 사람들을 위한 기도

주님, 저희는 죽음, 질병, 심지어 비참함도 이해할 수 있습니다. 그러나 당신의 은총을 알게 된 후에도 당신에게서 등을 돌릴 수 있다는 것은 저희에게 이해할 수 없는 일입니다. 분명 당신의 은총에 대한 가시적이고 의심의 여지가 없는 표징을 보여 주시거나, 감미로운 부르심으로 등을 돌린 이들을 찾는 것은 당신께는 무척 쉬운 일일 것입니다. 그러나 주님, 그리하지 마소서. 당신의 지혜 안에서 그리하지 마소서.

주님, 그럼에도 저희가 온 힘을 다해 당신께 그것을 청하게 하소서. 저희의 외침이 당신에게서 멀리 떠나간 이들의 미지근함을 꿰뚫게 하시고, 교회의 구성원들이 그들을 위해 고통받게 하소서. 그리하여 그들을 위해 봉헌한 모든 희생을 받아 주소서. 당신께 청하오니, 그들이 돌아올 수 있게 하시고, 이를 위해 당신께서 보시기에 합당한 값을 저희가 치르게 하소서. 저희는 당신께 드리려 하지만, 당신께서는 당신의 믿음과 은총을 새롭게 그들에게 선사해 주소서.

주님, 이렇게 말하는 저희 안의 믿음을 너무 가볍게 여기고 저희가 지키기에 너무 힘든 약속을 하려는 경향이 있음을 잘 알고 있습니다. 저희에게 모두 당신의 자비를 허락하시고, 저희의 나약함에 힘을 불어넣어 주소서. 아멘.

21. 자신에게서 해방되기 위한 기도

주님, 저를 해방시켜 주시고 당신과 함께 저를 받아 주소서. 당신께서는 여정 중에 저를 멈춰 세우는 사슬을 제게 보여 주셨습니다. 아직 이 사슬이 장애로 작용하고 있다면, 그것은 분명 제 깊은 곳에서부터 그 사슬을 놓기로 결심하지 않았기 때문입니다. 조금의 자유밖에 없는 것에 대해 자주 한탄하고 탄식하지만, 일상의 삶과 일에 뒤따르는 속박만을 생각합니다. 진실로, 이 속박은 기껏해야 외형적인 형태일지라도 여정을 실제로 가로막는 것도, 참된 흐름을 규정하는 것도 아닙니다. 아마도 그것은 조그마한 시험일 것입니다. 진실로 무거운 것은 외부에서 오지 않고 제 안에 살아 있으며 그 안에서 만들어집니다. 이 모든 것은 제가 붙잡는 것, 포기하려 하지 않는 것, 의지하는 것, 안락함을 주는 것, 가질 권리가 있다고 여기는 것과 연관됩니다.

주님, 당신께 청하오니, 제가 보기에 제 영혼에 당연한 소유로 귀속되지만, 당신을 향한 제 사랑을 마비시키는 모든 것을 가져가소서. 제 안에서 제 이웃을 향한 당신의 사랑을 멈추게 하고 굳어 버리게 하는 모든 것을 제거해 주소서. 당신의 사랑이 거침없이 자유롭게 흘러넘칠 수 있도록, 제가 모든 사람을 향한 당신 사랑의 물줄기 속으로 사라지게 하소서. 아멘.

22. 유용한 사람이 되기 위한 기도

아버지, 저희의 모든 삶이 기도가 되게 하소서. 당신을 향해 불타오르고 그 불꽃 안에서 악하고 부적절한 모든 것을, 제 것과 제 것이 아닌 것을 앗아 가는 기도가 되게 하소서. 당신의 영으로 저희의 기도를 가득 채우고 선하게 하시어, 당신의 기도가 되게 하시고 이를 통해 사용하여 주소서.

주님, 저희 안에 악이 존재하지 않게 하시고, 그것을 변화시켜 주소서. 아무리 고통스러워도 당신의 활동에 저희를 열게 하소서. 저희가 회개하게 하시고, 당신의 이름으로 그 회개가 이루어지게 하소서. 아멘.

23. 주님의 수난을 묵상하며 드리는 기도

주님, 당신께서 수난하시는 동안 당신의 영광은 점점 가려집니다. 사람의 아들이신 당신께서는 비참함과 적나라함에 있어서 저희와 무한히 닮은 단순한 인간이 되셨습니다. 당신의 수난을 묵상하면(당신께서는 매번 저희에게 이를 선사해 주십니다) 마치 시간이 멈춘 듯이, 당신의 현존 가운데 오래 머뭅니다. 저희는 주님의 수난이 지속되는 기간뿐만 아니라 그 내용으로 인해 더욱 놀랄 뿐입니다. 저희 안에 있는 모든 것은 단순한 인간 존재로 환원됩니다. 다시 말해 모든 것은 고독으로, 더 나아가 버림받음으로 변화됩니다. 당신께서는 어두운 밤에 저희를 위해 그토록 고통받으셨습니다. 저희는 부활의 존재에 대해 더 이상 알지 못합니다.

주님, 저희는 당신의 어깨 위에 놓인 저희 죄의 무게를 더 이상 감당할 수 없습니다. 그러니 길을 표시해 주시고, 당신께서 원하시는 모습, 가능하다면 십자가의 모습을 저희에게 부여해 주소서. 아멘.

24. 소유하지 않은 것에 집착하지 않기를 청하는 기도

주님, 당신께서는 제가 가진 것을 풍성하게 주셨습니다. 이제는 제가 갖지 않은 것, 지금까지 제게 거부된 것, 고요함, 안식, 피신처와 같이 얻을 수 없을 것 같아 추구해 왔던 모든 것을 주님께 봉헌하게 하소서. 이제 저는 이 모든 것이 당신께 속한다는 것, 당신 안에서만 참으로 보호받는다는 것을 알고 있습니다. 더는 그것 때문에 부르짖지 않겠습니다. 이제 불안함과 공허 속에서 걷는 제 여정에 더 이상 염려하지 않겠습니다. 당신 안에 평화가 있습니다. 당신께서는 제게서 평화를 받으셨습니다. 당신께서는 아무것도 잃어버리지 않고 이 평화를 다시 나누어 주실 수 있습니다. 당신 안에 피신처가 있습니다. 그 누구에게 피신처가 있겠습니까? 당신께서는 그것을 나누어 주십니다.

주님, 영원히 찬미받으소서. 저희가 찾는 것은 당신 안에 있습니다. 저희가 의지적으로 주겠다고 생각한 것은 당신께는 처음부터 있었습니다. 그럼에도 그것을 마치 저희의 손에서 오는 것으로 받으시니 감사드립니다. 저희가 소유하지 않은 것을 받으실 뿐만 아니라 그것을 보존해 주소서.

주님, 오직 당신만 시작이 되실 수 있습니다. 저희에게는 당신께서 뿌리신 씨앗에서 솟아난 몇몇 이삭을 모으도록 맡기셨습니다. 저희는 이미 당신의 것이던 것을 당신께 봉헌합니다. 생생한 불은 완전히 연소하여 재가 되기 전까지 활활 타오르는 것을 멈추지 않습니다. 하지만 그 누구도 재에 주목하지 않습니다. 땅에 흩뿌려진 재는 열매를 맺을 수 없고 효과가 없으며 있는 그대로 감춰져 있습니다. 그러나 재는 알 수 없는 임무에 활용되기 위해 사라지기 전까지 밟힐 수 있습니다.

주님, 저희가 재로 돌아가기까지 저희를 불살라 주시며, 당신의 뜻대로 저희를 흩뿌려 주소서. 혹여 제가 원하는 것을 다시 말씀드리려 한다면, 제 말을 듣지 마소서. 외적으로 드러난 모든 것을 거슬러, 저는 오직 당신의 것이며 오직 당신의 뜻만 알고 있음을 믿어 주소서. 아멘.

이 장에서 슈파이어는 천상에 있는 이들이 드리는 기도의 다양한 예를 소개하고, 지상의 여정을 살아가는 우리가 그들의 기도에 참여하도록 초대한다. 이 장의 내용은 요한 묵시록의 여러 구절에 대한 설명을 바탕으로 한 기도에 중점을 두고 있다.

특히 슈파이어는 "도성의 성벽에는 열두 초석이 있는데, 그 위에는 어린양의 열두 사도 이름이 하나씩 적혀 있었습니다."(묵시 21,14)라는 구절을 통해 사도신경을 상세히 설명한다. 이어서 요한 묵시록에 등장하는 '어린양의 생명의 책'과 어린양의 옥좌 앞에서 시종들이 드리는 흠숭 기도에 대해서도 설명하며, 우리도 천상에 있는 이들처럼 찬미와 흠숭 그리고 감사 기도를 드리도록 이끌어 준다. 또한 요한 묵시록이 우리에게 주는 은총을 알려 주고, 주님의 기도를 영성적인 관점으로 해설해 준다.

제2장

천상의 기도

1. "하느님의 영광이 도성을 비추고
그분의 빛은 어린양입니다."[38]

전능하시며 무력하신 주님, 당신께서는 당신의 거룩함 가운데 모든 것을 동시에 계시하십니다. 저희 각자를 이기고 인도하실 수 있는 당신의 전능하심, 저희 각자의 사랑과 내어놓음을 필요로 하는 당신의 무력하심이 그렇습니다. 당신께서는 길을 걷고자 준비된 모든 이에게 친히 길이 되어 주시며, 그들이 길을 걷도록 비춰 주는 빛으로 당신의 거룩함 전체를 그들의 처분에 맡기십니다. 당신의 빛이 없다면 어떤 문도 발견할 수 없고, 어떤 길도 마련될 수 없습니다. 당신의 빛이 없다면 당신의 신자들은 가장 기초적인 거룩함에조차 도달할 수 없을 것입니다. 저희에게 거룩함은 저희 안에 있는 믿음이 당신의 빛과 만나는 데 있습니다. 저희는 언제나 당신의 빛에서 믿음을 선사받으며, 당신과 함께 다시 그 빛을 발하는 것을 허락하십니다.

주님, 당신께서는 최고의 거룩함의 표징으로 당신 아드님의 십자가를 도성의 중심에 세우셨습니다. 당신의 신자들이 거룩함을 향한 여정을 걷

---

[38] 이 장에 있는 기도들은, 하늘에 계신 하느님의 옥좌 앞에서 울려 퍼지기에 지상 교회의 기도라고 하는 것이 더 정확할 것이다. 지상 교회와 천상 교회는 하나이며, 지상 교회는 요한 묵시록을 통해 천상 교회에 대해 알 수 있다. 이 기도의 유래에 대해서는 이 책의 제1부를 참조하라.

게 하실 때, 그들에게 당신께 의합하는 정도와 방식에 따라 바로 이 십자가를 선사해 주소서. 이는 그들이 십자가를 받고 짊어지며, 아드님과 함께 전능하신 하느님께 되돌려 드리기 위함입니다. 당신 아드님이 성인들과 함께 당신께 자신의 십자가를 되돌려 드리게 하소서.

주님, 아드님과 함께 십자가를 받으소서. 그리하여 아버지이신 당신께서 당신 종들에게서 당신 아드님의 모습과 업적을 다시금 알 수 있도록 그분께서 보게 하소서. 당신께서는 당신 아드님께서 그들을 위해 십자가에서 얻으신 거룩함을 선사해 주셨습니다. 당신께서 당신 아드님의 완전한 희생을 받으셨음을 그분께서 당신을 향한 완전한 사랑 안에서 경험하시도록, 십자가의 인장이 성인들이 봉헌하려는 희생 가운데 보이게 하소서.

주님, 요한 사도에게서 완전한 도성에 대한 소식을 받은 저희가 모두 새로운 사랑과 믿음 그리고 희망 안에서 당신을 섬기기를 원합니다. 저희는 기가 꺾인 저희 힘의 한도 내에서 당신 아드님의 업적에 협력하길 원합니다. 그리하여 당신 아드님께서 아버지께 드린 영광이 저희 안에 그리고 저희에게 맡겨진 모든 사람 안에 드러나게 하소서. 아멘.

2. "도성의 성벽에는 열두 개의 초석이 있습니다. 그리고 그 위에는 어린양의 열두 사도의 이름이 하나씩 적혀 있습니다."[39]

전능하신 천주 성부 천지의 창조주를 저는 믿나이다

하느님, 거룩하신 아버지, 당신께서는 하늘과 땅을 창조하셨습니다. 그리고 이제 요한 사도의 현시를 통해 새로운 빛으로 이 둘을 채워 주셨습니다. 당신께서는 요한 사도에게 당신의 거룩한 도성의 빛으로 조명된 창조 세계를 보여 주셨습니다. 이 도성을 환히 비추는 빛은 바로 당신 자신이십니다. 당신의 빛은 만물을 통해 광채를 발하며, 당신의 거룩함으로 은총을 입은 이 도성 전체는 투명하고 찬란하게 빛나며 풍요롭습니다. 아버지, 당신께 청하오니, 당신의 모든 백성, 교회, 사제, 당신을 믿는 이, 당신을 찾는 이, 진리를 향하는 이, 이미 진리를 간직한 이들에게 이와 같은 거룩함을 선사해 주소서. 그 진리는 바로 당신 사랑의 빛이기 때문입니다.

---

39 이 기도는 사도신경이 어떻게 열두 개의 문을 여는지 보여 준다. 신앙 고백의 각 조항이 어떤 개별 사도에게 귀속되거나 특별히 유효한 것이 아니라, 사도들(모든 사명은 주님의 유일한 원천에서 유래하므로, 서로 자신의 사명을 나누는)의 은총의 영이 도성의 열두 개의 문을 연다. 따라서 열두 개의 조항은 모든 사도에 의해 공통으로 선언되었을 뿐만 아니라 각각의 사도에 의해 그 자신만의 특별한 방식으로 선포되었다. 이 기도에서는 거룩한 도성의 빛 안에서 사도들의 고백이 어떻게 드러나는지 볼 수 있다. 즉 신앙 고백이 천상의 영 안에서 어떻게 기도가 되는지 보여 주는 것이다.

그 외아들 우리 주 예수 그리스도님

하느님 아버지, 당신께서는 저희에게 당신 외아드님을 선사해 주셨습니다. 그분께서는 저희의 주님이십니다. 당신께서는 저희가 그분을 통해 당신을 볼 수 있도록, 당신 친히 저희에게 계시하시는 데 합당하게 그분에 대한 믿음을 저희에게 주셨습니다.

아버지, 저희가 모두 당신의 은총 안에서 저희의 기억과 영, 의지를 취하고 받게 하소서. 그리하여 저희 안에 있는 모든 것이 당신의 빛에 대한 믿음으로 이루어지게 하소서. 저희는 모두 당신께 청합니다. 저희에게 빛을, 당신 아드님에 대한 믿음 가운데 저희에게 선사하신 그 빛을 주소서. 그리하여 당신께서 당신 아드님께 빛을 주시고, 그분께서 보답으로 선사해 주셨듯이, 그 빛이 저희에게서 빛나게 하소서. 또한 당신 아드님에 대한 저희의 믿음이 당신의 완전한 빛이 요청하는 믿음이 되게 하소서.

성령으로 인하여 동정 마리아께 잉태되어 나시고 본시오 빌라도 통치 아래서 고난을 받으시고 십자가에 못 박혀 돌아가시고 묻히셨으며

아버지, 당신께서는 저희에게 당신 아드님을 선사해 주셨습니다. 저희 가운데 그분의 삶은 말로 그리고 일반적인 인간의 삶을 묘사하고 집약하는 방식으로 헤아려질 수 있습니다. 그러나 그 기원에 있어 당신께서는 성령을 통해 그분을 보내셨고, 동정녀의 태중에 잉태되게 하시며 동정녀께서 그분을 낳게 하셨습니다. 이로써 당신께서는 그분을 영원히 낳으시고 당신의 태중에 모시듯이, 저희도 모두 성령 안에서 그러한 탄생의 신비에 참여하게 하셨습니다. 또한 저희가 믿음과 순명, 지혜 안에서 그분과 함께 성장하게 하셨습니다.

    아버지, 저희 제자들의 삶이, 신자들의 삶이 당신 아드님의 지상의 삶과 마찬가지로 지극히 단순하고 분명하게 집약되게 하소서. 모든 삶에 거룩함을 주신 당신께서, 그 삶이 있어야 할 그대로 되게 하소서. 그리하여 당신 아드님께서 그 삶에 선사해 주시는 은총에 합당하게 하소서. 또한 성령께서 저희의 성장과 변화에 참여하게 하소서. 당신의 영광을 위해 아드님께서 저희에게 당신의 뜻에 따라, 당신 안에서 그분의 형제들 가운데 하나로서 합당한 삶을 선사해 주시도록 허락하소서.

저승에 가시어

    아버지, 당신 아드님께서는 십자가에서 돌아가신 것 이상으로 저승에, 살아 있는 그 어떤 존재도 밟아 보지 못한 가장 버림받고 절망적인 곳으로 내려가셨습니다. 그분께서는 당신의 모든 신비에 더욱 충만하게 참여하기 위해 그렇게 하셨습니다. 이는 그분께서 당신에 대한 헌신 안에서 그리고 당신을 향한 사랑 안에서 언제나 더욱더 당신께 자신을 의탁함을 드러내기 위함이었습니다. 그분께서는 십자가 저 너머를, 저승에 내려가시는 한층 더 깊은 저 너머를 당신께 봉헌하셨습니다.

    아버지, 당신 아드님께서 저희에 대한 사랑으로 저희를 위해 수난하고 이루신 것을 알고 있으니, 저희가 이에 대한 감사를 드러내게 해 주소서. 당신께서 성령 안에서 아드님께 선사해 주신 바로 그 사랑에서 시작하여, 저희가 하는 모든 것과 저희가 고통받는 모든 것을 당신께 봉헌할 수 있게 해 주소서. 저희가 희망하고 사랑하는 모든 것을 당신께서 기뻐하시고 당신의 마음에 들도록 봉헌할 수 있게 해 주소서.

아버지, 당신 아드님의 은총이 저희 안에서 흩어지지 않게 하소서. 저희의 '예'라는 응답이 강력하게 울려 당신께서 그것을 철회될 수 없는 힘 있는 '예'로 받아주시도록 해 주소서. 당신께서는 그렇게 저희의 응답을 들으실 수 있습니다. 저희가 받은 당신 아드님의 차고 넘치는 사랑과 은총은 저희의 힘이 미치지 못하고 굴복하는 곳에서, 더 이상 능력이 없는 그분의 힘으로 저희의 순수한 시도가 진정한 업적이 될 수 있도록 보증이 되어 주기 때문입니다. 그분의 업적, 그분께서 어두움 속으로 내려가심을 통해 당신과 당신의 영원한 빛에 봉헌하는 바로 그 업적이 되게 하소서.

사흗날에 죽은 이들 가운데서 부활하시고

한 분이며 세 분이신 하느님, 죽은 이들 가운데 성자의 부활과 함께 그분께서 새롭게 영원한 생명으로 들어가심으로써 모든 신자와 교회 전체의 쇄신이 이루어지게 하소서. 이를 통해 창조 세계 전체도 쇄신되게 하소서. 나약한 저희를 그분 부활의 권능으로 일으켜 주소서. 이제껏 저희의 삶으로 불러온 이 옛 삶을 당신의 은총으로 포기하게 하소서. 주님께서는 죽은 이들을 방문하시고 그들 가운데서 부활하셨습니다. 이는 죽은 모든 이, 이미 땅에 묻힌 이들과 아직 땅속에 머무는 이들이 모두 그분의 부활에 참여할 수 있게 하기 위함입니다. 성자께서는 부활하심으로써 그분 십자가의 업적을 완전한 충만함으로 인도하셨습니다.

주님, 당신과 함께 들어 올려지게 하시고, 비록 당신께서 끌어 올리셔야 할 것의 무게가 늘어난다고 해도, 저희가 당신과 함께 감히 저희의 무덤에서 나오게 하소서. 저희 가운데 아무도 썩어 없어지는 이가 없게 하시고, 저희를 모두 취하시어 하느님 아버지께로 이끌어 주소서. 저희를 당신 부활의 빛에 참여하게 하소서. 그 빛은 천상에 있는 당신 성전의 빛이며, 당신께서 성부와 성령과 함께 거룩한 도성에 주시는 빛입니다.

하늘에 올라 천주 성부 오른편에 앉으시며

아버지, 당신 아드님께서는 당신과 일치하는 가운데 인간이 되기 위해 당신을 떠나셨습니다. 이제 당신께서는 그분을 새롭게 당신의 현존 가운데 받아들이십니다. 당신께서는 그분께 당신 왕좌에서 오른편에 있는 영예의 자리를 주셨습니다. 그분께서는 당신 곁에서 성령과 하나가 되어 천상의 완전한 일치의 기쁨 가운데 온 세상을 통치하십니다.

아버지, 당신의 교회가 이 기쁨에 참여하게 하시며, 절대 당신의 일치를 잃어버리지 않게 하소서. 이 일치가 천상의 거룩한 도성에서 관상되고 찬양되듯이, 오늘 교회가 이 땅에서 이 일치를 믿고 확증할 수 있도록 당신 아드님께서 교회 전체를 당신께 데려가게 하소서.

아버지, 저희의 끝없는 거리에서, 저희를 짓누르는 모든 부족함에서 당신의 눈길을 멈추지 마소서. 오히려 당신 천상의 거룩한 교회의 도움으로 저희를 받아 주시고, 저희를 위해 중재 기도를 드리는 모든 성인의 도움으로 저희를 받아 주소서. 그리하여 저희가 영원히 당신의 얼굴을 관상하며 기뻐할 수 있도록, 저희가 당신을 그리고 성령과의 일치 안에서 당신과 함께 통치하시는 당신 아드님을 관상할 수 있도록 저희를 받아 주소서.

그리로부터 산 이와 죽은 이를 심판하러 오시리라 믿나이다

아버지, 당신께서는 요한 묵시록에서 당신의 심판에 대한 시선을 저희에게 선사하셨습니다. 저희가 오직 당신과 함께 이 심판을 경험한 이후에야, 당신께서는 당신의 거룩한 도성의 영광을 드러내십니다. 당신 아드님께서는 그분 생명의 책에서 저희 각자에 관한 내용을 기록하셨습니다. 이것은 그분 사랑의 표현입니다. 이 사랑이 진리가 되도록 하소서. 그리하여 저희 각자가 당신께 이르게 하시고, 저희에게 이 은총을 허락하소서.

아버지, 이 빛을 저희에게 선사해 주소서. 저희가 비록 당신의 심판 앞에서 크나큰 죄인이며 그 순간에야 비로소 죄의 심연을 이해한다고 해도, 당신의 심판으로 저희를 정화해 주소서. 당신의 불로써 저희 안에서 저희를 당신에게서 멀어지게 하는 모든 것을 없애 주신 후, 당신 아드님께서 사랑의 심판을 통해 저희를 받아 주게 하시고 저희를 당신께 데려가게 하소서. 당신께서 당신 아드님을 사랑하신 것과 같은 사랑으로 성부, 성자, 성령의 이름으로 이것을 이루어 주소서.

성령을 믿으며

아버지, 당신께서는 당신 아드님을 통해 저희에게 성령을 선사해 주셨기에, 성령을 믿습니다. 당신께서는 옛 계약에서 성령을 약속해 주셨으며, 거룩한 세례와 견진을 통해 모든 신자에게 새로운 방식으로 성령을 주십니다. 저는 이 성령을 믿습니다. 당신 아드님께서 당신과 함께 돌아오신 이후, 열두 사도에게 성령을 보내 주셨기 때문입니다. 오순절 때에 성령을 보내기 위해 준비하실 때, 당신께서는 성령 안에서 새로운 희망을 선사해 주셨습니다.

아버지, 당신 아드님께서 천상에서 오심으로써, 그분의 죽음과 부활을 통해 저희에게 분배해 주신 은총은 그분께서 천상에 오르심으로써 끝나지 않습니다. 당신 아드님께서 저 높은 곳에서 저희에게 성령을 보내시는 것을 허락하시면서, 사명을 마치고 당신께 돌아간 당신 아드님을 받아 주셨음을 저희에게 보여 주셨습니다.

아버지, 지금부터 장차 천상 은총이 이 땅에 내리는 것을 멈추지 마소서. 이렇듯 당신께서는 영원히 지속될 희망을 성령 안에서 선사해 주셨으니, 저희에게 이 희망을 허락하소서. 이 희망을 선사해 주시어, 언제나 새로운 믿음이 되게 하시며 당신의 거룩함의 빛 가운데 언제나 새롭게 인증되게 하소서. 무엇보다도 당신 영의 사랑을 당신과 당신 아드님 그리고 이 사랑의 영의 이름으로 선사해 주소서.

거룩하고 보편된 교회를 믿으며

주님, 당신께서는 저희에게 거룩한 교회를 당신의 신부로 맡겨 주셨습니다. 교회는 신랑이신 당신에 대해 말해 주어야 하며, 그분께서 저희 안에서 생기 있게 해 주어야 합니다. 당신께서는 성부와 성령 앞에서, 당신 어머니를 비롯하여 모든 성인과의 친교 안에서 당신 자신을 이 교회의 신랑으로 고백하십니다. 당신께서는 그 모든 이와 함께 교회 안에서 저희를 위해 준비하고 계시며, 버려질 위협을 받는 세상의 구원을 위해 나뉠 수 없는 사랑의 단일함으로 교회를 세우셨습니다.

주님, 당신의 교회를 선물로 주심에 감사드립니다. 저희의 믿음이 이 감사의 표현이 되게 하소서. 아직은 나약하고 미지근한 믿음일지라도, 저희의 믿음 안에서 당신과 성부 그리고 성령을 향한 저희의 감사를 보소서. 세 분께서는 교회 안에서 저희에게 한 분이자 세 분이신 사랑의 상호 간 빛 속에서 저희를 받아 주시겠다고 약속하셨기에 감사드립니다.

모든 성인의 통공을 믿으며

아버지, 당신께서는 천상에서 거룩한 도성, 어린양의 신부를 보여 주셨습니다. 그럼으로써 저희가 더욱더 당신을 알고 경험하며, 당신의 빛으로 언제나 깊이 감화되기를 열망하게 하소서. 당신께서는 당신의 신부가 어떠한 불투명함도 없이 빛을 받듯이, 그 충만한 거룩함과 순수함 가운데 보여 주셨습니다.

아버지, 저희는 죄인이며, 거룩한 도성에 받아들여지기에 필요한 거룩함을 받아들이는 것에서 멀리 떨어져 있음을 알고 있습니다. 하지만 당신께서는 교회 안에서 이 도성의 형상을 선사해 주셨으며, 저희에게 주신 믿음을 통해 진정한 성인들과의 친교 안으로 들어가게 해 주셨습니다. 그러니 당신에 대한 믿음의 힘으로 이제 저희가 천상의 거룩함에 참여할 수 있는 선물을 허락하소서. 믿고자 하는 저희 각자를 당신 교회 안에 받아 주시어, 그분의 신부 안에서 당신 아드님의 거룩함에 참여하게 하소서. 저희 안에 당신께서 머무르시며, 저희에게 언제나 더욱 성장하는 선물을 허락하심에 감사드립니다.

아버지, 당신의 은총으로 저희 각자가 이 사랑의 친교 안에 받아들여지게 하시고, 많은 사람에게 이 친교에 들어가기 위한 길을 가르치게 하소서.

당신의 은총으로 당신 아드님께서 이 친교를 위해 십자가에서 얻어 주신 충만함과 흠 없는 완전한 상태에 이르기까지, 당신의 은총을 통해 이 친교가 성장하게 하소서.

죄의 용서를 믿으며

주님, 저희는 당신 앞에 죄인으로 있습니다. 만일 저희가 저희 자신만을 바라본다면, 저희의 고백은 끝이 없을 것입니다. 저희는 말과 행동, 지향으로 저지른 죄를 어디서나 발견합니다. 개별적인 죄뿐만 아니라, 하나의 죄가 다른 죄와 사슬처럼 영구하게 얽혀 있습니다.

주님, 당신께서는 이 죄 때문에 십자가에 매달리셨습니다. 당신께서는 저희의 모든 죄에 대한 용서를 얻기 위해 수난하고 돌아가셨으며 저승에까지 내려가셨습니다. 그리고 저희가 거룩한 고해성사에서 겸손하고 뉘우치는 태도로 당신의 용서에 대한 확신을 품고 저희의 죄를 말할 가능성을 열어 주셨습니다. 고해성사에서 저희를 용서하소서. 그리고 심판 때에 저희를 용서하소서. 그리하여 저희가 천상에서 당신께 이르게 하소서.

이처럼 당신께서 이 천상에 대해, 삼위일체적인 삶에 대해, 당신 성인들의 도성에 대해 저희에게 보여 주시는 모든 것은 미래의 실재가 되었습니다. 그것은 천상에 있는 실재로, 저희는 죄에 대한 용서에 힘입어 이 실재에 참여하게 됩니다. 저희가 죄에서 멀어질 수 있는 길을 보여 주소서. 저희는 저희가 저지른 죄보다 당신을 더 바라보아야 합니다. 저희가 저지른 죄에 두려워하기보다 당신의 은총을 더 희망해야 합니다. 당신의 용서는 단순히 저희의 허물을 없애는 행동을 넘어서며, 당신의 현시와 사랑 안에서 완성되기 때문입니다.

주님, 당신께서는 저희가 형제들에게 사랑을 선사할 수 있도록 사랑을 선사해 주십니다. 죄가 있었던 곳은 비어 있지 않으며, 당신의 얼굴이 그곳에서 밝게 빛나고 있습니다. 더 나아가 저희가 저희에게 비추는 광채를 주변의 모든 사람에게 전달하게 하소서.

육신의 부활과 영원한 삶을 믿나이다

주님, 죽은 이들 가운데서 부활하시고 당신 제자들 가운데 사심으로써 당신을 산 이들 가운데 새롭게 보여 주셨습니다. 이처럼 저희가 육신 안에서 부활하게 하소서. 성부께서 창조 때에 저희에게 주셨고 당신의 은총으로 정화하신, 당신의 성령이 수반된 선물과 함께 준비된 상태에서 이 땅에 있는 저희가 부활할 수 있습니다. 당신께서는 저희가 이 지상의 삶에 비견되는 짧은 순간이 아니라 영원하고 끝없는 생명을 위해 부활하게 하셨습니다. 당신의 것인 이 영원한 생명은 아무런 한계도 없으며, 저희에게 그것은 당신의 완성에, 성령 가운데 이루어지는 성부와 당신 간의 영원한 사랑에 참여하는 데 있습니다. 아멘.

3. 어린양의 생명의 책

　주님, 당신께서는 모든 사람에게 생명을, 당신의 인간적인 생명뿐만 아니라 당신의 영원한 생명을 가져다주기 위해 성부의 어린양으로 이 세상에 오셨습니다. 당신께서는 성부께 대한 순명 가운데 이 세상에 당신의 생명 전체를 가져오셨고, 저희 각자에게 이 생명을 나누셨습니다.

　주님, 당신께서는 저희 가운데 누구든 자기 마음에 생명에 대한 열망을 간직한 사람에게는 당신의 생명으로 그 마음을 채워 주시고 넘치게 하심으로써, 그 열망을 가득 채워 주셨습니다. 당신의 생명을 무한히 나누어 주신 것은 저희가 모두 차고 넘치도록 생명을 얻게 하시기 위함입니다. 이렇게 차고 넘치는 것은 영원한 생명에 대한 약속입니다.

　주님, 그 누구도 잊히지 않도록, 당신께서 저희를 모두 구원하시고 각자에게 당신의 생명을 선사하기 위해 오셨음을 성부께 보여 드리고자 구원받은 모든 이를 당신의 책에 기록하셨습니다. 이렇듯 이 책은 당신께서 그 누구도 잊지 않으셨으며, 당신의 지향이 저희 각자를 찾기 위함이라는 점을 성부께 보여 주는 표징이었습니다. 당신께서는 이 땅에서, 십자가에서 저희의 생명을 구해 주셨을 뿐만 아니라, 천상에서 이 구원에 대한 증거를 제시하셨습니다.

　주님, 저희가 이 점에 대해 당신께 감사드리게 하소서. 그리고 저희가 현세의 생명을 당신께 봉헌하도록 가르쳐 주소서. 저희는 당신을 섬기며 살고 싶고, 그 삶이 저희가 당신의 희생과 용기 그리고 선물이 간직한 위대함과 저희에게 차고 넘치게 베풀어 주시는 것을 염두에 두고 있다는 것을 당신께 보여 주어야 합니다.

주님, 그렇습니다. 당신께서는 바로 영원한 생명을 저희에게 선사해 주십니다. 당신의 생명을 저희 안에 받아, 지상에서의 삶에서 저희가 영원한 생명을 간직하고 있음을 증언하게 하소서. 당신께 청하오니, 저희가 이것을 대담하게 드러내는 것을 희생으로 여기지 않고, 이 희생을 저희 사랑의 징표로 받으소서. 이 사랑은 당신에게서 그리고 당신께서 성부와 성령과 함께 살아가며 이루는 일치에서 나오는 것입니다. 아멘.

4. 요한 묵시록으로 인한 은총

아버지, 당신께서는 요한 사도에게 당신 영광의 충만함을 볼 수 있는 눈을 허락하셨습니다. 당신께서 그에게 천상을 보여 주신 것은 당신 광채의 조각일 뿐이었습니다. 당신께서 요한 사도에게 그것을 허락하신 이유는 그가 저희에게 모두 그것을 보여 주게 하기 위함입니다. 당신께서는 격려이자 도움, 영원한 생명에 대한 보증으로 그것을 허락하셨으며, 또한 그 약속을 완성하리라는 표징이기도 합니다. 당신께서는 요한 사도가 이 완성의 시작을 보게 하셨습니다. 사도가 받은 현시는 먼 약속이 아니라 즉각 이루어질 것이기 때문입니다.

아버지, 그에게 이 선물을 허락한 것은 저희가 모두 당신의 은총과 사랑에 대한 보다 원대하고 그리스도교적이며 교회적인 생각을 갖게 하기 위함입니다. 아버지, 당신께서는 요한 사도가 당신의 하늘로 들어가도록 허락하셨고, 천사들과 거룩한 도성의 모든 공동체를 보게 해 주셨습니다. 그 다음, 이 지상으로, 자신의 그리스도교 생활의 고독함으로 돌아갈 때, 당신께서 고독한 이를 홀로 남겨 두지 않으시며 버림받은 이를 버려두지 않으신다는 것을 알고 이를 간직하게 하셨습니다. 이 앎은 고독과 버림받음, 유혹이 당신의 하늘을 향해 걷는 여정에서 당신의 제자들이 걷는 그 길을 고르게 하기 위함입니다. 또한 그들에게 이미 이승의 삶에서부터 당신께서 모든 이를 위해 짊어지셨던 것 가운데 일부를 지우게 하기 위함입니다. 이렇게 저희를 그분과 함께 데려가시는 것은 이 짊어지는 것에 관한 생각을 당신을 믿는 이 각자에게 알려 주기 위함입니다. 이제 당신과 함께 짐을 지는 것이 조금 더 가벼워졌습니다. 고독과 버림받은 상태에서도 그렇습니다. 당신께서는 요한 사도에게 이렇게 당신과 함께 짐을 지고 걷는 것의 의미와 결말을 계시하셨기 때문입니다.

아버지, 당신께서 천상에 대해 보여 주신 것에 힘입어, 저희 안에서 모든 것이 언제나 당신, 당신 아드님 그리고 성령과 하나가 되게 하는 사랑에 일치해야 함을 밝히 드러내야 합니다. 당신의 하늘은 그 보이는 것, 당신의 영원하심은 그 약속과 함께 당신의 영원한 사랑을 보여 주는 모습일 뿐입니다. 당신께서는 그 안으로 저희를 인도하시기로 결심하셨습니다.

아버지, 당신께서는 천사들을 비롯해 요한 사도를 동반한 모든 이를 통해 저희에게 천상의 동료를 선사하신다는 것을 보여 주셨습니다. 그들은 저희를 도와주기 위한 소임을 지니고 있으니, 이는 저희가 좀 더 쉽게 당신의 거룩한 도성의 문을 발견할 수 있기 위함입니다. 아버지, 당신의 사랑에 깊이 감사드립니다. 아멘.

5. 하느님과 어린양의 옥좌 앞에서
   시종들이 드리는 흠숭 기도

주님, 당신께 기도드립니다. 당신의 말씀으로 저희의 모든 기도를 채워 주소서. 저희가 당신의 말씀을 선포할 때, 그 말씀이 저희 안에서 자라나도록 하여, 당신께서 받아들이시는 방식으로 들을 수 있게 하소서. 이 말씀이 저희 뒤에 남지 않고 저희를 이끌게 하소서. 당신의 거룩한 말씀이 저희를 곁에 두고 싶어 하시는 당신의 거룩한 의지에 따라 저희를 온전히 인도하게 하소서.

주님, 당신께서 저희에게 기대하신 대로, 당신의 힘과 거룩함으로 당신과 성령께 영광을 드리게 하소서. 당신의 것이 아닌 모든 것은 저희 안에서 죽게 하시고, 그것을 완전히 없애 주시어 더 이상 돌아오지 않게 하소서.

그 뿌리가 완전히 사라지게 하시고, 저희 안에서 그리고 당신을 믿는 모든 이 안에서 오직 당신의 것만을 보게 하소서. 당신께서는 저희에게 당신의 것을 선사해 주십니다. 당신의 은총을 통해 그것이 저희 안에서 자라나게 하소서. 저희 안에 있는 생생한 말씀의 힘으로 오직 당신을 섬기기 위해 살아가게 하소서. 저희가 하는 모든 것, 원하는 모든 것, 또는 애쓰는 모든 것이 순수하게 당신을 섬기는 일에만 속하게 하소서.

주님, 저희에게 아버지에 대한 흠숭에 참여하게 하시고, 저희의 나약함을 강화하는 데 절대 지치지 않게 하소서. 비록 당신의 나약함이 저희의 나약함을 떠맡겠지만, 성부를 영광스럽게 하는 당신의 일이 진척되도록 저희가 돕게 하소서. 성인들이 저희를 위해 마련한 힘을 저희에게 주소서. 저 천상에 약속된 힘을 저희에게 허락하소서. 당신께서 저희를 위해 고통받으신 모든 것을 보시어 저희에게 힘을 주소서. 저희가 충실하게 머물게 하시고, 저희 안에서 매번의 숨이 성령으로 가득 차게 하소서. 그리하면 저희는 당신의 지향에 따라, 당신께서 저희를 구원하기 위해 천상을 떠나셨을 때, 아버지의 뜻 안에서 저희를 보신 대로, 저희가 되어야 할 이들이 될 것입니다.

주님, 당신께 그것을 청합니다. 당신의 어머니께서 이미 그것을 부탁하셨기 때문입니다. 당신의 어머니께서는 자신의 삶을 통해, 지상에서 당신께서 현존하시는 동안 함께하시며 자신의 봉헌을 얼마나 진지하게 받아들이셨는지를 보여 주셨고, 저희 역시 그렇게 할 수 있음을 보여 주셨습니다. 당신의 순수함에 의지하고, 어머니께서 당신을 선물해 주셨음에 감사하는 마음으로 저희의 길을 당신의 힘 안에서 함께 걸어가도록 시도한다면 저희도 그렇게 할 수 있을 것입니다. 당신의 어머니께서 저희 기도의 부족한 부분을 채워 주시고, 당신을 향한 어머니의 흠숭이 당신을 움직여 이 흠숭의 영을 저희가 받을 수 있게 하소서. 어머니의 이름으로 이를 청합니다. 또한 성부, 성자, 성령의 이름으로 이를 청합니다. 아멘.

6. "주님이신 하느님은 그 빛입니다."

아버지, 영원으로부터 당신께서 소유하신 영원한 생명을 이제 천상에서 보여 주소서. 저희에게 그것을 보여 주시어 저희가 매일의 신앙생활에 이 앎을 가져오게 하소서. 당신의 영원한 생명은 저희의 지상 삶에 동반할 수 있습니다. 저희의 실제적인 삶이 살기에 부당하거나 가치가 없는 것으로 보이지 않게 하소서. 당신께서는 저희가 지금부터 저희의 실제적인 삶을 바치도록, 당신을 위해 준비되게 해 주십니다. 저희의 삶이 당신께서 허락해 주신 영원에 대한 감사가 되게 하소서. 저희는 당신께서 지상의 삶을 선사하셨으며, 그로 인해 저희가 아드님의 온전한 은총과 순수함 가운데 살아가게 해 주셨음을 알고 있습니다.

아버지, 저희는 당신께 얼굴을 돌렸지만, 당신께서는 저희에게 당신 아드님을 보내심으로써, 그분의 고통을 통해 당신에 맞서 돌아섰던 저희가 이제 당신을 향하게 해 주셨습니다. 그리고 당신께서는 이것을 실현하시면서 당신 아드님의 삶을 통해 인간의 삶이 가치가 없지 않음을 보여 주셨습니다. 비록 그분께서는 영원한 생명을 위해 당신 자신을 준비하는 데 그것을 필요로 하지 않으셨지만, 당신의 삶을 저희를 위한 준비가 되게 하셨습니다.

아버지, 당신 아드님께서 저희의 삶을 나누셨을 때, 그분께서는 이미 영원한 생명을 간직하고 계셨습니다. 그분께서는 저희 가운데 머무르시는 은총으로 저희도 이 영원한 생명을 간직하도록 허락받았다는 사실에 대한 확신을 가질 수 있었습니다.

아버지, 당신께 청하오니, 저희의 매일의 삶이 당신의 영원함을 향한 응답이 되게 하소서. 이제부터 당신 영원함의 무게를 짊어질 힘을 저희에게 허락하소서. 저희는 당신의 영원함이 무겁다는 것을 느끼고 있습니다. 아직 그것을 순수한 선물로 여기기에는 깊이 정화되지 못했기 때문입니다. 저희의 이 지상 생활은 그 자체로 속죄 가운데 무언가를 간직하고 있습니다. 그러나 저희는 당신의 선물이 저희에게는 감당하기 어려운 것에 대해 당신께 감사하고자 합니다. 당신의 선물은 당신의 은총과 현존으로 가득 차 있습니다. 저희는 당신께서 주신 모든 것을 기쁘게 받아들입니다. 저희는 당신의 약속에 대한 실현에 협력하고자 저희의 생명이 영원한 생명에 받아들여질 수 있음을 알고 있습니다. 저희의 생명은 저 천상에서 당신의 아드님과 성령과 일치하는 가운데 결정적으로 당신의 것이 될 것입니다. 그러니 저희가 당신께서 원하시는 길을 통해 당신께 나아가게 하소서. 당신의 영원함이 매일 부어 주시는 사랑을 저희에게 주소서. 아멘.

7. 주님의 기도[40]

하늘에 계신[41]

아버지, 당신께서는 하늘에 계십니다. 당신께서는 하늘의 빛이십니다. 모든 거룩함의 빛, 믿음의 빛, 희망의 빛, 사랑의 빛이십니다. 당신께서는 삼위일체적 영 안에 믿음, 사랑, 희망이 빛의 단일함 가운데, 당신의 하늘인 이 하늘을 이루는 단일함 가운데 있는 그 하늘에 계십니다.

우리 아버지

당신 아드님의 아버지, 당신을 믿는 모든 이의 아버지, 성자와 성령의 은총으로 당신께 가까이 나아가는 모든 이의 아버지, 창조의 아버지, 옛 계약의 아버지, 새 계약의 아버지, 저희 모두의 아버지.

---

40 이 기도에 달린 각주는 나의 질문에 대한 아드리엔의 답을 쓴 것으로, 숙고해 볼 만한 가치가 있다. 그것은 종종 우리에게 공허해 보일 수도 있지만, 아드리엔에게는 각각의 말이 얼마나 많은 의미를 담는지 보여 주기 때문이다.

41 한 분이며 동시에 세 분이신 하느님과 믿음, 희망, 사랑의 삼중성, 단일함 간의 병행이 드러난다. 믿음, 희망, 사랑 이 셋은 하나에 이르는 데 반해, 성부, 성자, 성령은 하나이시다. 믿음, 희망, 사랑은 하느님 안에 있지만, 하느님께서는 이 셋에서 출발해서 당신의 집, 당신의 하늘을 이루신다.

아버지의 이름이 거룩히 빛나시며

저희는 당신께서 당신의 빛 가운데 저희에게 보여 주신 거룩함으로 그 거룩한 이름을 보존하려고 합니다.[42] 저희는 당신의 이름이 그 안에 모든 거룩함을 간직하고 있음을 매일 끊임없이 기억하며 영원히 의식하렵니다.[43] 흠숭하는 마음으로 저희는 이 거룩함을 향해 기울고 싶고, 당신을 성자와 성령과 일치시키며 저희가 당신의 빛을 볼 때 저희에게 모든 이를 포함하는 신비로 이 거룩함을 돌보렵니다.

아버지의 나라가 오시며

당신께 청하오니, 저희의 눈에 비추어졌던 당신 거룩함의 이름으로, 당신 빛의 나라가 저희에게 오게 하소서. 저희의 어두움 속에서 그 나라가 빛나게 하시며, 저희의 어두움으로 날들을 이루소서. 당신 나라의 은총이 조금 전까지 저희 죄의 쓴맛이 있던 그곳에서 생기게 하소서. 저희 지상의 삶

---

[42] 이는 완전한 거룩함으로, 하느님의 빛에 의해, 그분의 빛 안에서 이해될 수 있다. 만일 하느님께서 그것을 당신의 빛 안에서 보여 주지 않으셨다면, 우리는 스스로 그것을 상상해야만 했다. 그렇게 되면 그분의 거룩함은 생생하지 않은 형태로 제시되었을 것이다. 그러나 이 완전한 거룩함은 하느님의 빛 안에서 드러났으므로, 우리는 신적 거룩함에 대한 실제적인 지식을 갖고 있다. 비록 그 빛이 우리 안에서 어두워진다 해도, 우리는 그 거룩함이 어떤 본질을 내포하는지 안다. 그 거룩함을 하느님의 빛 안에서 보았기 때문이다.

[43] 이는 성자의 말씀이 우리에게 하느님의 거룩함의 빛을 돌려주신다는 것을 의미한다. 우리는 하늘에서 보게 되는 거룩함을 이미 그분의 말씀 가운데 이 지상에서 볼 수 있다. 그리고 이제 하느님의 거룩함을 하늘과 땅 두 곳에서 동시에 보게 된다.

을 당신의 영원한 삶으로 가져가시어, 저희의 땅이 그곳에서 받게 될 새로운 모습으로 당신의 천국에 들어가기를 원하는 표징이 되게 하소서.[44]

아버지의 뜻이 하늘에서와 같이 땅에서도 이루어지소서

아버지, 당신께서는 성자와 성령과 함께 유일하고 거룩하며 나뉘지 않는 신적 의지를 지니고 계십니다. 아버지의 뜻이 빛의 하늘에서 이루어졌듯이 저희 안에서도 이루어지게 하소서. 당신 아드님께서 아버지의 뜻이 이루어져야 한다는 것을 보여 주셨듯이, 저희도 그렇게 당신의 뜻을 이루게 하소서.[45]

오늘 저희에게 일용할 양식을 주시고

저희가 당신을 섬기기 위해 매일 필요한 양식을 허락하소서. 저희 육신을 위한 양식을 주소서. 이 육신이 자신에게 맡겨진 일을 당신의 뜻에 따라 이 지상에서 이루기 위해, 육신이 부활한 후에 하늘에서 누리게 될 자신의 삶을 이 지상에서 준비할 수 있도록 해 주소서. 당신께서 이 지상에서 필요

---

44 우리의 생명이 믿음, 희망, 사랑을 통해 영원한 생명에 참여하도록 하느님께서 허락하시는 한에서, 그분께서는 당신의 나라가 이미 우리에게 오도록 허락하신다.

45 성부의 뜻은 성자의 사람이 되심을 통해 이해할 수 있고 가시적인 완성에 이르렀다. 이러한 그분의 뜻은 추상적이지 않다. (아버지의 뜻을 받아들이신) 성자께서 이 지상에서 매일매일 구현하는 가운데 이루어졌기 때문이다. 성자께서는 이 지상에 오시는 행위와 사명에 영원히 머무르심으로써, 우리에게 성부의 뜻을 어떻게 완수해야 할지 보여 주신다. 성자 친히 성부의 뜻을 완성하는 상태와 행동 안에 계신다.

로 하는 모든 시간 동안에 이 육신이 당신께서 당신의 모든 종에게 자신의 봉사를 실현할 능력을 선사하시는 도구가 될 수 있도록 저희 육신을 위한 양식을 허락하소서.[46]

저희에게 잘못한 이를 저희가 용서하오니

저희는 용서하는 법을 스스로 배우려 합니다. 주님의 죽음에 책임이 있는 저희를 용서하심으로, 저희가 어떻게 용서할지 보여 주소서. 당신의 용서는 십자가에서 헤아릴 수 없이 너무나 컸습니다. 저희는 십자가에서 그리고 당신 아드님 안에 있던 무력함에서 출발하여 믿음 가운데 용서하는 법을 배웠습니다.[47]

저희 죄를 용서하시고

아버지, 저희의 잘못을 용서하시며, 저희가 잘못에 떨어질 때마다 당

---

46 매일의 양식은 하느님에 대한 봉사와 일치한다. 그것은 봉사하기 위한 양식이다. 기도에 나오듯이, 그 양식은 육신의 양식이다. 정신의 양식은 가르침, 기도, 관상을 말한다. 그리고 이 셋 역시 봉사와 일치한다. 이는 우리의 정신이 봉사하는 것을 배우기 위해, 봉사하기 위해 유익한 이가 되게 해 준다.

47 우리는 은총으로 아무 이유 없이 용서받았다. 즉 거저 용서받은 것이다. 이렇게 해서 용서 안에서 넘치는 용서의 힘을 받았다. 우리는 우리에게 어떤 것을 빚진 사람들을 위해 이 용서의 힘을 아낌없이 사용해야 한다. 이 힘은 계속해서 우리의 죄를 친히 짊어지시는 성자에게서 유래한다. 그분께서는 우리를 용서하고 우리가 해야 할 일을 우리에게 보여 주는 가운데, 우리를 대신해서 우리가 용서해야 할 사람들을 용서하신다.

신 아드님께서 저희를 위해 돌아가셨음을 저희에게 보여 주소서. 매번 고해성사를 볼 때, 저희가 자신의 죄를 고백한 후에 당신께 순명하는 은총으로, 당신 아드님께서 당신께 드린 그 순명의 은총으로 받아들여지는 경험을 저희도 새롭게 체험하게 해 주소서. 저희의 모든 잘못을 용서하소서. 당신 아드님께서는 당신에 대한 사랑으로 저희 모든 죄를 위해 돌아가셨습니다. 당신을 당신 아드님과 하나 되게 해 주는 사랑으로 저희 잘못을 용서하소서.[48]

저희를 유혹에 빠지지 않게 하시고

하늘에 계신 아버지, 저희는 너무나 나약합니다. 저희는 저희 자신이 얼마나 나약한지, 얼마나 쉽게 걸려 넘어지는지 잘 알고 있습니다. 저희가 걸려 넘어지기 시작하는 것은 당신을 잊을 때, 당신께서 저희에게서 바라시는 것처럼 당신의 뜻을 이루기를 포기할 때입니다. 저희를 유혹에 빠지지 않게 하소서. 당신께서는 저희의 '예'가 비록 저희 믿음의 힘으로 주어진 것이라 해도, 어느 정도까지 나약한 채로 있는지 알고 계십니다. 그럼에도 확고한 약속으로 이를 받으소서. 당신 아드님의 은총에 힘입어 저희의 '예'가 그분의 사랑을 온전히 간직하기 때문입니다. 그러나 저희를 유혹 가운데 두신다고 해도, 저희가 당신 아드님의 사랑을 꺾지 않게 하소서. 저희를

---

[48] 죄에 대한 용서와 순명은 아주 내밀한 방식으로 서로에게 속한다. 여기서 말하는 순명은 십자가에서 이루어진 최고의 순명이자 고해성사에서 이루어진 우리의 순명을 가리킨다. 이것을 통해 우리는 죄를 용서받는다.

위한 당신 아드님의 호의 그리고 그분께서 저희에게 부어 주신 사랑에 상응하지 못할 정도로 저희의 나약함을 시험에 들지 않게 하소서.⁴⁹

악에서 구하소서. 아멘

아버지, 저희를 구하시고 순수하지 못한 모든 것, 거룩하지 않은 모든 것, 저희 자신의 모든 것 그리고 당신의 빛을 벗어나는 모든 것에서 저희를 해방시켜 주소서. 당신의 빛으로 저희 존재 전체를 명료하게 하시며 관통하게 하소서. 저희가 다시 투명한 이가 되게 하소서. 저희가 당신 아드님의 십자가의 빛 안에서 당신께서 성령과 함께 성인들에게 나누어 주셨던 빛에 합당한 이가 되게 하소서. 아버지의 이름으로, 당신 아드님의 이름으로, 성령의 이름으로 그리고 모든 성인의 이름으로 그렇게 될 것입니다. 아멘.

---

49 우리는 죄인이기에 나약하다. 그러나 우리의 나약함(죄의 상태로 인한 나약함)과 성자의 무력함(순수함에서 오는 나약함)에는 유사점이 있다. 성부께서 우리가 유혹에 빠지지 않게 하신다면, 그것은 성자께서 십자가에서 얼마나 나약하게 되셨는지 기억하시기 때문이다.

8. "나는 처음이자 마지막이다."

주님, 당신께서는 처음이자 마지막이라고 천상에서부터 저희에게 말씀하셨습니다. 저희가 이 말씀을 믿음으로 알아듣게 하시고, 언제나 새롭게 이 말씀을 부어 주시며, 아버지와 저희를 향한 사랑의 고백처럼 언제나 새롭게 전해 주소서. 저희가 당신 말씀의 의미를 깨닫게 하소서. 그 말씀이 저희의 낮에서 첫째가 되게 하시고, 그 말씀에 머물며 저희의 밤에 마지막이 되게 하소서. 저희의 생각 안에 첫째와 마지막의 자리를 차지하소서. 그리하여 저희가 생각하는 모든 것이 당신의 현존에 둘러싸인 상태에서 기도가 되게 하소서. 당신께서는 이렇게 당신의 이름을 부르며 저희의 시작이자 끝이 되기 위해 당신 자신을 내어 주십니다. 또한 저희 안에서 모든 일이 이루어지도록, 저희가 당신의 약속에 합당한 이가 되어 아버지께 데려가기 위해 당신 자신을 내어 주십니다.

주님, 당신의 고유한 처음이자 마지막, 알파요 오메가에서 시작하여 저희의 믿음과 삶을 만들어 주소서. 당신에게서 시작하지 않고 끝나지 않는 모든 것, 온전히 당신을 따르는 데 방해하는 모든 것을 뿌리 뽑아 주소서. 당신께서 저희에게서 처음이요 마지막이라면, 아버지를 향한 당신의 순명이 저희 안에서 생생하고 실제적인 것이 되게 하소서.

주님, 저희의 순명이 당신의 뜻에 봉헌되게 하소서. 저희가 당신을 저희의 처음이자 마지막으로 모실 힘을 매일 새롭게 주소서. 아버지께서 성령 안에서 당신을 첫아드님이자 마지막 아드님으로 간직하시듯이, 저희 또한 당신의 아버지와 당신 그리고 당신의 영에게서 저희의 시작과 끝을 가질 수 있는 법을 영원히 배우게 하소서. 아멘.

9. "들을 수 있는 사람은 '오소서!' 하고 말하여라."

주님, 만물의 기원에 아버지 하느님께서는 "오너라!" 하고 말씀하시며 당신을 부르셨고, 당신께서는 가셨습니다. 당신께서 경청하고 따라가신 이 부르심을 저희에게도 허락하소서. 그리하여 당신께서 진리 가운데 저희에게 오실 수 있도록 저희 안에서 그 생생한 힘을 간직하여 주소서. 저희에게 당신을 "오소서!" 하고 부를 수 있도록 허락하여 주소서. 그렇게 허락하심으로써 당신께서 이 부르심을 따르고 싶으며 저희에게 오고 싶으심을 보여 주소서. 당신께서는 저희에게 오고 계십니다. 저희는 오직 당신을 부르기만 하면 됩니다. 저희에게는 당신을 부르는 것이 허락되어 있습니다.

주님, 당신께서는 경청하시며, 당신의 신적 의지의 모든 힘과 함께 이 부르심을 저희에게 선사하십니다. 또한 저희에게 불어넣어 주시는 이 부르심을 위해 온전히 준비하고 계십니다. 마치 당신이 종이며 저희는 권한을 가진 이처럼 대하십니다. 당신께서는 "오너라!" 하는 말에서 당신의 신비를 저희에게 건네십니다. 당신께서는 이 신비를 경청하는 질문에 반드시 대답하십니다. 저희가 어떤 상황에 놓여 있든, 언제나 저희를 부르게 하시고, 저희에게 오소서.

주님, 저희 각자에게, 당신의 모든 교회에, 아직 당신과 당신의 교회를 향한 길을 만나지 못한 모든 이가 당신의 부르심이 울려 퍼지게 하는 법을 배울 수 있게 하소서. 저희가 모두 그것을 배우게 하시고, 특히 당신의 교회를 구성하는 이들이 배우게 하소서. 당신께서 저희 가운데 "아버지의 나라가 오시며" 하고 기도하셨던 바로 그때, 저희에게 부어 주신 그 기도의 영 안에서 "오소서!" 하고 말할 수 있게 하소서. 아멘.

부록

마지막으로
고려해야 할 사항

이 부록을 통해 발타사르는 슈파이어의 생애와 영성에 대한 소개를 마치면서 독자들이 더욱 신뢰를 두고 그의 작품을 읽고 묵상하도록 돕기 위해 조언한다. 먼저 발타사르는 현시점에 슈파이어의 영적인 메시지가 교회에 어떤 시사점을 던지는지 짚어 준다. 이에 따르면, 슈파이어는 믿음 안에서 기도하고 묵상함으로써 더 큰 힘을 얻으면서 세속적인 직업과 책임에 참여하도록 우리를 초대한다. 그리고 그는 온 생애를 통해 온전히 믿음 안에서 살아가는 모습을 우리에게 보여 준다.

슈파이어는 가톨릭 신앙이 깊이 뿌리내린 영혼을 지닌 인물이다. 그는 가톨릭으로 개종한 이후, 가톨릭 교회가 제공하는 다양한 성화 도구를 통해 하느님을 향해 거침없이 나아갔다. 마지막으로 발타사르는 슈파이어의 영성 세계에 들어가고자 하는 이들을 위해 그의 방대한 작품을 읽는 순서를 상세히 안내해 준다.

1. 교회의 현시점에서 바라본 아드리엔 폰 슈파이어

이 모든 내용을 언급한 후, 이를 다시 정리하는 것은 불필요할 수 있습니다. 따라서 아드리엔의 사명이 얼마나 시의적절했는지를 보여 주는 것으로 충분할 것입니다. 아드리엔은 혼란스럽고 당혹스러운 상황에 대해 예리하고 때로는 고통스러울 정도로 명료한 지침과 해결책을 제시합니다. 하지만 이 모든 방향은 성경 계시의 원천에서 비롯된 것입니다.

하느님은 진리이십니다. 그분께서는 인간에게 당신의 진리를 선물로 주십니다. 인간은 하느님의 진리 안에서 살아갈 때만 진리 안에 있게 됩니다. 즉 오늘날 인간은 자기 성찰이나 개인 및 사회 심리학을 통해 진리에 도달할 수 없습니다. 만일 실천 심리학이 진실하다면, 인간은 자기 자신에게서 해방되어 하느님과 이웃을 위해 자유로워지는 데 도움이 될 것입니다. 참된 실존적 분석은 인간에게 그의 타락함, 사랑의 부족함, 구원의 은총에 대한 필요성과 그가 따라야 할 길을 드러낼 것입니다.

인간이 개방된 상태에서 자신에게 열려 있고, 그에게 주어진 하느님의 진리 안에서 살아간다면, 그는 진리 안에 있게 됩니다. 이는 무엇보다도 신적인 사랑, 즉 거룩한 삼위일체의 진리를 의미합니다. 바오로 사도가 '그리스도 안에서'라고 부르는 것은 그리스도의 존재와 삶의 영역에 속하는 것으로, 삼위일체적 사랑 안에서 그리스도와 함께 사는 것이며, 성령 안에서 성부와 성자 사이의 길을 그리스도와 함께 걷는 것을 뜻합니다. 이렇게 해서 하늘과 땅, 현재의 삶과 다가올 삶 사이에 세워진 모든 장벽이 무너집니다. 이에 대해 바오로 사도는 분명히 말했습니다. "그리스도께서는 당신의 몸으로 유다인과 이민족을 하나로 만드시고 이 둘을 가르는 장벽인 적개심을 허무셨습니다."(에페 2,14)

아드리엔 폰 슈파이어는 가장 설득력 있는 방식으로 이러한 그리스도교적 가능성을 보여 주었습니다. 그 가능성이란 믿음의 관상과 기도가 줄어들지 않고 오히려 더 강해지고 탄력을 받으면서, 세속적인 직업과 책임의 영역에 참여하는 것입니다.

이로써 아드리엔은 오늘날 널리 퍼져 있는 서로 상충하는 이데올로기가 그릇되고 반그리스도교적인 것임을 드러냈습니다. 신비가로서 아드리엔이 이 점에서 특별한 은총을 받았다고 단언할 수는 없지만, 그가 선물로 받은 신앙의 진리에 대한 강렬한 체험은 그리스도인들의 삶이 나아가야 할 방향, 즉 (존 헨리 뉴먼 성인의 의미에서) 하느님의 강생의 움직임, 십자가 위에서 죽기까지 낮아지는 자기 비움kénosis의 움직임이었던 것입니다. 이렇게 비천하게 되신 하느님은 동시에 현양顯揚되신 분, 하늘에 계신 성부 오른편에 앉아 계신 분, 이 세상 마지막 날까지 우리 가운데, 특히 성체 안에 머무르시는 분이십니다.

이 책을 읽은 많은 이들에게 쉽지 않게 다가왔을 아드리엔 폰 슈파이어의 생애와 사상에서 한 가지 측면을 발견할 수 있습니다. 즉 아드리엔이 어린 시절부터 품은 개신교에 대한 적대감과 단호한 거부를 설명한 내용입니다. 어린 시절 가톨릭에 대해 전혀 몰랐던 아드리엔은 "하느님은 전혀 다른 분이에요!"라고 말할 수 있었습니다. 하지만 최근 몇 년 사이에는 이를 아주 분명하게 표현했습니다. "개신교에는 강생에 대한 궁극적인 진지함, 즉 육肉이 되는 것에 대한 인식이 부족합니다. 그렇기에 모든 것이 이론적이고 추상적인 것에 머물러 있는 경우가 많습니다."

나중에 아드리엔에게 중요해진 이 두 가지 주요 강조점은 이냐시오 성인과의 만남, 성모님의 현시를 통해 그의 어린 시절에 이미 확립되었습니다. 아드리엔에게 강생의 궁극적인 진지함은 어머니와 자녀 관계의 신학적 관련성(이른바 마리아론이 설득력 있는 논리로 내포되어 있습니다)과 마찬가지로, 체화된 그리스도인 순명이 지닌 신학적, 그리스도론적 관련성을 포함합니다. 이는 직무에 대한 가톨릭적인 이해를 통해서만 가능합니다. 또한 고해성사와 죄의 용서에서 십자가 사건이 현존한다는 점, 그리스도의 몸과 피가 성체성사에 실제로 현존한다는 사실도 중요하게 고려되어야 합니다.

이러한 '가톨릭적인 깊이'을 상대화하거나 오늘날 많은 가톨릭 신학자처럼 존 헨리 뉴먼 성인의 입장을 넘어 그의 성공회 시기로 돌아가 '가지 이론'[50]을 펼치는 것은 아드리엔에게는 받아들일 수 없는 것으로 보였습니다. 그럼에도 우리는 동전의 다른 면을 간과해서는 안 됩니다. 2천 년간 이어져 온 가톨릭의 신비와 영성의 전통 안에서 성경에 담긴 하느님의 말씀에 이렇게 진지하게 귀를 기

---

50 그리스도교의 다양한 주요 교회는 하나의 공통된 몸통에서 유래한 동등한 '가지'라는 이론이다.

울인 적이 있었습니까? 이 말씀이 여기에서처럼 전적으로 살아 있던 적이 있었습니까? 루터와 종교 개혁의 진정한 관심사가 이 독특한 은사를 통해 교회의 품으로 받아들여지지 않았습니까? 이른바 가톨릭의 과잉 행위, 예를 들어 복음적 권고의 삶이 하느님의 말씀을 경청하는 데서 비롯된 합법적이고 중심적인 복음적 열망임이 입증되지 않았습니까? 아드리엔이 스위스의 그랑샹Grandchamp 공동체[51]와 우호적인 관계를 맺은 것은 절대 우연이 아닙니다.

2. 아드리엔 폰 슈파이어의 작품을 어떻게 읽을 것인가?

많은 이들은 아드리엔이 집필한 작품의 양을 보고 당혹스러워합니다. 책을 두세 권 읽으려다가 끝이 없어 보이는 느낌을 받아 흥미를 잃고 더 이상 읽기를 포기하게 됩니다. 이러한 이들에게 다시 한번 강조하고 싶은 것은, 차분하게 묵상하는 과정에서 발전한 내용은 천천히 묵상해야만 제대로 받아들일 수 있다는 점입니다. 무

---

51 1930년대 스위스의 개혁파 여성 기도 모임에서 시작된 개신교의 수도 공동체다. — 편집자 주

엇보다도 이것은 성경 주해에 적용됩니다. 이 작품들은 특히 관상 기도를 준비하는 데 적합합니다. 성경 구절을 읽은 후, 아드리엔이 제시한 묵상을 참고하여 이를 '묵상을 위한 요점'으로 활용하면 됩니다. 예를 들어, 《산상 수훈: 마태 5-7장에 대한 고찰*Die Bergpredigt: Betrachtungen über Matthäus 5-7*》, 《마태오에 의한 수난기*Passion nach Matthäus*》, 《필리피서*Der Philipperbrief*》, 《콜로새서*Der Kolosserbrief*》, 《18편의 시편*Achtzehn Psalmen*》, 《주님의 비유*Gleichnisse des Herrn*》로 묵상할 수 있습니다.

아드리엔의 작품에 접근하는 또 다른 방법은 그의 신학적 전망에서 특별한 측면을 발전시킨 작품을 살펴보는 것입니다. 우선 《주님의 여종*Magd des Herrn*》을 읽는 것이 좋습니다. 그다음으로 《영원한 생명의 문*Die Pforten des ewigen Lebens*》, 《성부의 얼굴*Das Angesicht des Vaters*》, 《사랑, 신과의 만남》과 같은 작품을 통해 아드리엔의 작품 세계를 보다 구체적으로 이해할 수 있습니다. 이 시점부터는 《고해성사*Die Beice*》, 《기도의 세계》와 같이 광범위한 내용을 다룬 작품에 더 쉽게 접근할 수 있게 됩니다.

아드리엔의 작품에 대한 세 번째 접근 방식은 중요한 신학적 주제를 체계적으로 탐색하는 것입니다. 예를 들어, 아드리엔은 교회 안에서 은사들의 위치에 대해 어떻게 말할까요? 이는 분명 코린토 신자들에게 보낸 첫째 서간 14장(12장, 13장과의 관련 아래)에 대한 주해에서 찾아볼 수 있습니다. 아드리엔은 묵시적인 현시에 대해 어떻게 생각할까요? 이는 요한 묵시록의 시작 부분에 대한 주해를 통해 알 수 있습니다. 또한 아드리엔은 교회 안에서 직무와 사랑 간의 관계를 어떻게 바라볼까요? 이는 요한 복음서 20장과 21장에 대한 주해에서 확인할 수 있습니다. 이러한 접근 방식은 아드리엔의 유고집(특히 제5권과 제6권) 및 작품의 전체 목록을 통해 더욱 용이해질 것입니다.